大下英治

青志社

ショーケン 天才と狂気

大下英治

装丁・本文デザイン

岩瀬聡

はじめに

わたしは、ショーケンのファンである。特に役者としてのショーケンのファンである。歌手としてのショーケンにも、歌の上手さというより、なんともいえないはぐれ者のせつなさにしびれる。

かってＮＨＫの和田勉を取材した時、しみじみと口にしたものである。

「紳士を要求されるＮＨＫにとっても、やはり刺激の強い不良性のある萩原健一、松田優作、沢田研二の三人は出演して欲しい。しかし、かれらに出演してもらった後、放送まで、何か事件を起こしやしないかと冷や冷やする。それでも、三人とも、その危険性を超える魅力がある」

松田優作は、『太陽にほえろ！』では、「ジーパン刑事」として先輩ショーケンの「マカロニ刑事」の背を追い続けていた。

ショーケンの映画を多くプロデュースしている奥山和由は、ショーケンには、自分のような二度と出ない不良性感度のスーパーヒーローを誰にも潰されたくないという意識がずっとあったという。

しかし、ショーケンはスーパースターとしての地位を保ちつづける難しさを頭で考えなくても体で感じていた。ところが、やはりいろいろな若い追っ手が背後から追ってくる。

特に松田優作は、ショーケンのすぐ後ろからヒタヒタとついてきている。ショーケンには、背後から優作に追い詰められているという焦燥感のようなものがあった。

ショーケンは、優作に比べると、狂暴性は似ているが、はるかに繊細で壊れやすかった。危うさがあった。

それでいて、少年のような純な笑顔がなんとも可愛い。そういう一面が、女性たちを惹きつけたのであろう。『外科医　柊(ひいらぎ)又三郎』の演出を担当した松本健に、自分と恋愛するとはどういうことか語っている。

「刃を上向きにした日本刀の上を素足で歩く。おれと恋愛するっていうのは、そういうことなんだ」

共演した女性をずいぶんと口説き、愛されてもいる。范文雀、小泉一十三、桃井かおり、いしだあゆみ、倍賞美津子、石田えり……とうらやましい女優たちと愛し合っている。この他、表に出ていない女優たちもたくさんいたはずである。

特に当時、アントニオ猪木の妻であった倍賞美津子との愛は、まわりの人たちも、もっとも激しく愛し合い、もっとも似合っていたカップルと言われていた。それなのに、石田えりとの噂が立ち、倍賞から出入り禁止をくらっている。

不倫に厳しい現代では考えられない浮名の数々であるが、ファンは、ショーケンの不良ぶりをひっくるめて愛し続けた。

わたしは、今回、ショーケンと関わった役者、監督、プロデューサーを一年がかりで徹底的に取材。ショーケンを役者として遠く眺めているのでなく、身近に接した人たちは大変だったらしい。チャーミングな笑顔の裏に狂気じみた一面を秘めていた。深作欣二監督のように「ショーケンのあの狂気が魅力だ」と平然と語る人もいるが、取材を重ねるにつれ、多くの人を手こずらせたことがよくわかった。しかし、その内のかなりの人は、「それでも時が経つと、やはり懐かしい……」と言葉を湿らせた。

奥山プロデューサーにとってショーケンはあくまで「非日常的存在」であった。かれに会いに行くというだけで「非日常の檻」の中に入るようで、ある種の快楽でもあった。そういう「非日常」を超越した、そこにしかない空気を味わえることが仕事の醍醐味でもあった。

そういう空気を味わわせてくれたのは、ショーケンであり、ビートたけしであり、松田優作であったという。

ところが、ショーケンは、あくまで「非日常的存在」なのに、不思議と『前略おふくろ様』にせよ、『太陽にほえろ!』にせよ、『傷だらけの天使』にせよ、テレビドラマで輝いていた。

それはそれこそ篠田正浩監督が言うように「映画館で、普通の人間を観たいですか」という話だ。スクリーンで観るときに、おもしろいなと思うような変わった人間を観ておきたい。変わってるだけじゃなくて、魅力がある変わった人間、普通でない魅力のある人間を観たいと思うわけである。

狂暴ゆえに映画界から干されてしまったショーケンであるが、人生の不思議というか、もっとも紳士性を要求されるNHKで後年、『鴨川食堂』『どこにもない国』『不惑のスクラム』『いだてん〜東京オリムピック噺〜』と出演に恵まれた。

これから、さらなる味を……という時の六十八歳の急死であった。

桃井かおりは追悼した。

「青春をショーケンと一緒に過ごしました。あんなカッコいい青年を、あれからも見ていません」

もっともショーケンと多く共演した女優の高橋惠子いわく、

「松田優作も萩原健一も、『男に惚れられる男』だった。男性にそう思われるのは、そう簡単なことではない。不良性感度は高いが、ただの不良ではない。萩原健一の笑顔はとても純粋で、相手を思う優しさにあふれていた。さらにいろいろな経験をして、いい表情でいられるような境地に達していたのに……」

芸能人にとって危険な愛は「芸の肥やし」と寛容に見られていた「最後の砦」でもあった芸能界も、今や倫理に厳しく、一般人以上に制裁を受けるようになっている。そういう締めつけの強い時代だからこそ、ショーケンの生き様が懐かしく逆に輝きを放ってくる……。

ショーケン　天才と狂気

目次

第二章　時代を背負う……76

第三章　てっぺん……128

第四章　一人ぼっち……170

第五章　復活の日

第六章 熟年時代

第七章　再度の転落……353

第八章　男に惚れられる男だった……392

序章　出生の秘密

平成二十一年（二〇〇九）三月のはじめ、萩原健一のマネージャーとして長く尽くしていた佐久田修志から平成二十一年九月十三日にフジテレビ「ザ・ノンフィクション」で放送される『ショーケンという「孤独」』を製作する放送作家でジャーナリストの原渕勝仁に連絡があった。

「三月のお彼岸の時に、ショーケンがお母さんの墓参りに帰郷するんで、原渕さん同行しない？」

そこで原渕は横浜市鶴見にある萩原の自宅まで行き、萩原が運転する車で一緒に埼玉県へ向かうことになった。

取材前、佐久田から原渕に連絡が入った。

「今度ショーケンの家族を撮るでしょう。でも、ショーケンがいくらＯＫと言っても、家族がイヤだと言えば撮れませんよ」

萩原の兄の萩原萬吉は足が悪く独り身であるため、姉夫婦の一色家が面倒を見ている。

そこで事前に一家の大黒柱である姉の夫の一色勝を訪ね、挨拶がてら取材のお願いをすることにした。

「今度、ショーケンさんの密着ドキュメンタリーの撮影で、ご家族のことも撮らせていただきたいんです」

佐久田たちが説明すると、一色は了解してくれた。

「いいよ」

撮影日当日、原渕はいつものように助手席でキャメラを回しながら、運転する萩原を撮影しながら生まれ故郷へ向かった。

萩原健一が、埼玉県与野市（現・さいたま市中央区）の生家の跡地に立つ。もう跡形もない。萩原は「ここに納戸があってね」などと説明する。

萩原健一の母親の文は地元の傑物で、女性だてらに大きな魚屋『魚新』を営み、商店街の顔役になった。

萩原健一は、昭和二十五年（一九五〇）七月二十六日に生まれた。本名は萩原敬三。

萩原は、自叙伝『ショーケン』（講談社）で打ち明けている。

《私は、おふくろと妻子ある男性との間にできた子供です。種違いの私を生むべきか、彼女は迷ったらしい。亭主はすでに戦死していたけれど、物心ついた兄や姉のこともある。まだ、私を堕ろせるかどうかというギリギリの時期。占い師に聞いたら、こう言われたそうです。

「大変な子が生まれるよ」

しかし、母は私を生んでくれた。

そして、占いも当たった》

萩原健一は、五人兄弟の末っ子であった。兄がふたり、姉がふたりいた。

撮影日当日、萩原が下の姉夫婦である一色家を訪ねた。原渕が家の中に萩原と一緒に入り、キャメラを取り出した瞬間だった。

「おい、ショーケン」

姉の夫である一色勝が、萩原に向かって歯に衣着せぬ意見を言い出した。

「仕事は、どうなの？」

ショーケンは、平成十六年（二〇〇四）十月、交通事故を起こし、業務上過失致傷罪で現行犯逮捕された。

さらに主演映画『透光の樹』の途中降板による出演料をめぐる脅迫事件で逮捕。平成十七年六月に東京地裁で一年六カ月、執行猶予三年の有罪判決を受けていた。

「いや、大丈夫だよ。これからどんどん出るから、嫌ってほど」

「タイトルマッチはしねえほうがいいぞ、もう」

「しないよ」

「おまえらの世界よく分からないけども、避けるところは避けた方がいいよ」

一色がキャメラに向かって言う。

「うちの家族はね、この人（萩原）に関わるのが大嫌いなの。問題起こした時に週刊誌が来るでしょう。全部しらばっくれてる。分かりませんって」

その言葉に、萩原が笑いながら返す。

「問題起こすって、しょっちゅう問題起こしてるみたいじゃないか」

二人のやり取りを聞いて、原渕は気がついた。

〈一色さん、おれたちの撮影に協力してくれてるんだ〉

一色は、素人なりに原渕がどんな映像を望んでいるのか、どんな振る舞いをすれば喜ぶのかを理解していた。

萩原も特にキャメラを意識することなく、ごく自然に身内話をしている。衝突ばかりをしているようで、その中に身内の情も感じられる。

一色がさらに義弟の萩原に意見を言った。

「自分で車を運転するのは、やめろ」

が、萩原はこれには静かに反発し、キャメラに向かって言った。

「確かに『車出してくれ』って言えば、出してくれるんですよ。だけど緊張感がなくなっちゃうんだ、すべてに。おれ、決めたわけ。人を頼るとかそういうんじゃなくて。だから飯も自分で作るとか」

それから、萩原は次兄の萬吉とともに母親の墓参りに出かけた。

萬吉は母親に可愛がられて育ったという。逆子で生まれてきたことが原因で、幼い頃から足が悪かった。不自由な体に生まれ、長男の和夫は若くして死んだので、実質的な長男であった萬吉は、母親に格別の愛情を受けたのだろう。

萩原は、昭和五十八年（一九八三）四月十八日、大麻不法所持で逮捕され、懲役一年、執行猶予三年の有罪判決を受ける。ところが、母親はその事件の初公判の前日の六月十日に亡くなった。

萬吉が打ち明ける。

「口には出さなくても、かなりショックだったんじゃないの？」

実は、萩原の母親は自殺だったと噂されていた。原渕は、おそらくそれは真実だと思っている。実際、萩原から自殺を匂わせるような発言を聞いていたし、兄の萬吉も母親の死について「自決」という表現で語った。

大麻不法所持による逮捕は、自業自得の萩原にとって耐えるしかなかったろう。が、それが原因で母親に自殺された親不孝は、何年経っても拭いきれない罪悪感と後悔があるはずだ。

原渕は、足を引きずるようにして歩く萬吉の映像を撮ることにためらいを感じた。が、たまたま降り出した雨の中、車に戻る萬吉の姿を遠くから撮影した。

ハンドルを握った萩原が言った。

「おれの乳母だった人がいるんだ。彼女のお墓にも寄っていきたい」

乳母が眠る寺はすぐ近くにあった。母親は一日中働いていたので、萩原を育てるためには乳母が必要だったのだろう。

乳母の墓参りをした後、萩原が手招きした。

「原渕さん、これこれ」

萩原が指しているのは、墓と墓の間にある小さな更地だった。

「ここ、おれの親父の墓があった場所。今はもう、こんなになっちゃった」

萩原は、母親と近所にいる妻子ある男性との間にできた子どもである。

〈さすがにこの映像は使えないな〉

原渕は、そう思いながらも、取りあえず父親の墓があった更地を撮った。が、萩原は、「こんなもん撮るなよ」と止めはしなかった。

父親に関しては、萩原の中でとうに整理がついていたのだろう。今さら他の兄姉たちと父親が違うことを隠す必要もない。が、父親の墓の跡地まで見せられると、原渕はその生々しさに衝撃を受けていた。

次に向かったのは、兄の萬吉の引っ越し予定先のアパートだった。萩原が「兄貴がどんなところに住むのか見たい」と言い出したのだ。

萩原は、その部屋を見渡して「ああ、これならいいじゃないか」と安心したようにつぶやいた。大家のおばちゃんが萩原を見て「キャアッ、ショーケン！」と黄色い声をあげ「大ファンでした」と喜んだ。

今日は想像以上に収穫があった。原渕は思った。

〈ご家族のみなさんは、本当によく撮らせてくれたな……〉

第一章　スター、ショーケン

どこか憎めない不良少年

萩原健一の中学時代に親しくしていた村岡勝重は、ファッションデザイナー菊池武夫の愛弟子で、ファッションブランド「Ｙｉｎ＆Ｙａｎｇ（イン＆ヤン）」創設者である。

村岡は昭和二十六年一月、東京都に生まれた。昭和二十五年生まれの萩原より一歳下だが、早生まれなので学年は同じである。

萩原は都内荒川区の聖橋中学校に、村岡は北区の聖学院中学校と別々の中学に通っていた。本来なら知り合うこともなかった二人であるが、村岡のクラスメートが萩原の小学校時代の同級生で、街で偶然萩原に会った時に紹介されたことが出会いのきっかけになった。

萩原と村岡は対照的な少年だった。萩原はラッパズボンに先の尖った靴を履く典型的な不良である。いっぽう村岡は、当時流行していたアイビールックに身を包む軟派なみゆき族だった。

中学はどちらも中高一貫の私立学校であったが、近所の中小企業の息子たちが集う萩原の通う聖橋中学と、村岡の通う偏差値が高いキリスト教系男子校の聖学院とでは比較にならない。

性格も萩原は短気で癇癪（かんしゃく）持ち、村岡は育ちが良くおっとりとした雰囲気を漂わせている。どこまでも対照的な二人であったが、生活エリアは似ていた。萩原の自宅は埼玉県大宮市（現さいたま市）、村岡は川口市と近所で、二人とも京浜東北線で通学していた。中学もすぐ近くだったので、通学の行き帰りに一緒になることが多かった。

萩原は、自分の周囲ではまったく見かけることのない、上品でファッショナブルな村岡に興味を抱いたようだった。萩原もおしゃれには気を遣っており、先の尖った靴をいつもピカピカに磨きあげていた。

萩原と村岡は、一緒に上野のアメ横や銀座の「ＶＡＮ」によく買い物に出かけた。

ＶＡＮは、一九五〇年代からアメリカンカルチャーを取り入れ、日本にアメリカントラディショナルスタイルを浸透させたファッションブランドである。シャツにネクタイを締め、ニットのセーターやベストの上にアイビージャケットを羽織るのが典型的なスタイルである。

村岡がファッションの参考にしていたのは、ファッション雑誌「メンズクラブ」や、中学のクラスメートたちの服装だった。また、銀座や渋谷のリキパレスなどで開催される学生同士のパーティーに出かけていっては、おしゃれな学生たちのファッションを参考にした。パーティーの主催者は、都内北区十条にある東京朝鮮中高級学校の生徒たちだった。かれらは「パー券買え。一枚三千円だ」と半ば脅すようにして売りつけるのが常だった。もちろん村岡は売りつけられる側である。

萩原が通う聖橋中学は、硬派が集まる学校といってもまだ大人しいほうだった。近所にある東京朝鮮中高級学校、帝京中学校、国士舘中学校は、血の気の多い不良学生が多いことで有名だった。

萩原は、自著『ショーケン最終章』（講談社）でその頃の環境について打ち明けている。

《私は子どものころから差別や弱い者いじめが大嫌いだった。母親が身のまわりにあった朝鮮人差別や部落差別を強く憎んでいた影響もある。中学時代の遊び仲間は朝鮮高校の生徒だったし、自分も不良少年として世間に白い目で見られる側にいた》

萩原は、村岡の影響を受けて次第にアイビーファッションを身につけるようになった。小柄で痩せてはいるが、萩原の可愛らしい顔立ちがいっそう引き立つ。どこから見ても、おしゃれなみゆき族にしか見えなかった。

六十年代前半の銀座は、いわゆる「みゆき族」の全盛期であった。みゆき通りにはテイジン・メンズ・ショップのように男ものの洋服を売る店があって、村岡と萩原はエドワーズ、当時カーレーサーをやっていた福澤諭吉の曾孫の福澤幸雄が企画していたブランドの服を着て、VANの袋を持ってみゆき通りを歩いた。萩原と一緒に歩いていると、女性のほうから近寄ってくる。アメ横に買い物に行くと、洋品店の女性店員が「あらボク、可愛いわね」と言いながら萩原に熱い視線を送ってきた。銀座でたむろしている不良女学生からも、萩原はモテまくっていた。

ナンパの成功率も高かった。萩原がちょっと声をかければ、女の子はすぐついてくる。村岡は萩原の初体験について聞いたことはなかったが、かなり早かったはずである。中学生の頃から女性には手が早く、あちこちの女の子に手を出して平然としていた。

本気で恋愛するというよりも、欲望に任せた遊びである。アイビールックでみゆき族を装っていても、やはり根はヤンチャであった。萩原に近寄るのは、女の子ばかりではない。萩原は、同じみゆき族の男子学生たちからも、しょっちゅうからまれた。顔立ちの整った萩原は目立つ存在であり、小柄で痩せているため「ちょっとからかってやろう」となる。相手は同じ中学生か、高校生である。お互い私服なので、年が近いということしかわからない。

喧嘩を売られた萩原の態度は、堂々としたものだった。

「おう、それじゃあ、ちょっと裏へ行こうぜ」

萩原は、自分を舐めてかかった不良たちを人目につかない裏通りまで連れて行き、ボコボコにした。見た目と違って喧嘩が強く、仕掛けてきたほうが弱かった。

一緒にいた村岡は「おい、やめておけよ」と止めるのだが、萩原が聞くはずもない。が、〈まあ、強いから大丈夫か〉とさして心配する必要もなかった。

村岡は時々、萩原の家へ遊びに行った。

萩原の母親は、魚屋の主人を務めるだけあって、気さくな人柄だった。村岡は、萩原と年の近いかれの兄と姉と居合わせることも多く、よく話をした。二人とも村岡にやさしく接してくれる、いい人だった。

村岡が知る限り、萩原の家庭は温かく円満で、末っ子として愛されているんだな、と感じた。

村岡は、萩原の父親がいないこと、長男と長女が共に亡くなったことは知っていた。が、特に萩原の口から、父親の話や亡くなった兄や姉の話が出たことはなかった。

中学二年の時、萩原が村岡に手作りのラーメンを振る舞ってくれたことがある。

「村岡、タンメン食う？」

「うん、食べる」

萩原はインスタントラーメンを茹で始め、野菜を入れてタンメンを作ってくれた。実家が魚屋であったし、母親が働いていたので自ら台所へ立つことも珍しくなかったらしい。

育ち盛り食べ盛りの時期に、友だちが作ってくれたラーメンはまた格別で美味かった。

中学三年生になると、いわゆる「スカジャン」が流行り始めた。米軍の街である横須賀は、戦後ジャズの聖地としてEMクラブ（米海軍下士官兵集会所）やダンスホールが軒を連ねていた。米兵たちの土産物として流行したのが「スカジャン」と呼ばれる虎や龍、富士山など和柄の刺繍を入れたジャンパーである。さっそく萩原と村岡は神奈川県横須賀市まで足を伸ばして買い物に出かけた。

二人はそれぞれお気に入りのジャンパーを見つけ、満足して帰途についた。

萩原健一と村岡勝重は、買い物だけでなく映画もよく観に行った。エルビス・プレスリーの『ラスベガス万歳』や、ヌーヴェルヴァーグと呼ばれた自由で感性あふれるフランス映画ジャン＝ポール・ベルモンド主演、ゴダール監督の『勝手にしやがれ』などであった。

萩原は、軟派で文化的な村岡を通し感性を磨き始めたのだろう。同じ学校の友だちばかりであったら、喧嘩に明け暮れた中学時代となったに違いない。

ザ・テンプターズ

萩原健一と村岡勝重は、中学卒業を機に疎遠になった。二人とも中高一貫の学校だったので、萩原は聖橋高校に、村岡は聖学院高校にそれぞれ進学した。

萩原は、パーティーを主催していた東京朝鮮中高級学校、通称チョウコウの生徒たちと親しくなり、かれらのグループに入った。村岡は、そんな話を風の便りに聞いた。

その仲間の中に名前に「ケン」がつく不良がおり、体の大きい者は「ダイケン」、一回り小さな者は「チューケン」と呼ばれていた。萩原の名前は敬三だったが、なぜか友人から「ケイちゃん」ではなく「ケンちゃん」と呼ばれていたことから、小柄な萩原をみんなが小ケン、「ショーケン」と呼ぶようになったという。

しばらくすると、中学時代の友人である村岡勝重の耳に、萩原がグループサウンズの人気グループ「ザ・スパイダース」の弟分のバンドの「ザ・テンプターズ」に入りボーカルを担当しているとの噂が届いた。

〈へえ、あいつがバンド?〉

一緒に遊んでいた中学時代、萩原は音楽への興味の片鱗も見せなかったし、かれの歌も聴いたことがなかった。萩原に音楽との接点があるとしたら、考えられるのは一緒に参加した学生パーティーだった。パーティーの目玉はアマチュアバンドのライブ演奏である。数あるバンドの中で、当時ジュニアドンキーメン、通称ジュニドンと呼ばれるバンドが人気だった。ザ・スパイダースのように歌をうたいギターを弾くスタイルのボーカルバンドである。かれらの演奏を聴きながら、萩原と村岡は「ジュニドンて格好いいな」とよく話をしていた。

テンプターズに加入した萩原は、十七歳だった昭和四十二年(一九六七)ボーカリストとして『忘れ得ぬ君』で歌手デビューを果たした。

高校は二年生の時に中退し、翌四十三年には『エメラルドの伝説』、『神様お願い!』、『おかあさん』など次々に大ヒット曲を飛ばし、人気を得た。

村岡は、久しぶりに萩原に連絡をとって、ザ・テンプターズのことを聞いてみた。

萩原が打ち明けた。

「女性ボーカルがたまたま休みの時に、おれに歌わせろといったんだ。それからだよ」

ザ・テンプターズというグループ名は、リーダーでリードギター担当の松崎由治がつけた。その由来は、バンドテーマ曲に用いていた昭和三十五年のイタリア映画『太陽の誘惑』に因んだものである。

リーダーの松崎のギターは玄人はだしで、憧れる人が多かった。

村岡は、ザ・テンプターズが銀座七丁目にあるジャズ喫茶「銀座ＡＣＢ（アシベ）」でライブをする時に、たまに観に行ったりした。

ある日、萩原が、村岡に言った。

「テンプターズを解散するんだ。もう音楽活動はしない」

そこで村岡は、音楽好きの仲間を集めてザ・テンプターズの弟バンド「ジュニア・テンプターズ」を結成することにした。メンバーは、ボーカルの村岡勝重、リードギターの浅野孝已、ドラムスの大口広司、ベースギターの三幸太郎である。

が、しばらくすると「ザ・テンプターズが再結成してプロデビューする」という話が流れてきた。そこでジュニア・テンプターズは解散となった。ドラムスの大口広司はザ・テンプターズに、リードギターの浅野孝已はゴダイゴに、ベースギターの三幸太郎は鈴木ヒロミツ率いるザ・モップスにそれぞれ参加することになった。

偶然集まった連中がプロになり、村岡もまた洋服の世界でプロとなる。お互いに刺激しあい、高め合う良き仲間だった。早稲田実業在学中にザ・テンプターズに参加したドラムの大口広司は、村岡と同じ川口市に実家があった。頭も良く、ルックスもローリングストーンズのキース・リチャードに似ており、女の子にモテまくっていた。着ている服もセンスがよくおしゃれで、萩原は大口にずいぶん触発され、影響を受けたらしい。

范文雀との恋

昭和四十六年（一九七一）十月二十六日公開の松竹映画『めまい』は、当時『経験』『私生活』などの曲で人気の高かったアイドルの辺見マリのシングル曲『めまい』のタイトルで辺見マリ主演のアイドル映画である。

この監督は斎藤耕一、シナリオを担当したのは、日活から松竹に引き抜かれたばかりの石森史郎であった。斎藤は、映画スチール写真家、シナリオ作家をへて昭和四十二年に斎藤プロを設立し、『囁きのジョー』で映画監督デビューしていた。

松竹には、戦前は上原謙、佐野周二、佐分利信、戦後は佐田啓二、高橋貞二、大木実というように三羽烏（トリオ）ものの伝統があった。

斎藤監督が石森史郎のところに三羽烏候補のひとりを連れてきた。

「面白いやつがいるぞ。テンプターズを辞めたショーケンという歌手だ」

そこでショーケン、森次浩司、ジャイアント吉田を新三羽烏とすることにした。ショーケンは、下条吾郎役で、家業の自動車工場を継いでいた。

ショーケンは、始めのうちは、あまり喋らない。黙っていた。

二人きりの時に、石森は訊いた。

「ショーケンって名前、どうしてつけたの」

ショーケンは、ニヤリとして答えた。

「寝小便タレのケンと言われたから、ショーケンにしたんだよ」

ショーケンは出自と成人してもつい漏らしてしまう寝小便のコンプレックスを持ち続けていたと石森は言う。突っ張って喧嘩早い男に見えるが、それが虚勢だと石森は瞬時に見抜いた。

ショーケンは、自分をざっくばらんに飾ることなく語った。

「グループを解散して、大してうまくない歌を歌っていたんだよ」

石森は、ショーケンのその得難い魅力的なあまりの素直さにかれが可愛くなってきたという。ショーケンのようなキャラクターは、それまでの良家の育ちのいい青少年や、見た目に清潔感に包まれた婦女子といった俳優の集団の松竹にはいなかったのだ。

ショーケン演じる下条吾郎のキャラクターに生かすことにした。

ストーリーは、クラブ〝赤い城〟のやとわれマダムをしている小川ひろみ演じる松宮尚美の姉で、范文雀演じる和恵は、下条に想いを寄せている。が、下条は辺見マリ演じる中沢真里の歌を聞いただけで、目の色をかえる熱狂ぶりだった。和恵は、尚美を高校を出したばかりか、孤児だった真里を引き取って育てたほどの気丈夫である。尚美の誕生日、待ちに待った真里が帰ってきた。翌日、真里を強引に外に連れ出した下条は、プロポーズする。が、受け入れられなかった。

逆上した下条は車で暴走したあげく、事故を起こして瀕死の重傷を負った。

和恵の献身的な輸血のおかげで意識を取り戻した下条は、初めて和恵に感謝し、その愛を受け入れる。

辺見マリの個性もよく出ているし、三羽烏のテンポもいいし、興行成績はよかった。

実は、ショーケンは、『めまい』の中でショーケン演じる下条吾郎に惚れて迫る和恵役をやった二歳年上の范文雀と実生活でも親しくなる。范文雀は、撮影中からショーケンと半同棲生活を送っていた。

范文雀は、昭和二十三年（一九四八）四月十五日広島県生まれ。国籍は台湾であったが、両親も日本育ちであり、中国語は出来なかった。上智大学外国語学部比較文化学科に学ぶ。

大学在学中の昭和四十三年、テレビ番組『特別機動捜査隊』に出演し、女優デビュー。昭和四十五年、ＴＢＳの『サインはＶ』にエリザベス・サンダースホームで育てられた悲運の混血アタッカー「ジュン・サンダース」役で出演したが、繊細な心を持ちながら、表面的には突っ張った部分を持つジュンの役柄は多くの視聴者の共感を呼ぶ。志半ばで骨肉腫で倒れるストーリー展開に対しては、全国のファンから助命嘆願が数多く届くほどだった。続くスチュワーデスを描いたドラマ『アテンションプリーズ』にも田村早苗役で出演し、范の人気は不動のものとなった。

人生を変えた『約束』との出会い

ショーケンがなぜ『約束』に起用されたか。斎藤耕一監督は友人が多いのか、しょっちゅう韓国に行く。斎藤監督は、韓国から帰ると、石森史郎に感動した作品や、プロダクションによって映画が製作される向こうの面白い話なんかをしてくれる。

石森は、韓国から戻ってきたばかりの斎藤監督に、松竹本社の小さな喫茶店に呼ばれた。

「面白い話があるんだけれど、ちょっと聞いてくれ」

斎藤監督は韓国で仕入れてきた映画のストーリーを語った。四十代の中年の女性の模範囚が刑務所から三日間の特別休暇をもらって母親の墓参りに行く。その列車の中で偶然に中年のやはり犯罪者の男と知り合い、恋に落ちる。二人は別れる直前に刑務所の前でうどんを食べ、女が刑期を終えた日、その刑務所前の公園で会う約束をする。女囚は刑期を終え、約束どおり、刑務所前の公園で男を待つが、男は来ない。実は、男は、女と刑務所前で別れた直後、刑事に捕まっていたのである……。

石森は、聞いていて、鳥肌が立った。自分以外のシナリオライターには絶対に書けないであろうシナリオが書けると心の中に足のつま先から不意に炎がこみあげてきて、バチンと強烈な音を立てて、弾けたというのだ。実は、この話は、昭和四十一年に公開された韓国映画『晩秋』のストーリーで韓国シナリオ作家協会の副委員長の金志軒の書いたものだった。

そのシナリオを月曜日に頼まれた石森は、即座に書き始めた。石森は、シナリオと小説の差をつけられるのが嫌で、あえて、まるで小説のように意図的に意識してセリフが少ない文学作品のように書いた。

「頂くわ、お弁当」

「口をきいたな、あんた」

二人が初めて言葉を交わしたのは、そんなやりとりだった。日本海を左手に北上する長い旅の列車で、若い男が前の座席の年上の女にあれこれ喋りかけたあげく、口を開かせたのは、男が駅弁を勧めたのがきっかけだった。図々しいが奇妙に憎めぬところもあるこの男は、列車が終着駅に着くと、女を付け回した。その間、問わず語りに、自分も私生児だったと淋しい生い立ちを話したりした。無表情でどこか翳のある女も得体が知れなかった。

街外れで墓参、村井晋吉という男を訪ねて素っ気無く追い帰されると、がっかりした様子で、ついてきた男に、松宮螢子と名乗り、三十一歳になると、初めて身の上らしきものを語った。

二人の間にほのかな親近感が生まれた。男は螢子に、明日、旅館で会ってくれと強引に約束させた。

しかし、その時刻に男は現われなかった。待ちぼうけをくわされた螢子が、ゆきずりの男の言葉を信じた自分の愚かさを恥じ、上り列車に乗った。その時、息をはずませて男が飛び乗ってきた。男の真剣さに螢子は初めて赤裸々な自分を告白した。受刑囚で、母の墓参に仮出所させて貰った身であり、明朝八時までに刑務所へ帰らねばならないこと。終始、螢子に付き添っている女は看視官島本房江だということ。

隣り合わせに座った二人は、房江の目を盗んで、男のコートの下で手を握り合ったりした。夜になり、螢子は男のコートの裾に点々と着いた血痕らしいものを見つけ、いまわしい過去を思い出していた。夫を刺し殺した時の感触、公判、刑務所の味気のない生活……。

車中の長い夜、二人は異常に感情を高ぶらせた。殊に螢子は前日、晋吉と女の情事を垣間見たこともあって、その顔は上気した。

そんな折、列車が土砂崩れにあって停車した。慌てる房江を尻目に、二人は示し合わせたように線路脇に飛びおり、言葉もなく抱き合った。螢子の閉されていた欲情がせきを切り、男も激情に溺れた。

やがて列車は動き始め、夜明けには刑務所のある街に着いた。別れの時がやってきたのだ。男は別れ際に中原朗と名のった。

螢子が刑期を終えた時、刑務所前の公園で会う、という約束を交わし合った。

それから二年後、刑期を終えた螢子は約束した公園で中原を待っていた。だが中原は、二年前、刑務所前で螢子と別れた瞬間、尾行していた刑事の手で、傷害現金強奪犯として逮捕されていたのだ。

そんな事情を知らない螢子は「きっとあの人は来てくれる……」、そう信じて待ち続けるのだった。

石森は、四日後の木曜日の夜には、四百八十枚ものシナリオを書きあげた。

斎藤監督の妻の天路圭子が青山でやっているスナックモンルポに届けた。

すると、夜中に天路から興奮して電話がかかってきた。

「石森さん、凄いホンですねぇ……」

天路は女優でもあり、シナリオは深く読み込めたのだ。

ショーケンは、自著『俺の人生どっかおかしい』（ワニブックス刊）で『約束』について語っている。

《できれば映画の裏方をやりたいが……といった話をある時、監督にしてみた。役者をやろうなんて気は全然なかったし、目ざしたところでウケずに終わるのがオチだと思っていた。それよりは、裏方にまわろうと決心した。斎藤さんは私の話をきいて、それだったらまず僕のやっている『モンルポ』という店に来い、と言われた。そこでシナリオを書いたりしてるから、ちょっと手伝いに来ないか、と。そして『モンルポ』に足繁く通っているうちに、

「萩原君、映画の勉強をしていくんだったら、まずはサードの助監あたりから手伝ってみないか」

とすすめられた。一も二もなくOKだ。そうして私は助監督志願として、斉藤さんにつくことになった》

岸恵子との熱い関係

製作本部では製作次長の山内静夫がダメ元で、パリに在住している岸恵子のところに印刷されたシナリオを送ったのだ。断ってくるに違いないと内心では諦めの心境だった。

ところがすぐさま岸恵子から航空便の手紙が届く。出演快諾の内容ではないか。

「わたしは結婚した歯科医で映画監督のイヴ・シャンピとはあまりにも浮気の頻度が多いのに嫌気がさして離婚した。けれども母国に帰る気になれず、パリ市民として生活しているので、日本の映画界の現状はまったく疎いけれども、シナリオを読んで、主人公の松宮瑩子を演じたいと心が燃えて、炎が足の爪先から込みあがってきたのです。岸恵子が演じますからこのシナリオは女優さんのどなたにも渡さないでください」

この手紙を見せられた時、石森は、その場に立っていられないほどの感動で目が眩んだという。

岸恵子からの手紙により、出演が決定したので、製作スタッフはさっそくクランクインの準備を進めた。幸いなことに製作主任が労組の委員の馬道昭三だった。馬道昭三は、十数人の強力なスタッフを組んだ。一番の功績はキャメラマンの坂本典隆の起用である。坂本は、ベテランキャメラマン厚田雄春のチーフキャメラマンを長年勤めていた。ようやく独り立ちした坂本は辣腕を振るう。

岸恵子は、『約束』でのショーケンについてテレビで語っている。

「あの子、まだ、少年のように味噌っ歯があったんです。それで、わたし、少年なんかとラブストーリーをやるの嫌です、と伝えると、今度は、歳を二、三歳上にサバを読んできたんです」

ショーケン二十二歳、岸恵子四十歳。十八歳年上であった。

岸は、ショーケンがテンプターズのボーカルとして人気者だったことは知らなかったという。

岸はなお語っている。

「ところがあの子、初めてスーツを作って、ネクタイを買って、羽田か成田の空港だったかに迎えに来てくれたの。わたしの衣装合わせから全部付き合ってくれて。可愛かったですよ。すごいセンスがあった。着るものから、しゃべることまで。かれは学校にろくに行っていなくて、字が読めなかったりするんだけど、それを隠さないでね。『あなた早くお嫁さんをもらった方がいいわよ』というと『お姉さん、探して。でも、字の読める人にして、仮名を振ってもらわないといけないから』そういうことをズケズケ言って、ステキな方でしたね。可愛い弟のようでした」

石森によると、ロケ地にはスタッフと一緒にショーケンもホテルに泊まり、ロケ現場には一緒にロケバスでまわった。ショーケンたちのホテルは旅館をホテルに改装したドライブインのような建物だった。グループサウンズのテンプターズの一員だった時代はボーカルとしてスター扱いされていたけれども、俳優としては新人。製作主任に指図されたままに行動しなければならない。

螢子役の岸恵子はハイヤーだ。プロデューサーの樋口清とともに松宮螢子のコスチュームで降り立った。パリに生活の場を据えて、十年以上が経つ。日本映画界から遠ざかっていても大スターだ。

石森によると、ショーケン演ずる青年中原の過去はまったく表現されていない。が、シナリオでは書き込んだという。

「ショーケンからかれの過去について多く聞いていました。かれは、子どものころは学校でいじめられたりした時、面白くないから、よく墓場に行っていたという。そこによく朝鮮学校に通っている友人が多くいた。そこにはお供え物とか寿司があって、それを食べたりしたと言っていたので、映画の中で岸恵子が母親の墓参りをした時、ショーケンの子供のころの話を盛り込んで活かしておいた」

が、斎藤監督が差別のタブーに触れては、とカットしたという。

ショーケンが、やっと友達になった朝鮮学校に通う友達たちが、在日朝鮮人の帰還事業で北朝鮮に「あちらは天国だ」と夢を抱いて帰って行った話も聞いた。

ただし、「向こうは地獄だった。可哀相だ」とも語っていた。

石森は、それもシナリオに盛り込んで書いておいたが、やはりカットされたという。

石森は悔やむ。

〈もし、そこまで入れておけば、単なるラブストーリーだけでなく、社会的な奥行きも出せる作品になった……〉

斎藤監督は、岸恵子が囚人なのに、あまり美しい化粧をしてはリアリティがなくなるのでは、と心配した。刑務所の取材をして調べたところ、刑務所の中にも美容院があり、映画の螢子のように模範囚が外に出る場合、美しく化粧するのもあり得なくないことだという。美しい岸恵子を表現することが出来たという。

福井県の敦賀を拠点にしたオールロケで即興的なドキュメントタッチの映画で、フランス映画の『男と女』の監督クロード・ルルーシュを彷彿とさせる画面の美しさを評価された。

が、石森によると、岸恵子は撮影三日目に、斎藤監督に不満をぶつけたという。

「斎藤監督は、写真は撮っているけど、芝居は全然撮ってくれない。芝居の指導は何もしない。映像映画って感じで、監督にどういうふうな芝居をすればいいのって、訊いても、岸さんに任せますばかり。監督の演出についていけません」

岸はロケ地のホテルに戻ってしまった。さらに「パリに戻る」とまで言いはじめた。

そこで、ショーケン演じる男を追い続ける刑事役の三國連太郎が止めに入った。

「斎藤耕一って、ああいう撮り方をするけど、思うところがあるんだろうから、黙って監督の言う通りにしなさいよ」

実は、三國は、岸恵子よりデビューがわずかながら先輩であった。三國は昭和二十六年（一九五一）二月十七日公開の木下恵介監督の松竹映画『善魔』でデビューした。岸は、やはり同じ年の三月二十一日公開の松竹の中村登監督の『我が家は楽し』であった。ただし、岸は三國の『善魔』にデビュー前の訓練としてエキストラで出ていた。そういう縁の深さもあって、岸も苛立ちを収めた。

岸が母親の墓参りに乗って行く列車は、映画の撮影のために特別に貸切るわけにはいかない。ふつうに走っている列車の一両だけを借りて撮影することになった。それゆえに、撮影も一発勝負だ。スタジオの撮影と違い、「もう一回」は許されない。

偉大なる岸恵子と、ショーケンは、いよいよキスシーンを撮る日になった。ショーケンは、さすがに前の晩は眠れなかったと『ショーケン』で打ち明けている。

《その緊張が当日まで残って、リハーサル中も顔が硬ばって仕方がなかった。列車で護走中の囚人役の岸さんを、私が脱走させて逃げる。ガード近くまで逃げたところでキスをする。そういう段取りだった。ところが、いざキスシーンになって岸さんを見たとたん、思わず吹いてしまった。緊張してた反動だろうか。とにかく吹いて吹いて、ついに斉藤監督が怒り出した。

「ばかやろう、ふざけんな！」

と言った監督本人の目が、もう笑っている。で、私はキスをしなかった。そうしたら岸さんに、

「ちゃんとしてください」

と言われてしまった。ずいぶんすごいな、この女優さんは、と思った。

ところが走っている最中に、岸さんから借りて懐にいれておいたカイロがナニのほうへ落っこちてしまって、熱いのなんの。いまさら取り出すわけにもいかないし、と思っているところへ〝スタート〟の声。目をつぶって唇をあわせたら、いきなり舌が入ってきた。思わず目をあけた。で、〝カット！〟NG。

そのあと、NGを連続十回出した。助監たちは、おまえこの野郎、岸さんとキスしたいから何回もNG出してんだろう、と怒っている。冗談じゃない。こっちだって早くOK出したいのに、緊張して目があいてしまうのだ》

ショーケンは、あとで岸恵子にこのときの話をしたら、

「あたし、そんなことしてないわよ」

キッパリと否定されたという。

が、ショーケンは、あのキスシーンをハッキリと覚えているという。

ショーケンは、『約束』では、いろいろアイデアを出したとやはり『ショーケン』で語っている。

《共演した刑事役の三國連太郎さんに、こういうことを教わったからです。

「俳優というものは、ただ脚本に書いてある通りに演じるだけではいけない。自分なりに考えて、工夫をして、より良いものにしていこうという姿勢が大切なんだ」

実際のところ、ただ言われた通りに動いたり、セリフをしゃべったりしているだけでは、おれのことだ、すぐに俳優も飽きてしまったかもしれない。そういう意味で、この三國さんの言葉は大きかった。のちのショーケンの礎になったと言ってもいい》

この映画でショーケンが着ているトレンチコートは、飯倉の『ベビードール』というブティックでつくっている。デザイナーは川添梶子。レストラン『キャンティ』のオーナー・川添浩史の夫人で、タイガースのユニフォームもデザインしていた。サングラスは、ナス形のレイバンだが、本当はもっとカッコイイのを使いたかったという。ポーランドの映画監督、アンジェイ・ワイダが一九五八年に撮った『灰とダイヤモンド』で、主役のズビグニエフ・チブルスキーがかけていたサングラス。四角の角をまるくした変わったデザインで、すごい気に入っていた。が、ボツになった。斎藤監督に言われた。

「ちょっと独特過ぎるなあ」

そのカッコで、ショーケンが走るシーンがある。岸が乗った電車が出て、ショーケンがプラットホームを走り、電車を追いかける。このイメージが、のちの『太陽にほえろ！』のタイトルバックで、ショーケンが走り続けるシーンにつながっていく。

本格的な演技は初めてだったから、ショーケンも教わることが多かった。斎藤だけでなく、岸、三國に、三人がかりで芝居をつけられる。言うことが違ったりすると、どれをやったらいいのかわからない。

そういうときは、ショーケンなりに考えて演じていたという。

〈何か、いままでの東映や日活みたいにやったんじゃあ、面白くねえ。何つうか、リアリティがねえ。どうしよう……？〉

アナーキーな作品『灰とダイヤモンド』では最後にチブルスキーが死ぬ。それも夢の島みたいなところでの汚いゴミ溜めで。血の臭いを嗅ぎながら。

〈主役は殴られる。涙も流せば、血も流す。決して強くない。斬られれば死んでしまう。そういう人間が、おれだ。おれの芝居だ〉

ショーケンがそう考えていたころ、『約束』のラストシーンの撮影が行われたことについて『ショーケン』で書いている。

《おれは、三國連太郎さんにボコボコにされた。刑務所に戻っていく岸さんを見送って、ぼくは近所の用品店へ差し入れを買いに行く。そこを、尾行していた刑事役の三國さんに取り押さえられる。

「差し入れ、行かしてくれよお！　差し入れしたいんだよお！　行かしてくれよお！」

何度も泣き叫ぶぼくは、殴られ、引きずり倒され、髪の毛を引きむしられて、そこで映画はストップモーションとなる。この撮影の前、三國さんにはこう伝えられていた。

「決して手加減せずに殴るからね。ゴメンね、許してね」

本気で殴り、殴られる。撮影も一発でオーケー。撮り直しはしなかった。このとき教わった三國さんのやり方に、ぼくは心底共感した》

松竹の試写室で完成試写会が開かれた。試写が終わって、石森が岸に挨拶した。

「初めまして、脚本を書いた石森です」

岸は、石森が予測していなかった驚くことを口にした。

「あんなに素敵なホンをいただいたのに、こんな映画でごめんなさい」

そばに斎藤監督がいるのに、石森はびっくりした。

岸は、それから取材記者に対しても同じようなことを口にしていた。

石森は、松竹からも、「岸さんが、こんなことを言っているよ」と岸がやたら脚本ばかり褒めていることを伝えてきた。石森は感動した。

ところが、映画が褒められると、岸も俳優だから、コロッと態度を変えた。

「実にいい映画でした」

斎藤監督もろとも褒めはじめた。

この作品は、評価も高く、昭和四十七年のキネマ旬報ベスト・テンの第五位に選ばれた。

斎藤監督は、『約束』で毎日映画コンクール監督賞を受賞した。

ショーケンは、のちに語っている。

「わたしを役者にしてくれたのは、岸さんだったといっても過言ではない」

松竹の奥山和由プロデューサーは、ショーケンの映画を数多くプロデュースすることになるが、そのきっかけは、『約束』にあるという。

「こんなに時代の空気をまるっと体に吸い込んでしまうような俳優がいるんだと感激した。岸恵子という超一流の女優と何の臆面もなく共演して、拮抗どころか、食っちゃうような感じでね。その圧倒的なパワーに魅かれた。あの人と同じ空気を吸ってみたいと。あんなにやんちゃで、あんなに笑顔が素敵で、あんなに非インテリの男ですよね。近づきゃ危険なんだろうなというのを感じる男だったのに、一刻も早くかれと仕事をしたいみたいな感覚があったんです」

ショーケンは、昭和五十年（一九七五）三月二十一日に公開された蔵原惟繕（くらはらこれよし）監督の『雨のアムステルダム』でも共演し、やはり岸と激しいラブシーンを演じている。

ショーケンは、『ショーケン』で二人の関係について語っている。

《一時期、恵子さんとデキてたなんて噂されたこともあるけど、それはない。

ぼくにとって、恵子さんは大先輩であり、憧れの人です。いつも親切にしてもらって、ぼくを弟のように可愛がってくれた。あの人の異性関係については、ほかの人よりも少々詳しいけれど、ぼくはその中のひとりではありません。それにあのころ、ぼくは范文雀さんとつきあっていたから》

スターへの道『太陽にほえろ！』

竜雷太は、昭和三十五年（一九六〇）、日本大学芸術学部を中退し、「テレビタレントセンター

（TTC）」に入った。東京オリンピックが開催された昭和三十九年から一年半、サンフランシスコステートカレッジ（米国）に通った。一年半にわたる米国留学から帰国し、東宝テレビ部に所属。竜は、岡田晋吉プロデュース作品の『これが青春だ』、『でっかい青春』、『東京バイパス指令』に主演していた。

竜は、その縁で、昭和四十七年（一九七二）岡田のプロデュースで日本テレビ系の『太陽にほえろ！』に出演することになる。

竜が演じる七曲署捜査第一課捜査第一係の石塚誠刑事のニックネームは「ゴリさん」。「マカロニ」こと早見淳刑事役の萩原健一は劇中で「ゴリラのようだから」と発言しているが、そうではない。

石塚刑事にはモットーがある。「真実に向かってゴリゴリ突き進む」——つまり、「ゴリ押し」「ゴリゴリした捜査」のゴリである。マカロニはそれを勘違いし、「何だよ、ゴリラのゴリだって」と思わず口にし、「バカヤロー」と叱られる。竜自身も「ゴリゴリ」の石塚刑事役は気に入っていた。

萩原が演じた早見刑事のニックネームは、実は当初、「マカロニ」ではなかった。台本には「ボウヤ」とあったのを萩原は嫌った。プロデューサーに抗議して、「マカロニ」に変更させたのだ。

櫻井一孝助監督は、『太陽にほえろ！』のタイトルバックの撮影に入った。萩原が走るカットでは、ループやフロントガラスを取り払ったジープに撮影隊が乗って車を追いかける萩原の走りを正面から撮ることになった。櫻井は、萩原がついてこられる速度でキャメラの乗る車を走らせたが当の萩原が満足しなかった。前方の車に向かって、大声をあげた。

「もっと速くしろ！　もっと速く走れ！」

撮影隊を乗せた車はスピードを上げると負けじと萩原が食いついてくる。持てる力のすべてを出し切って演技したい、という気迫がひしひしと伝わってくる。

〈ショーケンの役者として自分の意志と強い個性を感じる〉

「ゴリさん」役の竜は萩原の振る舞いに内心驚いた。アメリカでの留学先のカレッジでは「俳優は『ｄｏｅｒ』だ」と教わっている。企画や台本の中身は抵抗せず全面的に受け入れて演じる。それが竜のスタイルだったからだ。与えられたものをどう自分で消化するかを考えることはあっても、設定を変えさせることなど論外だった。竜は「ｄｏｅｒ」としての俳優業を今に至るも続けている。その点、萩原とはまったく立ち位置が違っていた。

『太陽にほえろ！』の第一話「マカロニ刑事登場！」（昭和四十七年・一九七二）には犯人役の水谷豊がゲスト出演している。のちに『傷だらけの天使』で萩原とコンビを組むことを考えると、興味深い。二人はこのときが初共演だった。

なお、この作品でプロデューサーの助手をしていた清水欣也は、萩原と水谷の二人を見て、後の『傷だらけの天使』の企画を発案する。

背が低くガッチリした体型の水谷と、痩身の萩原が後楽園球場の客席を走るシーンは大きな見どころだった。あまり知られていないが、実は水谷は運動神経の塊のような男だ。萩原と二人で走っている様子はなんとも絵になっていた。

竜はこのとき、水谷と初めて会った。後に『相棒』をはじめ、いくつかの作品で共演している。

竜は思う。

〈ショーケンにとっても、わたしにとっても、『太陽にほえろ！』第一話でマモル役の水谷君と共演出来たことは本当によかった〉

竜から見ると、水谷は「生粋の俳優」だった。子役出身らしく、しっかりした基本を持っている。だが、萩原は違う。確かにスターではあったが、俳優とは呼べなかった。

ＴＣＣとカレッジで徹底して俳優の訓練を受けた竜から見れば、萩原の演技は突然変異以外の何物でもなかった。ことごとく定石を外してくる。萩原と一緒のシーンを撮っている間、竜の目には演技なのか、素なのか、その境界がまったくわからなかった。新鮮という他ない体験である。

『太陽にほえろ！』のレギュラー陣はいずれも演技に長けたベテランばかりである。石原裕次郎を筆頭に竜、露口茂、下川辰平、小野寺昭。そうした芸達者たちが萩原の芝居に注文をつけるようなことはまったくなかった。

「ポッと出が何様のつもりだ。この世界じゃまだまだじゃないか」

そんな野暮を口にする人間も皆無だった。萩原がうまい役者だったわけではない。いや、正確に言えば、周囲の誰もが演技を正当に評価出来なかった。新しすぎたからだ。

それでも石原や竜たちは萩原を受け入れた。アンサンブルは鉄壁で、萩原の存在だけが浮き上がるようなことはなかった。要は大人だったのだ。

竜自身も萩原との共演は楽しめた。萩原は演技論を学んで俳優になったわけではない。

〈ショーケンの芝居の基本にあるのは、音楽だ〉

竜はそう見当をつけた。音楽は萩原の血中に溶け込んでいる。「歌は語れ、セリフは歌え」という名言がある。戦前から戦後にかけて映画や舞台で活躍し、日本の芸能史に偉大な足跡を残した古川ロッパの言葉だといわれる。萩原はまさにセリフを歌っていた。

『太陽にほえろ！』の出演者やスタッフは認めていたものの、萩原が何をしているかはよくわからなかった。第一、セリフが聞き取りにくい。何を言っているかわからないことも多かった。

　プロデューサーの岡田晋吉は、竜にこう頼んだ。

「竜さん、ショーケンのセリフを、もう一遍言ってもらえませんか」

　つまり、こういうことだ。萩原がこんなセリフを言ったとする。

「あ、矢追町行くんですね」

「矢追町」とは架空の地名。劇中に登場する七曲署の所在地だ。萩原のセリフは聞き取りにくい。そこで竜にもう一度繰り返させる。

「そうだ、おまえは矢追町へ行くんだよ」

　竜がはっきりとそう言ってくれれば、視聴者にも聞き取れる。そこまでしないと、ついていけなかった。

　確かに聞き取れはしないが、萩原の声は独特だった。ときどきちょっと裏返る。『神様お願い！』や『エメラルドの伝説』を歌っていたショーケンそのものの発生だった。

　声だけでなく、セリフ回しや所作も相まって他にはない雰囲気を醸し出していた。それこそが萩原健一の魅力である。

〈ショーケンはマカロニを演じているわけじゃない。そこにショーケンがいて、そのままマカロニになっている〉

そんな萩原の芝居が竜には面白くてならなかった。アカデミックな訓練を受けたからといって、萩原のような芸当は誰にもこなせはしないだろう。そこに萩原ならではの持ち味があった。スターとしては格上であっても、三船敏郎や石原裕次郎でさえ真似の出来ないものだ。それまでにない鮮烈な魅力だった。

現場で萩原は自由に演じていた。それが特にトラブルにつながることはなかった。揉める原因にはならなかった。ときどき萩原は自分に合った設定への変更を求めてプロデューサーや脚本家と議論をすることはあった。だが、それとて問題行動ではない。よりよい作品にするためには必要なことだ。芝居についてのトラブルは発生しなかった。撮影は楽しく進んでいった。萩原も、竜も、他の出演者やスタッフも楽しんでできた仕事だった。

何より視聴者が歓迎してくれたことが大きい。萩原の新しい芝居を見ている側は受け入れ、支持した。

昭和四十七年（一九七二）、萩原は映画『約束』に出演。岸惠子と共演を果たしている。本格的な映画出演はこれが初めてだった。同年に放送開始した『太陽にほえろ！』は事実上の俳優デビュー作と言ってもいい。竜もそれは感じていた。俳優・萩原健一は『太陽にほえろ！』の現場で形作られていったのだろう。

萩原は頭も体も切れる男だった。頭がいいと言っても、東京大学を卒業した官僚のようなタイプとは異なる。感受性の豊かさを感じさせるものがあった。

『太陽にほえろ！』では石原裕次郎以外、刑事役のレギュラー陣は走ってばかりいた。撮影中、朝から晩までとにかく走る。これほど走った現場は竜にとって他にはない。特に走ったのが萩原健一や萩原の殉職後に出演する「ジーパン刑事」の松田優作に始まる新人刑事役。朝一番から走って、嘔吐しそうになるくらいだった。キャメラは車に積んである。俳優はそれを走って追いかけなければならない。過酷な現場である。竜は毎回、二日酔いも吹っ飛びそうな気分を味わっていた。

松田優作の走りっぷりは今でも語り草になっている。松田とはタイプは違うものの、萩原もスレンダーで走っているさまはなかなかのものだった。

細身の割に肩幅がある。三揃いの背広がよく似合った。当時、「長髪であんな服装の刑事はいない」とよく揶揄（やゆ）されたが、萩原はかっこよかった。

「マカロニ刑事」登場

『太陽にほえろ！』の第一話「マカロニ刑事登場！」、第二話「時限爆弾街に消える」の監督は、制作会社である東宝出身の竹林進だった。が、第三話からは石原裕次郎となじみのある日活系の監督が起用され澤田幸弘（第三話・第四話）、小澤啓一（第五話・第六話）が監督を務めることになった。テレビドラマの制作に慣れた東宝系の監督のほうが仕事は早かったが、日活の監督はより映画的だった。

ドラマの撮影が進行して行くに従い連続ドラマはお決まりのパターンを踏襲して制作される。萩原にとっては型にはまった不本意な部分があったらしくテストの時でも首を傾げたり、「これでいいかな」とつぶやくように自問するような場面も度々あった。自分に与えられた役の中でどう表現すれば良いのかを常に考え、自分の主張を通すために少しずつ自己主張を始めたようだった。

櫻井によると、萩原はいろいろなアイデアを出してきたが、スタッフへの気遣いは忘れていなかった。決してゴリ押しはしてこなかった。役者が自己主張するとき自分の意見をきちんと言えないと現場ではなかなか通りにくい。意見を言っても説得力がなければ拒否されてしまう。萩原は、ありきたりのことをやりたくない、型にはまったことをやりたくない、そういう思いが強かった。だから自分の意見を通せる範囲で通していく。実際、スタッフたちが思いもつかなかった斬新なアイデアを出してくる。

自分の思いが突っ走ってしまう時もあった。萩原は、アクションシーンでの、殴られ役の決まりきった演技が気に入らなかったらしい。殴られ役もプロなので、カメラに綺麗におさまるよう、格好いい倒れ方をするが不自然な部分があることも確かだった。

ある日、萩原はアクションシーンで本気で出演していた殴られ役に殴りかかった。不意を突かれ、まともに萩原の拳を食らった殴られ役もいた。が、萩原の無茶に本気で腹を立てる者はいなかった。

撮影の後、萩原は殴られ役たちに謝った。

「ごめんなさい、ちょっと間違えちゃって」

その一言で、何事もなくその場は収まった。

櫻井は思っていた。

〈本気で暴れたな。相手はプロだから、うまく避けられると計算もあったんだろう〉

「これくらいしないと、リアリティがないんだよ」という萩原の心の声が聞こえてきたようだった。

萩原の運動神経は良かった。後に「ジーパン刑事」として登場する松田優作の並外れた身体能力とは比べようがないが、萩原はアクションシーンを見事にこなしていった。

萩原は、与えられた役を表現する芝居のセンスが抜群だった。演じ方を突き詰めてショーケンの形として表現する点に抜群のセンスがあった。

撮影で、都内の有名女子高校へロケへ行った時女子高生たちが校舎の窓から顔を出し、萩原に向かってキャーキャーと黄色い声を上げた。

萩原は、女子高生の嬌声に向かって大声で切り返していたが、櫻井は萩原の顔が真っ赤になっていることに気づいた。

ショーケンの純真さが覗いていた。

〈ああ、ショーケンって、こんなに照れ屋だったんだ〉

櫻井は、萩原の異様な照れを他のスタッフに気づかせないよう、大声で次の段取りなど告げて注目を他にそらせた。

萩原は、自分が主役の番が回るたびに、相手役の要望を出していたようだった。

第二十七話「殺し屋の詩」に近藤正臣をゲストに呼んでいる。要望した俳優たちと共演した萩原は、口には出さなくても共演の俳優に勝ったことを自覚して自信を深めていった。自らに試練を課してコツコツと努力を重ねる。これが萩原の凄い点で、普通の人にはなかなか真似出来ないことだった。

石原裕次郎の評価

櫻井によると、萩原は、脚本にあるセリフを勝手に変えたりはしなかったが、要望は出していた。萩原の要望が通りやすかったのは、一途さと役が身体に馴染んでいたからだろう。

〈ショーケンは、天才的なところがあった〉

経験を積んで少しずつ成長する者と違って、萩原は役者としての才覚を感覚的に持っていた。

しかし新人である。ベテラン勢を相手に自己主張を通すことは窮屈な面もあったかもしれない。テレビは初めてであったし、番組の視聴率もいま一つだった。『太陽にほえろ！』が爆発的人気となったのは、子どもから主婦、お年寄りまでに幅広く受け入れられる刑事役が登場した後のことである。

強い個性のある役者よりも、世間に広く受け入れられる役者のほうが視聴率は高かった。『太陽にほえろ！』助監督の櫻井にとって、現場は肉体的にはきつかったが、仕事に没頭するやる気のあるスタッフばかりだったので充実していた。初期の頃は傲慢な役者もほとんどおらず、現場はやりやすかった。萩原健一を傲慢（ごうまん）だと評する者もいたが、むしろ、かれに文句を言う側の実力や配慮の足りなさの方に問題があったろう。

萩原健一は、非常に魅力ある俳優だった。枠にはまらず挑戦し続ける姿勢にも好感が持てた。身なりのセンスも抜群に良かった。私服もマカロニ役の衣装も自分で選び、お仕着せはない。自分でデザインを希望して、生地も選ぶ。高級毛織りの黒ジャケットを普段着のように着こなしアクセサリーにもこだわり、時計はいつもカルチェである。頭のてっぺんからつま先まで、とことん突き詰めて選び抜いている。プロのコーディネーターでさえ、萩原のようなセンスの持ち主はいなかったろう。

萩原は、石原裕次郎に可愛がられていた。石原は、演技に全力投球する真っ直ぐな萩原を憎からず思ったのだろう。才能を感じた。スタッフたちの耳にもいろいろな噂が流れてきた。

「石原さんと一緒に飲みに行ったショーケンさんが、酔っ払って……」

「石原さんが酔って、ショーケンに『おれをおぶっていけ』と言ったらしい」

が、萩原は徒党を組んで満足するタイプでもなかった。『太陽にほえろ！』は、石原裕次郎の番組であり、スタッフも俳優も石原贔屓だった。その石原に可愛がられていても、萩原が石原になついたり媚びたりすることはなかった。石原裕次郎はそこが気に入った。

どこまで飽き足らずにまっすぐに取り組む萩原健一という俳優は、他の若い役者とはまったく違って見えた。

製作現場は撮影に追われ、吉高勝之が助監督に加わって撮影は二班体制となった。

萩原は私生活についてほとんど語ることはなかったが時々、笑いながら女性との関係を吹聴することもあった。モテる男だから女のほうから誘ってきたこともあるだろうが、「生意気だったから」など、冗談なのか本気なのかわからないことを言うこともあった。

『太陽にほえろ！』を撮影しているときのことだ。昼休み、竜雷太は萩原健一と一緒に食事をしていた。

テーブルの上にあった箸が目に入った。萩原はそれを手にする。

「ドンツク、トントントン」

ドラムスの要領でリズムを刻み始めた。

「はい、ゴリさん、何小節」

竜にアドリブを振ってくる。萩原のいたずらだった。

リズム感は見事なものだ。萩原の体内を流れる音楽の一端を見た気がした。そんないたずらを仕掛けられたのは後にも先にもそのときだけだ。だが、妙に印象に残っている。

竜は萩原と飲みに行くことはほとんどなかった。共演者の中では下川辰平と馬が合うようだった。酒場にいるときぐらいは気の置けない連中と一緒にいたい。気を使いながら飲んでも一向に酔えないだろう。

竜はもっぱら石原裕次郎のお供をすることが多かった。

〈わたしはどうもショーケンのタイプじゃないようだ〉

『太陽にほえろ！』には萩原健一の最初の妻・小泉一十三も出演している。そのころ、萩原は英国製のオープンカー「パンサー」に乗っていた。いつも愛車を駆って、撮影現場に颯爽と登場する。

来るときは萩原一人だが、仕事が終わると、助手席に小泉を乗せて帰った。萩原が小泉と恋仲なのは共演者は皆知っている。竜雷太はいつも不思議に思った。

〈小泉さんを横に乗せるのはわかる。でも、後部座席に長さん役の下川辰平さんが乗っているのはなぜなんだ?〉

これは萩原一流のカムフラージュだった。「長さん」こと野崎太郎刑事役の下川辰平も同乗していれば、「撮影後に共演者を送り届ける」という大義名分が立つ。下川もそこで一役買うのを嫌うような男ではなかった。洒落っ気である。竜は思う。

〈ショーケンは愉快な奴だった〉

萩原は『太陽にほえろ！』降板から二年後、昭和五十年に小泉と結婚した。

萩原といえば、共演する女優にかたっぱしから手をつけることで知られていた。だが、『太陽にほえろ！』当時はまだそこまでではなかったようだ。

ショーケンと〝最も多く共演した女優〟

関根恵子（のちの高橋惠子）は、昭和三十年（一九五五）一月二十二日、北海道川上郡標茶町に生まれた。牧場経営をしていた父親はもともと歌手志望で、事業の失敗などもあり、次第に「娘を文化的に豊かな東京で育てたい」と思うようになった。一家で東京都府中市に引っ越したのは、恵子が小学校六年生の時だった。

恵子の大人びた美貌はすぐに大映のスカウトの目に留まり、中学卒業までの一年間、大映の研修所で演技のレッスンを積んだ。父親は娘の芸能デビューに諸手を挙げて賛成し、家族の協力のもと音楽教室で歌のレッスンも重ねていった。

昭和四十五年（一九七〇年）春、中学卒業と同時に大映へ入社した関根恵子は、この年の八月二十二日公開の映画『高校生ブルース』でデビュー。さらに十一月三日公開の『おさな妻』でゴールデンアロー賞新人賞を受賞した。が、ヌードも辞さない十五歳の恵子には不良少女のイメージがつきまとい、引退すべきかと悩みながら増村保造監督の青春映画『遊び』に出演。

昭和四十六年（一九七一年）に大映が倒産する騒動の中で東宝テレビ部へ移籍した。翌昭和四十七年にNETテレビ（現テレビ朝日）系列の『だいこんの花』に出演し、主演の竹脇無我の妻役を務めた。

関根恵子が萩原健一と初めて共演したのは、『太陽にほえろ！』に、婦人警官・伸子（シンコ）役でレギュラー出演したのがきっかけだった。シンコ役のオファーがあった時、恵子はまだ十七歳だった。実年齢より年上の社会人を演じることに、少し戸惑いがあった。

〈でも、始まってみないとどんな番組かわからないし、せっかくいただいたお話だからお引き受けしよう〉

この時の恵子は、まさか自分が〝ショーケンともっとも多く共演した女優〟になるとは夢にも思っていなかった。

関根恵子は、中学時代、沢田研二がボーカルを務めるタイガースのファンだった。他のグループサウンズにも興味が広がり、テンプターズのコンサートも観に行ったこともあった。その時の印象があったので、萩原が『太陽にほえろ！』に出演すると聞いてちょっと意外に思った。

〈ショーケンさんは歌手なのに、演技もするのね……〉

マカロニ役の萩原健一は、とうてい刑事とは思えないスタイリッシュな服装をしていた。今までの刑事物の常識ではまったく考えられないスタイルである。しかもそれらの服は、すべて萩原自身が見立てたものだという。

〈すごい。今までとまったく違う刑事像が出来あがるんだろうな……〉

萩原は、関根が驚くほど仕事熱心だった。松竹映画『約束』の撮影が終わったばかりで、テレビドラマもまだ数えるほどしか出演していないはずなのに、誰に臆することなく自分の意見やアイデアをどんどん主張していた。

「ここは、こうしたらいいんじゃないか?」

萩原が出すアイデアは意表を突くものや、他の人では思いつかないようなものばかりで、端で聞いていた関根も何度も関心した。

〈へえ、面白いなあ……〉

確かに、自分の意見を持ち、きちんと言葉で伝える萩原のことを「面倒だ」と思う人もいたかも知れない。が、関根はそんなふうにはまったく感じなかった。むしろ、当時からスターだった萩原と共演して、勉強になると思うことがたくさんあった。

また石原裕次郎を筆頭に、露口茂、下川辰平、竜雷太など、『太陽にほえろ!』に出演する俳優は、若い関根から見てもみんな魅力的だった。特に、石原裕次郎の存在感は別格だった。石原が現場に現れると、現場のスタッフたちの表情がパッと明るくなる。石原はただ気さくに振る舞うだけなのだが、その様子を見てみんなが嬉しそうにしている。自ら光り輝く存在でありながら、周囲の人たちにも明るいものを与えていた。石原の役はボスだったが、現実でもボスだった。石原を中心に動いているから現場もまとまり、キャスティングも良い案配になっている。

関根恵子は石原の懐の深さを感じながら、つくづく思った。

〈石原さんみたいな方を、本物のスターというんだな……〉

才能あふれる監督も集まっていた。この頃は映画が斜陽となり、映画監督たちがテレビドラマへ進出する時代ではあった。が、関根恵子はこれまでの経験で、映画監督は自分の作品に対するイメージや世界観をしっかり持っているいっぽう、テレビドラマの場合は監督よりもプロデューサーや脚本家の主張が強いと感じていた。『太陽にほえろ！』の監督たちは、竹林進や日活出身の澤田幸弘など映画監督が多く、かれらはまるで映画のような撮り方をしていた。

そうした中で、萩原健一は本当にキラキラと光り輝いていた。ちょうど、最初の妻となるモデルの小泉一十三が『太陽にほえろ！』第三十五話「愛するものの叫び」に犯人役として出演したのをきっかけに、交際していた頃でもある。関根恵子は小泉と同じシーンに登場しなかったので、撮影所で通り過ぎる際にちらっと見かけた程度だった。

優れた役者たちに囲まれ、映画出身の監督が指揮をとる現場にはいつも熱気があった。時代もあったのかもしれない。スタッフも役者も「いろんなアイデアを出し合って本当に面白いものを作ろう」という意欲に満ちていた。映画から女優の世界に入った関根恵子は、映画のワンシーンのようにシンコ役を演じられてやりやすかったし、充実感もあった。とはいえ、十七歳で婦人警官役を演じるために、ずいぶん背伸びをしなければならなかった。それに、同じ役をずっと続けるのは初めてだった。

一年経てば卒業出来ると思っていたが、マネージャーから「二年目も継続する」と言われてしまった。

〈一年も同じ役をやり続けたのに、もうあと一年やるのか。ちょっとそれは勘弁してほしい……〉

十代の若者にとって、一年の体感時間は長い。女優としても成長期であったので、もっといろんな役に挑戦したかった。

マカロニ刑事、殉死

『太陽にほえろ！』の一年目が終わりに近づき萩原は、自ら「マカロニ役」を降板することになる。櫻井は、自分の可能性に挑戦を続けたい萩原にとって『太陽にほえろ！』の「マカロニ役」に没頭することには抵抗があったのだろうと思う。役者として挑戦し続けたい。もっと別のジャンルを模索してみたい、そのためには『太陽にほえろ！』に出演し続けることには抵抗があったかもしれない。

役者としてスタートして駆け出しではあったが俳優として未知数な部分にも挑戦してみたい、そういう意味では『太陽にほえろ！』の一年間は収穫も多かったに違いない、役者として生きていく何かを摑んだのだろう。

『太陽にほえろ！』は健全路線だったが萩原は、その健全さ、型にはまったパターンに不満を抱いて辞めたわけではない。長く同じ場所に留まる事は自分には合わない、また、一層の飛躍と挑戦を望んでいた、ただそれだけの理由だったに違いない。

マカロニ刑事が殺害される最期のシーンの撮影前にアクションシーンの撮影があり、竹林進監督は最後の大アクションを撮影した。汗みどろのカーアクション撮影が終わった後、萩原は役者やスタッフたちと記念のスナップに応じていた。みんなと肩を組んで写真を撮り、さすがに一年の撮影が終焉に向かっている惜別と安堵感に、えも言われぬ解放感からかニコニコと笑っていた。

櫻井はスナップを撮りながら、屈託のない笑顔の中に、萩原の素直な性格を見たように思った。〈ショーケンの本質は、この笑顔だ。いい意味で子どもの部分が残っている人なんだな〉

萩原は、昭和四十八年（一九七三）七月十三日放送の第五十二話「13日金曜日マカロニ死す」の殉職シーンでの最期では「自然体で死にたい。格好よく死にたくない。みっともない死に方をしたい」ことを要望。萩原は言い張った。

「人間、いざ死ぬとなったら、カッコなんかつけていられるわけがない。犬死にするんだ」

小川英による脚本が何度か書き換えられ、最終的に萩原のアイデアが採用された。

誰もいない夜の道、マカロニは、新宿野村ビル建設予定地で立小便をし終わったところを、見知らぬ強盗にナイフで刺されるという内容に変わった。

マカロニは、こう言って死ぬ。

「母ちゃあん……あっついなぁ」

萩原は、『太陽にほえろ！』から解放されてせいせいした、と言っている。一年間で計五十二本に出演した。

以後、この番組で何度も繰り返される新人刑事の「殉職」シーンは、ここから始まった。伝説のスタートである。

放送開始から一年。萩原とマカロニはすっかりお茶の間の人気者になっていた。並みの役者であれば、ここで辞めることなど考えないだろう。だが、萩原は降板を申し出た。

竜雷太は、その話を聞いて思った。

〈せっかくここまで来たのに。でも、それがショーケンなのかもしれない。かれらしい選択だな〉

一年間、文字通り走り続けた。「やり尽くした」という達成感があったのかもしれない。その点では萩原の後を継いで「ジーパン刑事」を演じた松田優作も同じだ。

仮定の話だが、ここで萩原が番組を降りなかったら、どうなっていたのだろうか。殉職が『太陽にほえろ！』の看板になることはなかった。松田がジーパンとして番組に登場することもなかっただろう。

プロデューサーの岡田晋吉は渋々ではあるが、萩原の降板を最終的に認めた。後釜として松田をすでに押さえていたからだ。その点では竜も同じ思いだ。

萩原健一と松田優作。同年輩で共に『太陽にほえろ！』を通過した二人の俳優は時にライバル視されることもあった。共演した竜は両者の違いをこう見ている。

〈優作は日本刀のような役者だった。刃物のような切れ味がある。ショーケンの個性はもっと鋭いものの、鈍器に近い感じがする。振り回すと、ぶーん、ぶーんと音がするようだった〉

松田の周囲にはかれを慕う俳優たちがいつも集まっていた。それに比べ、萩原は群れることがない。いつも孤独の影がつきまとっていた。


ショーケンの恋人役で出演していた関根恵子演じるシンコもまた進化していた。最初は七曲署のお茶くみの女の子にすぎなかったが、昭和四十八年（一九七三年）四月六日放送の第三十八話「オシンコ刑事誕生」からは、少年課の女刑事に昇格して事件にも関わるようになったのである。

犯人の少年役を演じる役者の実年齢は二十歳を過ぎていて、みんな関根より年上だった。かれらを逮捕する女刑事の役なのでより背伸びして演じる必要がある。大変ではあったが充実感もあった。

関根の父親役は、コミックバンド「ハナ肇とクレージーキャッツ」のリーダー・ハナ肇が起用された。関根は、ハナ本人そのままの温かい父親の雰囲気が好きだった。そして物語は、萩原健一演じるマカロニ刑事の殉職、松田優作演じるジーパン刑事の登場と大きく変化していく。松田優作は、萩原健一と入れ替わりで入ってきた新人刑事役だったので、萩原とよく比較された。

松田本人も萩原のことを非常に意識していた。が、女刑事役で共演していた関根恵子は二人を比較したことはほとんどなかった。おしゃれで都会的なマカロニと、ワイルドな松田はそれぞれの持ち味や個性を良い形で出しており、スターとしてみんなの心に刻まれた。関根は、そうした二人と共演出来た機会をとても貴重でありがたいと感じていた。

『太陽にほえろ！』はジーパン刑事とシンコの恋物語へ発展。昭和四十九年（一九七四年）八月三十日放送の「ジーパン・シンコその愛と死」でジーパン刑事が殉職し、婚約者だったシンコも退職することになる。二年間シンコ役を演じた関根恵子は、これで『太陽にほえろ！』を卒業した。

ジーパン刑事のこと

萩原は個性的ではあったが現場で些細な不満を漏らしたり自分の主張を「おれはこう思う」などと強く表に出したりすることはしなかった。しっかり役を自分のものにして、結果的に個性が評価されると考えていたのだろうか。個性を前面に打ち出していたのは、マカロニ役に続いてジーパン刑事役についた松田優作だった。松田優作も天才肌であったが、萩原はものを掌握して消化する力が勝っていて理屈や自己主張より先に、生来の感性と天才的素質で役を演じきってしまう。

ジーパン刑事役についた松田優作は、現場に不慣れということもあって現場のあり方についていて何度も不満を漏らしていた。助監督の櫻井は、松田ともう一人の助監督と、サブプロデューサーと四人で飲むことになった夜。不満を漏らす松田に、櫻井が訊いた。

「おまえ、この番組に来て、何カ月経つ？」

「まあ、三カ月くらいですね」

「三カ月で何がわかる。ただのわがままだろう」

徐々に雰囲気は険悪になり、櫻井はとうとう松田に向かって「表に出ろ！」と言った。

店の外へ出ると、松田はいきなり履いていた下駄を脱いだ。当時の松田は下駄ばきだった。両手に持って構えた下駄で、いきなり一撃を食らい櫻井はほうほうの体で逃げ帰った。

松田が下駄で一撃したのは、空手有段者であり凶器になるため咄嗟の判断だったに違いない。

しかし、逃げ切れるものではない、素足で追いかけてくる松田の足は速かった。櫻井は足の速さに自信はあったが、松田の速さにはかなわない。たちまち追いつかれて、下駄で顔を二発食らったが、大した怪我はなかった。

店に残ったサブプロデューサーは頭に一撃を食らいを病院で手当てを受けることになる。

喧嘩以外にも、松田優作にはうっかりすると凶暴に変貌しかねない一面をもっていた。俳優としての抑圧や周囲からの制約にモヤモヤが鬱積していたのは頷ける。が、ある種の恐怖感がつきまとった。ロケ先での喧嘩や演技を批判して頭突きを食らった俳優の噂などが流れた。

いっぽう萩原は、松田とは違っていた。喧嘩を売られれば応じるだろうが、自分で癇癪を起こして人に殴りかかるような真似はしなかった。

松田は注目され始めた自分の周囲をいつも気にしている面があった。仕事に関するさまざまな雑誌や記事に目を通し、周囲の情報にも目を怠らなかったらしい。櫻井がインタビューに応じた時や他社の作品を撮った時など深夜に連絡してくることがあった。松田は色々な状況について話したり、長々と自分の意見をしゃべったりした。仕事に対する執着心は強かったようだ。

市川崑監督の『股旅』で新たな魅力を

昭和四十八年（一九七三）四月七日公開の『股旅』で萩原健一と共演することになる小倉一郎は、昭和三十五年に九歳で子役としての活動を開始し、昭和三十九年公開の映画『敗れざる者』で本格デビュー。テレビや映画の青春ドラマにも数多く出演して、ナイーブな青年像を得意として演じ、同年代の女性からも人気を得た。

小倉は二十二歳の時、木下プロダクションの「人間の歌シリーズ」で、山田太一が『それぞれの秋』を書き、小倉を抜擢してくれた。その放送を、市川崑監督が観ていた。当時、小倉は、阿久悠も所属していたオフィス・ワンという会社にいた。元日本テレビのディレクターの福田陽一郎もオフィス・ワンに所属していて、市川と福田がすごく仲が良かった。

ある時、福田が小倉に言ってきた。

「市川崑が、おまえを出してやるって言ってるぞ」

「えーっ！」

それが『股旅』であった。

赤坂ＴＢＳ前の喫茶店アマンドの上階に、市川崑の所属している「活動屋」という会社の事務所がある。そこにまずショーケンと尾藤イサオと小倉一郎の三人が呼ばれた。

「お控えなせっ、お控えなせっ」

映画の出だしでこの三人が、石津の十蔵一家の子分常田富士男の前で仁義を切るシーンがある。三人がそれぞれそのシーンの稽古をした。

市川監督が、小倉らに説明した。

「お控えなすって」という仁義は、東映が作ったんだ。だから東北のやつは東北弁で、それで尾藤君は、名古屋かなんかにしようよ。ショーケンちゃんは、大阪にしよう、小倉くんは、長野あたりにしようよ」

それで、小倉によると、尾藤は静岡出身の女優冨士真奈美に習い、ショーケンも誰かに習った。小倉は誰にも習わなかった。なんとなく「お控えなせえ、お控えなせえ」というのがこんな調子じゃないかなと、訓練したという。

本番ではまず尾藤イサオが延々と仁義を切り、つづいて小倉が延々とやる。

「生国と発しやんすは、信州賽の河原を北へ三里三丁下りやんしたきなせ村……」

続いて萩原の番になるが、さすがに仁義を受ける常田が疲れきり、

「仁義の義、略させていただきやす。どうでがんす？」

萩原が気抜けして「え⁉」「そんなら……」で一段落。

仁義の稽古が終わると、市川監督が告げた。

「一週間後から、長野に一カ月以上ずっと行きっぱなしだからね」

長野県南部の天竜川に沿って南北に伸びる盆地の伊那谷の山の中にある民宿で一カ月ちょっと、一回も帰らずにオールロケで過ごすことになった。本当に何もない山奥であった。コーヒーを飲もうと思っても、四十五分くらい山を下りなければならなかった。

市川監督は、小倉に言った。

「映画はキャスティングで全部終わっているんだ。あとは種拾いだよ」

このドラマは、灰色の空、霜でぬかったあぜ道を、よれよれの道中合羽に身をつつんだ若い男が三人、空っ腹をかかえて歩いているシーンから始まる。生まれ故郷を飛び出し、渡世人の世界に入った小倉一郎演じる源太、尾藤イサオ演じる信太、萩原健一演じる黙太郎である。

かれらの望みは金と力のある大親分の盃をもらい、ひとかどの渡世人になることだった。流れ流れて三人は、二井宿・番亀一家に草鞋をぬいだ。源太はここで偶然、何年も前に母親と自分を置き去りにして家出した大宮敏光演じる父親の安吉と再会する。

夜、源太は安吉の家に行く途中、百姓・又作の家の井戸端で、若い女房の井上れい子演じるお汲が髪を洗っているのを覗き見た。白い肌が闇の中に浮んでいる。背後からお汲に組みついた源太は、あばれるお汲を納屋に連れ込み犯した。

翌日、安吉が、番亀の仇敵の赤湯一家と意を通じ、壷振りと組んでイカサマをやり、番亀一家の評判を落とそうとしたのがばれた。

憤怒した番亀は、源太に命じた。

「渡世人の掟を破った親父の首を、取ってこい！」

「親父を斬ることはない」

そう引き止める黙太郎と信太に「義理は義理だ」と源太は飛び出す。が、生憎安吉は留守であった。

気抜けした源太は、お汲の家に行き、声をかけた。

「おれと逃げないか」

源太を見つめていたお汲は、コクンとうなずいた。二人はその場で激しく抱き合った。

やがて安吉の家へ引返した源太は、長脇差を抜き放ち、驚く親父に斬りかかった。揺れ動く貧しい灯が、蒲団の上に寝かされている安吉の死顔を照らしている。源太の頬には涙が流れている。

やがて、源太は僅かな草鞋銭を渡され、番亀の家を追い出された。

黙太郎、信太、そしてお汲も一緒だった。道中をつづける四人。

途中で信太が竹の切株で足を傷つけ熱を出した。四人が夜を明かした祠の前に、人の気配がした。

追手がかかったと一同緊張するが、お汲の亭主の息子の平右衛門だった。お汲をつれ戻しに来たのである。素直に帰ると見せかけたお汲は、背後から鎌で平右衛門に襲いかかり、殺害してしまった。

呆然と見つめる源太と黙太郎。兇状持の上にまた殺人、事態はますます悪化した。

「どうしても家に帰りたくない」

そういうお汲を、源太は、飯盛女に売ることにした。

その頃、祠の中で信太は息を引きとっていた。残った源太と黙太郎は、飯岡の助五郎のもとへと道中を急いだ。途中、黙太郎は、立寄った飯岡一家の野手の半兵衛が、笹川繁蔵一家へ寝返る、という話を小耳にはさむ……。

ショーケンにキレた小倉一郎

小倉は、ショーケンと組むのは初めてであった。萩原の面倒な噂は耳にしていたが、始めのうちは揉め事もなくうまく運んだ。

ショーケンは打ち解けて、小倉らに沢田研二についても語った。

「おれは、ジュリーを無条件で尊敬しているんだ」

「歌手としてかい」

「いや、沢田さんは、めっぽう喧嘩が強いんだ」

小倉はジュリーが新幹線で車掌に「イモジュリー」と言われて、その車掌をぶん殴ったという話を思い出した。ショーケンは、喧嘩が強いか、弱いかで評価することがわかった。

雪の日の夜道を黙太郎役のショーケンが先頭で次に信太役の尾藤イサオ、源太役の小倉一郎の三人が源太の犯したお汲役の井上れい子を連れて歩くシーンの撮影の日。小倉は、雪が激しいのでてっきり撮影中止と思っていたら、突然「やります」と言われ、決行することになった。

「山の上から望遠レンズで撮る。四人で雪道を歩いてくれ」

四人のうち小倉が伝令のトランシーバーを持つことになった。山の上の市川監督の合図で、小倉が、前を歩く四人に「よーい、スタート」と声をかけた。が、ショーケンだけは聞こえない。

実はショーケンは、グループサウンズの時代に昔のエレキの大反響のアンプでやっていたせいで、耳を悪くしていた。

そこで小倉は、ショーケンにはあらためて大声をあげた。

「よーい、スタート！」

ショーケンは、撮影中このように相手のセリフがよく聞こえないこともあった。

市川監督は、黒澤明監督のような威圧感はなかった。怒鳴ったりすることはなく、あくまで表面的には優しいが、芯は厳しかった。

源太役の小倉は、犯したお汲を飯盛り女として売り飛ばし、「ほら、じゃあ行くぜ」と冷たく去ろうとする。すると、お汲が嗚咽する。

「千年も万年も、待ってるからね……」

源太は泣くお汲を抱きしめ、「三カ月もすりゃあ、ホトトギスの鳴く頃には帰ってくらぁ」と自分もウウッと激しく泣いた。

このカットを撮り終わると、市川監督がボソッと小倉に言った。

「泣くことだけに集中しちゃって」

「ホトトギスの鳴く頃には帰ってくる」と口にしているが、一生の別れになるかもしれない。本当は惚れてるのに、別れるのはつらい。そういう気持ちがにじんでいない。監督はそう言おうとしているのだ。

〈撮り直しか〉

小倉はそう覚悟した。が、市川監督は「はい、次のカット」と別のシーンに移ってしまった。

市川監督は、いざ撮影現場を離れ、民宿へ帰ると、スタッフに「麻雀しよう」と誘い、下戸で酒は飲めないので玉子焼きを食べながら仲良く麻雀を楽しむ。

小倉とショーケンは、撮影終了二日前までなんとか揉めることなくすんでいた。が、ついに、ショーケンが本性を露わにした。民宿では、夜は一階の六畳の間に小倉、尾藤、ショーケンの三人が一緒に寝ていた。掘り炬燵があって、そこに三人がそれぞれ足を突っ込んで、昔の掻い巻きみたいな綿の入っている掛け布団をかけて寝ていた。夜には決まって、民宿のおかみさんが日本酒の一升瓶をドンと炬燵の上に置き、「早よ飲んで寝なさいよ」と去って行く。

小倉は、ぐっすりと寝ていた。ところが、急にショーケンに揺り起こされた。真夜中の二時頃であった。

「おい小倉！　外に出ろよ」

小倉はムッとした。

「外は、雪が降ってるじゃないか」

そのとたん、ショーケンがいきなり小倉に襲いかかってきた。なんと顔面に拳を叩きこんできた。狂ったように小倉を殴る。さらに蹴る。小倉の髪の毛を摑んで、引きずりまわそうとする。

〈やられるおぼえはねぇ〉

さすがに、小倉は怒った。

「おい、ちょっと待て。まだ撮影が終わらないのに、俳優の顔を殴るとは……」

小倉も負けてはいなかった。ショーケンに躍りかかった。

ショーケンを押し倒した。ショーケンの体をひっくり返し、背に馬乗りになった。そばにクリスタルのギザギザの大きな灰皿がある。小倉はそれをわし摑みにするや、ふり上げ怒鳴った。

「いい加減にしないと、この灰皿で頭を叩き割るぞォ！」

取っ組み合いをしながら大声を出しているのだから、二階に寝ている市川監督やスタッフはこの喧嘩に気づいているはずである。が、みんなショーケンを怖がってか、一階に降りて来ようとはしなかった。

いっぽう尾藤イサオは、民宿一階のピンク電話で十円玉を高く積み、のちに妻となる恋人にラブコールをしつづけていた。が、さすがに小倉の怒鳴り声を耳にして、部屋に飛ぶようにして帰ってきた。

「どうした？」

小倉は事情を話した。

すると、ショーケンが身を起こすや言った。

「この野郎、おれのことを『先輩』として立てねえんだ」

すると、尾藤が口を尖らせた。

「何を言ってるんだ。ショーケン、小倉さんの方が、芸能界では先輩だぞ！」

ショーケンは年齢では小倉より一歳年上だが、小倉は小学校三年生の時から子役でやっている。芸能界でははるかに先輩である。

小倉は、ショーケンに言った。

「ちょっと待て。先輩、後輩と言うんだったら、おまえさん、尾藤さんを立ててるか。尾藤さんの方が、おまえさんより、大先輩じゃないか」

尾藤は、昭和十八年生まれで昭和二十五年生まれのショーケンより年齢的にも七歳も上である。デビューも、昭和三十七年にフランツ・フリーデルをリーダーとするバンド「ファイア・ホール」の一員となっている。

いっぽうショーケンは、バンド。ザ・テンプターズのヴォーカリストとして昭和四十二年『忘れ得ぬ男』でデビュー。尾藤は年齢も芸歴も、ショーケンより明らかに先輩である。

尾藤が、ショーケンに強い口調で言った。

「小倉さんに、謝れ！」

ショーケンがショボクレて詫びた。

「ごめんな」

尾藤もキレた。

「そんな謝り方じゃ、駄目だ。ちゃんと謝れ！」

ショーケンが仕方なく頭を下げた。

「すいませんでした」

実は、ショーケンは小倉に襲いかかったのは先輩問題ではなく、小倉に嫉妬していたからだとみられる。

市川監督は、小倉が映画監督志望というのを何かの本で読んだらしく、撮影中もいちいち小倉にキャメラを覗かせてくれた。

さらに、小倉に親切に教えてくれた。

「伊丹万作監督はね、こういう時にね……」

ショーケンは、『約束』で主役をやっているが、始めは助監督として参加していて、途中から岸恵子の相手役に抜擢されることになった。それゆえ、小倉が監督志望で市川監督に特に可愛がられていることに嫉妬したといえる。

ショーケンと喧嘩をした翌日、映画のラストの二人が斬り合うシーンの撮影がおこなわれた。

黙太郎役のショーケンは、裏切って笹川繁蔵のところへ行く半兵衛の首を持って飯岡助五郎のところへ行けば、飯岡親分の盃がもらえる。半兵衛を追う。追いつくや、襲いかかった。半兵衛はうろたえ、脱げた下駄を拾って逃げる。黙太郎は、さらに半兵衛を追おうとする。

源太役の小倉一郎は、その黙太郎に「半兵衛には、一宿一飯の恩義がある。渡世の義理を！」と、ふいに黙太郎の左腕に斬りかかる。黙太郎の左腕から血がタラタラと流れる。

怒った黙太郎は、源太に罵り（ののし）ながら、斬りかかる。

二人とも剣術の修業をしたことなどなく、ののしり合いながら、やたら刃を振りまわすだけ。

元大映の俳優で『木枯らし紋次郎』で名前を売った殺陣師の美山晋八がついているが、ショーケンは、それを無視して、狂ったように小倉に突きかかる。

小倉は草むらに転ぶ。肉離れしてしまったのである。ショーケンはお構いなしで、さらに小倉に襲いかかる。演技というより、まるで喧嘩だ。昨夜やられかけた小倉への復讐としか思えない。

市川監督が、さすがに危険を感じて二人の間に止めに入った。ショーケンの前にキャメラを持って「カット！」と止めた。

「ハイッ、ショーケンちゃんの、ショーケンちゃんの……」

ショーケンの動きを止め、ショーケンの顔のアップを撮った。

その間、ようやく小倉は立ち上がった。

それからショーケンは、ふたたび半兵衛を追う。小倉はそのショーケンを追うが、三度笠と合羽が足に絡み、転ぶ。さらに勢いづいて、崖からすべり落ちてしまう。

ショーケンは半兵衛を追いそこね、引き上げてくる。が、小倉の姿はない。岸下に落ちているのだ。

「おーい！」

大声で叫ぶが、小倉の返事はない。

ショーケンは、つぶやく。

「あいつ、野グソでもたれにいきやがったかな……」

もう一度叫ぶ。

「おーい、おーい」

いつまでも黙太郎は源太を呼びつづけるのだった。そこで「完」と出る。

ショーケンの出るシーンの撮影はそこまでで終わった。

ショーケンは、それから『太陽にほえろ！』の鹿児島ロケに向かわなくてはいけない。そのための迎えの車が来ていた。ショーケンは、小倉に声をかけた。

「おい小倉、途中で落としてやるから乗れよ」

もしそのまま小倉が車に乗っていれば、ショーケンには車の中で殺してやる、くらいの凶々しい雰囲気が漂っている。昨夜の仕返しをしてやろうと考えているに違いない。

小倉は、さすがに御免だった。

「いや、ゴメンね。僕は、あと一日撮影が残っているんだ。お疲れさん……」

実は、市川監督もショーケンと小倉の喧嘩騒ぎを知っている。あえてショーケンの撮影を一日早く済ませていたのである。ショーケンは、そのまま東京に車で帰った。

小倉は、一晩民宿に泊まって、翌日、崖から下までズルズル落ちるシーンの撮影に入った。

市川監督は、向こうの山から大望遠で撮り、次は接近で撮った。

小倉は、ショーケンとの斬り合いで、肉離れしている足をロープで結んでもらって、それを枯れ葉で隠した。上の方でスタッフがロープを持って「用意スタート！」の声で少しづつロープを緩めてすべり落ちていく。途中で小枝を摑もうとして摑めなかったりという細かいカットを一日かけておこなった。

小倉には、この『股旅』の撮影でショーケンがキレると何をするかわからないということがよくわかった。

神代辰巳監督の『青春の蹉跌』で一皮むける

東宝から昭和四十九年（一九七四）六月二十九日公開の石川達三原作の『青春の蹉跌』の話が萩原健一に来たとき、迷わず返事をした。

「神代さんに監督をやってもらえるのなら、ぼくは喜んでお引き受けします」

ショーケンは神代辰巳監督の日活ロマンポルノ『恋人たちは濡れた』を観て、すっかりファンになっていたのだ。神代監督にとって、『青春の蹉跌』は、実は一般映画の第一作であった。

萩原は『ショーケン』で語っている。

《初めて会った神代さんの第一印象は、（浮浪者じゃないだろうな……？）

半分真面目に、そう思いました。神代辰巳さんには歯磨きの習慣がなくて、いつも歯が真っ茶

色だったのです》

　ショーケンは司法試験の合格を目指している法学部の学生江藤賢一郎役で、家庭教師の教え子の桃井かおり演じる大橋登美子と肉体関係を持っている。しかし、壇ふみ演じるお金持ちの一人娘の田中康子と婚約して、登美子の存在がジャマになってきた。そして、登美子が妊娠していることを知ると、殺意を抱く。登美子を殺そうとするのは、思い出の地の黒姫スキー場だ。雪の積もった坂の上で抱き合い、ズルズルズルズルズル、滑り落ちてゆく。これは神代監督のアイデアだ。

「滑りながら、首を絞めてくれ」

「そんな器用なこと出来ませんよ」

　桃井かおりは、怖がり、撮影の前に酒を飲んでいる。ダルマの小さいのを、飲みながら言う。

「なぁにぃ？　やりまふかあ？」

〈勘弁してくれよ……〉

　ショーケンは、あとでその思い出話をしたら、「そんなことしなかったわよ」と桃井は否定していたという。『青春の蹉跌』のセックスシーンでも、神代監督は、萩原に訊いたという。

「何かいいアイデアない？」

　萩原は嫌々やっていたが、登美子を殺した後も、「エンヤ、トット、エンヤトット」と口ずさんではどうかと言った。

　神代監督は「それは面白い」とその案に乗った。原作にはもちろんない。

　その「エンヤ、トット、エンヤトット」の独特の口ずさみは、賢一郎のアンニュイな心を映し出し、この映画に深みを与えている。

第二章　時代を背負う

伝説となった『傷だらけの天使』

『太陽にほえろ！』降板後のショーケンの新番組の昭和四十九年（一九七四）十月五日から昭和五十年三月二十九日まで毎週土曜日の午後十時から十時五十分まで日本テレビで放送された『傷だらけの天使』のプロデューサーは清水欣也だった。清水は、『太陽にほえろ！』で岡田晋吉プロデューサーの助手として『太陽にほえろ！』の撮影混乱期の前半を担っていた。『太陽にほえろ！』で助監督を務めた櫻井一孝は思った。

〈清水さんはきっと、ショーケンの鬱積しているものを新しいドラマで発散出来ると踏んだんだろう〉

『傷だらけの天使』は、東宝テレビ部の企画で、恩地日出夫監督がメインになって、ショーケン好みの連中を集めてきた。深作欣二や神代辰巳、それから東宝テレビ部の鈴木英夫、児玉進にも監督を手伝ってもらった。メインライターの市川森一は、恩地監督の家に昔しょっちゅう来ていた。市川が結婚した時も、誰よりも真っ先に恩地宅に新婚の奥さんを連れてきたくらいだった。恩地にしても、市川なら問題ないと決まった。

キャスティングは、ショーケンだけははじめから決まっていた。

ショーケンの役は、主人公の木暮修。探偵事務所「綾部情報社」の調査員。年齢は二十四歳。最終学歴は中学。エンジェルビルの屋上にあるペントハウスに住んでいる。性格は粗暴だが、仁義に厚く、非情に徹しきれない。危ない仕事ばかり回してくる綾部貴子には不信を抱いている。金銭的に困窮していてもなかなか仕事を受けたがらず、事務所からの指示に背いて独自の行動を取ることも多い。

木暮修役の相棒の乾亨役には、水谷豊が決まった。

乾亨は、修と同じく綾部情報社の調査員。年齢は二十二歳。修を兄のように慕い、修に張り付いて身の回りの面倒を見ている。修よりも純情かつ手堅い気質である。将来はお金を貯めて、修と修の死別した妻との間の一人息子の健太と三人で暮らすことを夢見ている。

親の顔を知る前に孤児院に捨てられ家族の顔も知らずに育つ。最終学歴は中学校中退だが、自称小卒で、自動車修理工として働いていた時もある。リーゼントで頭にはポマードをべったりつけ、皮ジャンかスカジャンをいつも着ている。当時の設定としては時代遅れのスタイルとしてこの格好をしていた。劇中、頻繁に修を「アニキー！」と呼んで登場し、ある時は連呼する。

水谷豊の役を決めるときは、恩地監督によると、ちょっと大変だったという。

「ショーケンが連れてきたんだけど、それまで子役で、大人の役はあまり演じたことがなかった。子役上がりでもうまくいくやつと、うまくいかないやつと、ハッキリ分かれる。子供の時に変に最初に癖がついちゃうとダメなんですよ。子役ですごく人気がでちゃう方がダメなんですよ。水谷は最初はどうなるか不安だったが、結果は良かった」

乾亨役の水谷の髪型を決めるのにも相当苦労したという。

「水谷の髪型を決めるのに、ショーケンも水谷をずっと結髪に座らせていろいろやっていたよ。おれは途中で帰っちゃった」

実は、亨のポマードをベッタリはりつけたリーゼントに革ジャンというスタイルは、ショーケンのアイデアであった。ショーケンがロンドンに遊びに行った時、「テディ・ボーイ」と呼ばれる不良たちがいた。ブルーのスーツに黒いヘチマカラー、首には紐のように細いナロータイ。いつも玉突きのキューを持ち歩いて、リーゼントの頭をグリースでバッチリ固めていた。

後日、ショーケンが水谷の髪型を「こうなったんですけど、いいですか」と恩地監督に言ってきた。リーゼントで頭にはポマードをべったりつけている。恩地監督は「いいだろう」と認めたものの、「戦後のヤクザみてえだなあ」と言うしかなかったという。

岸田今日子が演じる綾部貴子は、綾部情報社の社長。表向き事務所の評判はよいが、裏では悪事にも手を貸し非合法な取引なども行う悪徳探偵事務所でもある。

非情な性格で、プライドも高い。修と亨にたびたび危険な仕事を与えて酷使する一方、修には「あなたは本当のワルになれる」と目をかけている。彼女が事務所で登場する際に背後には決まってポーラ・ネグリが歌う映画『Mazurka（マヅルカ）』（一九三五年、独映画）の主題歌が、古びた蓄音機から怪し気に流れている。番組中期では、「海外視察」として国内を辰巳に任せ、名前があがるだけで登場していない。

実は、綾部貴子役は、当初、山田五十鈴の予定だったという。それを恩地監督が変えたという。

「五十鈴さんはあのころもう足が弱っていて、ロケが出来ないからスタジオオンリーにすると決めていた。東宝はそのつもりでベルさん（五十鈴）に決めてすでに動いていた。しかし、俺は『ロケが出来なきゃダメだ』と強く主張し、岸田さんに変えた。おれと岸田さんは一緒によく遊び、仲も良かった。ショーケンも豊も、まあ子供みたいなもんですけど、岸田さんが押さえになってよかった」

まず深作欣二と恩地の二人の監督が夏に一緒にスタートした。

オープニングのシーンはいまや伝説的になっている。恩地が打ち明ける。

「実はおれが撮ったんだけど、アイデアはショーケンが出したんだ。『なんでもいろいろ食いたい』と言うから、『好きにしていいよ』と、パンだの牛乳だのトマトだのコンビーフだの、すぐに買い物に行き、買い集めさせた。とにかくカットを割らずに、キャメラマンの木村大作に回させた。

大作はそういうのが好きだから。ショーケンは、冷蔵庫を開け、いろいろな物を取り出す。端をTシャツの丸首に挟んで、新聞紙をエプロン代わりにして、トマト、ソーセージ、パンとムシャムシャと食う。

実は新聞紙をエプロンにするのもショーケンのアイデアだったという。水道工事の現場で、昼食の時間、配管工のおじさんが新聞紙に包んだドカベンを出している。

ショーケンがずっと見ていると、その新聞紙をナプキン代わりにして、弁当を食っては新聞紙で口を拭いている。汚いだろう。でも、本人たちはそう思っていない。きれいにしようと思って口を拭いている。

ショーケンはそれがおかしくて、それをヒントにしたという。

最後に牛乳を勢いよく飲む。レンズの前にガラスを立てておいて、そこに牛乳をバーっとかけさせた。ガラスに白くザーッと流れたところに、赤い文字で『傷だらけの天使』と出す。おれはそう決めていた。そのシーンも撮った。ところが、スポンサーに乳業メーカーが入っていた。『牛乳は投げるものじゃなく、あくまで飲むものです』とケチがついて、駄目だった（笑）。民放だからしょうがないやな」

恩地監督は、このドラマでショーケンに初めて会った。ショーケンは、評判が悪くてプロデューサーなんかもみんなビビっていたという。

「ところが、会って話してみると、別にどうってことはない。すごく気の小さいやつで、腑に落ちないと怖くてカメラの前に立てないんだ。ショーケンが主演というのは決まっていたわけだから、あいつに存在感がないと『傷だらけの天使』は成り立たなかった。それを変にいじってしまうと、もう駄目なんだ。あいつは存在感のあるやつだったから、なにもしないでくれりゃあ、それでいい。そんな感じだったよ。人間が人間を使っているから、簡単に言うと好き嫌いのところに落ち着いてしまう。おれはあいつのやり方が嫌いじゃなかった。おれはいわゆる演技をするヤツ、お芝居をするヤツ嫌いなんだよね。むしろ地でもって存在感が出てくれるヤツが好きだった。そういう意味では、ショーケンと合いましたね。型というか、千田（是也）さんに仕込まれた俳優座あがりってのは、仲代（達矢）にしても全部同じ芝居をするじゃないですか。目玉をひん剥いてりゃいいってもんじゃねえだろうという感じになる。

女優でもたとえば『傷だらけの天使』の第十四話『母のない子に浜千鳥を』に照代役で出演している桃井かおり。そんなに芝居は出来ないが、存在感はすごく出せるヤツですよね。そういう意味ではおれはかおりとも合いましたね」

ショーケンは、やたらアイデアを思いついたという。恩地監督が語る。

「ショーケンは、思いつき過ぎるから、現場でそれを口にする。監督がそれをみんな聞いちゃうと、現場がどうにもならないわけよね。急に何が欲しいったって、そんなに急に出て来るわけもない。おれなんかは『グチャグチャ言うな』と押さえた。でも、ショーケンは、いろいろ思いつくんですね。台本を読んでるうちに、論理で思いつくんじゃなくて、感覚で思いつく」

そのような時、ショーケンは、毎晩恩地監督の家に電話をかけてくるという。

「ところが、その電話が長くて疲れちゃうんだよ。おれは喋らなくて、向こうが一方的に喋っている。が、切るわけにもいかない。二人の間では儀式みたいになっていたから聞いていたけど、一時間以上喋っているんだ。時にはおれは聞いているふりして受話器を置いていたこともある（笑）。ああやりたい、こうやりたい、と言うんで、おれは『それはいいけど、これはダメだ』とハッキリ言う。ショーケンとうまくいってない監督は、それを全部ＯＫしようとするから、現場で揉めちゃうわけです。急に変えたら、段取りが全部狂っていっちゃう。だけどショーケンはおれの言うことは大人しく聞いた。前の晩たっぷりしゃべってるから大丈夫なんで。しゃべってない監督とは現場でやっちゃうから、それは大変だよ。他の監督の時、あいつは怒って自分の車に入っちゃって、何時間も出てこなかったりする。そんなこともあって『大変ですよ』と疎んじられていた。だからスタッフは訊いてきた。『何で恩地さんの言うことは素直に聞くんですかね』、『知らねえよ、向こうに聞け』と言った。やっぱり波長が合うというか、あるじゃないですか。合うやつと合わないやつと。おれの言うことは、尊敬というか、納得出来るらしいんだよね」

〝名コンビ〟水谷豊の存在

恩地監督は、『傷だらけの天使』の第二話の「悪女にトラクター一杯の幸せを」、第七話「自転車泥棒にラブソングを」、第十四話「母のない子に浜千鳥を」、第十五話「つよがり女に涙酒を」、第十九話「街の灯に桜貝の夢を」と五本を撮った。

ショーケンは、『傷だらけの天使』の前に昭和四十八年（一九七三年）十月七日から翌昭和四十九年三月三十一日までＴＢＳ系列で毎週日曜日に工藤栄一監督の時代劇ドラマのシリーズもの『風の中のあいつ』を撮っている。そのときショーケンは工藤栄一監督と気が合ったから、「工藤監督を呼んでくれ」と恩地に頼んできた。

工藤監督は、第五話「殺人者に怒りの雷光を」、第八話「偽札造りに愛のメロディーを」、第二十一話「欲ぼけおやじにネムの木を」、第二十三話「母の胸に悲しみの眠りを」、第二十五話「虫けらどもに淋しい春を」、ラストの第二十六話「祭りのあとにさすらいの日々を」まで六本も撮ってくれた。

なお、亨役の水谷豊と修役のショーケンが「アニキィ」、「アキラ」と呼び合う掛け合いは、実は台本に書かれたものではなかったという。

ショーケンも水谷もセリフが途切れる前に「バカヤロー」を連発していた。

すると、ショーケンは磯野理プロデューサーに呼ばれて難色を示された。

「バカヤローが多すぎる。なんとかならないか」

「ああそう、じゃあ、どうにかしましょう」

アフレコの時、ショーケンは「バカヤロー」の部分をショーケンが「アキラ」、水谷が「アニキィ」と言い換えてみた。ショーケンは語っている。

「それがウケたんだから、分からないものだな……」

恩地監督の担当した第七話の「自動車泥棒にラブソングを」で熱海ロケがおこなわれた。亭役の水谷豊、修役のショーケン、徳子役の川口晶の三人が熱海の海岸の岩場で話し合うシーンがあった。水谷をショーケンの相棒役の亭役に推薦したのはショーケンであった。それゆえに、水谷はショーケンの言うことはいつも大人しく聞いていた。ところが、七話くらいになると、しだいに水谷に人気が出てきた。熱海の湯河原のロケ現場で、ショーケンより水谷の方に多くの女の子たちが押しかけて、ねだった。

「サインしてえ！」

ショーケンはそれを眼のあたりにして、ふくれた。

「なんで、おれのところより、あいつのところにいっぱい来るんだよ」

ショーケンからすれば、水谷はおれが推薦して役につけた。スターでもなんでもない。演技もおれが教えてやった。それなのに、みんな向こうに行きやがって、というひがみがあった。

水谷は、現在『相棒』でスターとして輝いているが、のちにショーケンが死んだ時、『傷だらけの天使』について正直に打ち明けている。

「役者やめようか、力が無いな、と真剣に悩んでいた時期だった。その時にショーケンに引っ張られて、『傷だらけの天使』に出ることが出来た。それで人気が一応出来たから、役者を続けられた。もしあの時ショーケンに声をかけてもらってなかったら、役者を続けていなかったかもしれない」

恩地監督によると、子役出身者は、子役から大人に繋がる時が一番難しい。子役上がりは、お芝居をしてしまう。子役で培ったものが逆に邪魔になってしまうという。

水谷は、『傷だらけの天使』でうまくいったから、子役時代に培ったものが活かせたと見ている。

恩地監督は、お芝居をしすぎる役者は好きではない。石橋蓮司も子役あがりだが、芝居は出来る。ただし、あえて芝居をしすぎないところがいいという。

いまのテレビドラマにない〝超人間ドラマ〟

東宝のプロデューサーである磯野理は『クレクレタコラ』という子ども番組を担当していて、柏原寛司は、その脚本を書いていた。その縁で磯野プロデューサーの担当した『傷だらけの天使』の脚本を書くことになったわけである。

磯野プロデューサーは、ショーケン以上にヤンチャな人だったので、ショーケンと気が合うというか、ショーケンをコントロール出来るのはかれしかいないとさえ言われたほどだ。

柏原のショーケンとの出会いは、その『傷だらけの天使』だった。しかし、ショーケンと直接話すわけでもなかった。柏原が担当したのは、第十八話目の「リングサイドに花一輪」だけだった。

『傷だらけの天使』は、今でいう「コンプライアンス」などまったく関係なかった。ホモは出てくるわ、ストリッパーは出てくるわ、やりたい放題であった。

磯野プロデューサーは、『傷だらけの天使』の放送中、社の偉い幹部に呼び出され怒られた。

「おまえら、ポルノを作っているのか！」

しかし、磯野プロデューサーは、まったくそれまでと変えないでショーケンらにはノビノビとやらせた。柏原は、昔のプロデューサーは気骨があったという。

磯野は、のちに『祭ばやしが聞こえる』、『死人狩り』でも、ずっとショーケンと組んでやる。ショーケンをコントロールするのがそれだけ上手かったからだという。

柏原は、磯野プロデューサーが関わっていたから『傷だらけの天使』は、自分の書かない第一話から欠かさず見ていた。

監督も、『仁義なき戦い』が終わったばかりの深作欣二や、日活で『一条さゆり　濡れた欲情』などロマンポルノで輝いていた神代辰巳などを連れてきていた。東映か日活か、およそ東宝作品らしくない作品となっていた。深作や神代は、テレビであっても、あくまで映画として作りたかったのだと思う。だから、柏原もテレビドラマではなく、映画のつもりで脚本を書いた。

第十八話の「リングサイドに花一輪を」は、修役のショーケンと亨役の水谷豊の二人は、ジムの地主から依頼を受ける。

「自分の土地からジムを立ち退かせるよう、内部から工作しろ」

ボクシングの練習生として潜り込んだ二人は、スキャンダルを使ってジムの評価を落とそうと、チンピラに喧嘩を売る。が、失敗する。逆にスリを捕まえて、ジムの評価を上げるなど工作はまったく進まない。そのうえ、亨は、思わぬボクシングの才能を指摘され、世界チャンピオンを目指してしまう始末だった……。

柏原は、そのドラマへの意気込みについて語る。

「ライターって、書くときに『自分』がドラマの登場人物に入らないと書けない。自分がどれだけ入れるかっていうふうに考える。キャラクター的には、修の方が入りやすかった。あの当時は、健さん（高倉健）の『昭和残侠伝』とかの任侠映画があって、それから文太さん（菅原文太）の『仁義なき戦い』もあった。そういう流れだったが、おれは健さんの方が好きだったから、そっち方面で書くことにした。それで、修とボクサーのコーチの話をメインにした。ヤクザ映画っぽいことをやろうかなと」

額に大きな絆創膏を貼った修役のショーケンが、右手にバットを手に、ボクシングジムの許せぬ奴らの事務所に殴り込みをかける。確かにそこに、村田英雄の歌う『人生劇場』の歌が流れる。その姿は、まさに『昭和残侠伝』で夜道を高倉健演じる花田秀次郎と、池部良演じる風間重吉が並んで殴り込みに出かけるシーンそのものである。

柏原は、第十八話「リングサイドに花一輪を」を書いた。ところが、かれの書いたとおりにはストーリーは運ばれなかったという。『前略おふくろ様』を書いた倉本聰は、台本を一字一句変えることを許さないが、しかし、柏原には、自分の書いたとおりにストーリーが運ばれないことが、かえって嬉しかった。

「ライターのシナリオというのは、基本的に現場へのラブレターみたいなものだ。ホン（脚本）を読んだ現場の人たちが、監督は、もっとこう撮ろう。役者は、もっとこう演じよう、となる。照明も、もっとこう当ててやろうとなると、面白くなる。だから、逆にホンどおりにやられるとあまり面白くない。萩原さんはホンを変えてくるけど、その部分が自分が書いたものより面白くなるわけよ。こっちが考えていることにプラスして萩原さん本人が入ってくるから。なによりそのキャッチボールが面白かった」

柏原は、ショーケンと水谷の絶妙のコンビについて語る。

「テレビドラマって、面白い作品、評判がいいというか成功する作品って、変わっていくんですよね。始めの設定からだんだん動いていく。だから『傷だらけの天使』のショーケンと水谷さんのコンビなんてその典型です。コンビは一緒でも、話ごとにドラマが完結するから、はじめの萩原さんと水谷さんのキャラクター設定から、だんだん二人でいろいろやり始めて、キャラクターが変わってきた。作品のタッチも変わってきて、面白くなってくる。キャッチボールの面白さ、うまくキャラが変わっていくほうが面白くなります。だから今のテレビドラマって、『傷だらけの天使』のように一話完結でなくて、ストーリーが連続なんで変えられないわけです。したがって、頭で決まったらそれで行っちゃう。多分役者さんでもそういうんじゃつまらないと思う人もいると思うんだけど。昔のドラマは、『傷だらけの天使』のように一話完結で二十六本もやるわけで。監督も何人かで撮るわけだから、それぞれの個性も出て来るし、役者もいろいろ変わってくる。遊びを入れて来たりと、ギャグも勝手に入れたり、おれの十八話のなかでも、萩原さんが『ナガシマさんに叱られる』とか言ってるのは、巨人軍監督だった長嶋茂雄さんが、たまたまコマーシャルやってたから、萩原さんがシナリオに無いのに勝手に言ってる。

書くほうは頭の中で書いてるわけですから、実際やる方のほうが、ハッキリ言ってしまえば役は掴んでいるわけで。その人がそういう風にやるということは、僕はそれはそれでいいんじゃないか、という主義なんです。オンエアされた時、萩原さんに対して、時に、こんなに変えやがって頭に来ることもあるわけです。ところが、半年くらい過ぎて、冷静になって見直すと『あ、面白いじゃん』と思ったり、シーンの流れを見て『あ、こういうふうにやってきたな』というのがわかるんで。逆に『大したもんだ』と思ってしまう。まあわたしはライターですから、ホンの欠点もわかるわけです。そうすると『あ、萩原さんがうまく埋めてるな』と。さすがですよね。だけど今のテレビドラマは自由さがなくて役者さんの個性で変えられないものが多いですからね。頭の設定で決まったら、それで行っちゃうんで。そのへんが……」

柏原から見ると、『傷だらけの天使』のショーケンの修役は、ヌーヴェルヴァーグのジャン・リュック・ゴダール監督の『勝手にしやがれ』のアンニュイを漂わせたジャン＝ポール・ベルモンドと重なるという。

少々羽目を外しても、好かれる人間には好かれた

悪役商会を率いた八名信夫が萩原健一と初めて共演したのは『傷だらけの天使』だった。東映時代から旧知の深作欣二監督がメガホンを取った作品でもある。

現場で会った印象は「面白い役者が入ってきたもんだな」。

萩原の演技は型にはまった従来のものとはまるで違っていた。自分で動きを考える。一見、八方破れな芝居をしているようだが、最終的にはちゃんとまとめてしまう。俳優同士のアンサンブルがわかっているように見受けられた。

あるシーンで、主役の萩原は傍らからスッと入ってきた。

〈何をやってんだ、あいつは。あんなところで〉

萩原の手に掛かると、「こんな芝居はないだろう」と思えるようなときでも、いつの間にか様になっていくのだ。

また別のときには萩原が共演者を呼び集めた。

「みんな、ちょっと集まって」

監督でもないのに、こんな話を始める。

「このテイクはああで、こうで――」

その場にいたみんなの興味を引きつけておいて、いつの間にか自分が芯を取っていた。

深作監督をはじめ、『傷だらけの天使』の監督陣もそんな萩原を俳優として信頼していた。

「おう、ええようにやれ」

深作監督はいつもそう言って、現場は萩原に任せていた。

『傷だらけの天使』で萩原とコンビを組んだ水谷豊はどうだったのだろうか。萩原同様、水谷とも八名信夫はこの作品が初対面だった。

萩原と水谷では性格がまったく異なる。水谷は現場でもあまり話をしない。人懐っこいところのある萩原とは好対照だった。

〈ぴったり合っているような、全然合わないような。妙な取り合わせだな〉

八名は『傷だらけの天使』のコンビをそう見ていた。

「先輩、寿司つまみに行こう」

撮影中、萩原は何度となく八名をそう誘ってきた。「砧撮影所」と呼ばれる東宝スタジオのすぐ隣にあった「鮨源」という店に足を運んだ。

八名らはあくまでも萩原にとって先輩。萩原はどこまでも八名を立ててくれた。チャランポランに見えて、長幼の序はきちんと心得ている。萩原にはそんな美徳もあった。

萩原は好かれる人間には好かれた。少々羽目を外すようなことがあったとする。

〈あいつのことだ。それぐらいやらあ〉

萩原を愛する共演者たちはその一言で済ませていた。

いっぽう、萩原を嫌う同業者も少なからず存在する。かれらは萩原を徹底して嫌った。人によってここまで極端に好悪が分かれる。これも萩原の個性の一つだろう。

どこか可愛げがあった。特に女優、中でも年上の場合は受けがいい。実際、萩原と共演する女優は年長であることが多かった。本人も同年代よりは年上に好意を持っていたようだ。

〈得なやつだな〉

当時の共演者はみんな萩原をそう見ていた。

『傷だらけの天使』初出演でいきなり八名信夫はハードな現場を経験することになった。単車にまたがり、ボウリング場の中で最終的な果たし合いに向かう。日数にしてせいぜい三日間。落ち着いた撮影など望むべくもなかった。さすがにこのときは萩原健一も女優を口説く余裕はない。

八名が出演した「宝石泥棒に子守唄を」は記念すべき第一話を飾っている。監督は深作欣二。ゲストには八名をはじめ、金子信雄、真屋順子、坂上忍、加藤和夫、富田仲次郎、桐生かほる、オスマン・ユセフが顔をそろえた。

当時受けた鮮烈な印象は今も忘れない。萩原と水谷豊が演じたチンピラ像はそれまでにないものだった。八名流に表現すれば、「色気のあるチンピラ」。そんな男たちがブラウン管から飛び出さんばかりに動き回っていた。

　第一話では八名もチンピラを演じている。親分どころの役にはまだ若すぎた。

　撮影で使った単車はあるいは萩原の私物だったかもしれない。その単車にまたがって、萩原を襲いに行く。ところが、逆に襲われて逃げるという設定だった。ボウリング場のレーンを単車で疾走する。当然のことながら、滑りまくった。八名はこのときの恐怖をいまだに忘れられない。

〈あのときは逃げるのに必死だった。本当に怖かった〉

『傷だらけの天使』には時に過激なお色気シーンもあった。コンプライアンス全盛の現在では考えられない。萩原はこうしたシーンをむしろ得意としていた。平気で裸になり、さらっと演じてしまう。

『傷だらけの天使』は萩原にとって俳優人生を大きく左右する一作となった。

　関根恵子が『太陽にほえろ！』の次に萩原健一と共演したのは、『傷だらけの天使』第十九話「街の灯に桜貝の夢を」だった。関根の役どころは、水谷豊演じる亨がヒモとなるクラブホステスで、最後は殺されてしまう。

　関根は、萩原と水谷を見て思った。

〈何ともいえない良いコンビだわ。ショーケンさんは兄貴役が本当にピッタリ。ドラマは、この二人でなければきっと成立しなかった〉

　ドラマの斬新なオープニングのシーンも萩原が考えたと聞いて、関根は納得した。

〈やっぱりそういうセンスや才能はすごいわ〉

している。

小松政夫が見たショーケンの素顔

小松政夫は、『傷だらけの天使』の第十話の鈴木英夫演出の「金庫破りに赤いバラを」に出演している。

ショーケンは、とにかく個性を出そうと、セオリー通りというのは考えていない。

が、鈴木監督が注文をつけた。

「そこのところは、もう少しこうやってくれないかな」

すると、ショーケンは、自分の頭につけているカツラを取り、なんと監督の頭にカツラを被せて、むくれた。

「おまえがやれよ！」

小松はあきれた。自分のことではないのでかまやしないと黙って見ていた。

〈馬鹿じゃないの。明日のことはどうするんだ〉

第十話の「金庫破りに赤いバラを」のあらすじは以下の通り。

修と亨は、南雲電気に忍び込み、金庫の機密書類を盗み出すよう指令を受ける。しかし金庫破りの最中に、何者か二人組に後ろから頭を殴られ、金庫に入っていた機密書類と現金を持ち去られてしまった。修と亨はすぐに二人組を追い、そのうちの一人、一平（小松政夫）を捕まえる。

ショーケンと小松と水谷の三人は、ビクビクと怯えながら、表を見張っている。

その時の三人の会話は台本にはない。ショーケンの「何か言ってみろ」に小松は言った。

「紅白歌合戦についてしゃべりあったら、いいんじゃないか」

「おお、それいいな」

ショーケンが、さっそく小松に訊いてきた。

「それよりよォ、おまえ、歌謡曲、好きか」

「アグネスチャンなんか、いいんじゃない」

「おれは、美空ひばりが好きだな」

「あれ、いいな」

そこでショーケンは不安そうに口にする。

「おれは、ちょっと心配があってさ、紅白歌合戦に出られるかな……」

「大丈夫なんじゃないの」

美空ひばりは、その前年の昭和四十八年（一九七三年）に実弟の加藤哲也が小野透の芸名で出ていたが、三代目山口組益田（佳）組の舎弟頭となっていて賭博幇助容疑で逮捕されていたことで問題になっていた。ひばりは、昭和四十八年暮れの紅白歌合戦は辞退していた。それでこの撮影中の昭和四十九年（一九七四年）の紅白歌合戦にはたしてひばりが出演出来るかな、と口にしたのである。

そのシーンの撮影が終わると、ショーケンは二人のやりとりが気に入ったようで、上機嫌であった。ショーケンは毎日毎日そのようなアドリブを考え続けているのだ。熱心この上ないところがあった。

最終回の「祭りのあとにさすらいの日々を」は、市川森一の脚本で、工藤栄一監督が撮った。

修は、風邪で死んだ亨に「女、抱かしてやるからな」と言いながら、亨を風呂に入れてやるだけでなく、身体にヌード写真を貼ってやる。修は、亨をビニールに包み、ドラム缶に入れる。修は、そのドラム缶を乗せたリヤカーを引き、なんとゴミの捨て場である夢の島へ運んで捨てる。遺体を捨てるのは死体遺棄で良くない。ただし、さまになる画面を優先してやってしまったという。

そのリヤカーで運ぶシーンの間に、当時の学生運動の映像が挟まる。

評論家は、それをこう評価した。

「あの最終回は、当時の時代の空気を反映していて、青春と反逆の挫折を象徴していた」

メンズ・ビギ

偶然にも、『傷だらけの天使』の衣装担当をメンズ・ビギが引き受けることになった。

萩原の中学時代の友人であった村岡勝重は、会社の上司に話をした。

「ぼくは中学時代、ショーケンと友だちだったんです」

すると、上司が言った。

「それじゃ村岡くん、萩原さんに衣装を届けてよ」

「わかりました」

村岡は、洋服が心底好きだった。そこで高校卒業後は、港区麻布台レストラン「キャンティ」の上階にあったアトリエ「ベビー　ドール」で修業し、日本洋服専門学校でテイラーメイドの基本を学んだ。そこで早くも才能を開花させ、若干二十歳にしてオーダーメイドの服を手がけるようになった。

　ある日、村岡の顧客の一人が言った。

「ぼくの知人から『その服いいね、誰に作ってもらったんだ？』と聞かれたよ」

　その知人とは、「ＭＥＮ'ｓ　ＢＩＧＩ（メンズ・ビギ）」ブランドで知られるファッションデザイナー・菊池武夫の弟だという。弟もまたメンズ・ビギに勤務し、部長を務めているらしい。

　村岡は、この縁からメンズ・ビギに入社することになった。オーダーだけでなく、既製服の世界も面白そうだと思ったのだ。アイビールックがオックスフォードの学生の品のいいお坊ちゃまのイメージなら、メンズ・ビギはミュージシャンかぶれしたロンドンの不良といったイメージである。

　村岡が衣装を持って制作現場に行き、撮影の手伝いをしていると、萩原から声をかけられた。

「おまえ、何してるの？」

　数年ぶりの再会だった。

　菊池武夫のメンズ・ビギの衣装は、萩原によく似合った。比較的手足が長く、肩幅もあり、顔が小さいので基本的に洋服が似合う。メンズ・ビギの持つ不良っぽさが、萩原のキャラクターイメージにピタリと合った。

　萩原は、スタイリストが用意した衣装をあまり好まなかった。が、メンズ・ビギの服は気に入った様子だった。たまに萩原から「こういうのを着たい」とリクエストがある程度で、文句が出ることはなかった。村岡は、『傷だらけの天使』を観て思った。

〈この役は、本当に地のまんまだ。演技ではなく、ショーケンそのものだ〉

　また村岡は、萩原が堂々と演技が出来ることに驚きを感じていた。二十四、五歳といえば、まだほんの子どもである。村岡も社会人としてもまれながら、自分はまだ青二才だと自覚していた。だからこそ、萩原の堂に入った演技ぶりに驚嘆したのである。

〈歌手よりも、役者のほうが向いているのかも知れないな〉

村岡は、『傷だらけの天使』での仕事をきっかけにショーケンから衣装を頼まれることが多くなった。

『前略おふくろ様』誕生秘話

『前略おふくろ様』は、昭和五十年（一九七五）十月十七日から昭和五十一年四月九日まで日本テレビ系列の金曜劇場で放送される。

『前略おふくろ様』の脚本家の倉本聰（本名・山谷馨）は、東京大学文学部美学科卒業。昭和三十四年、ニッポン放送に入社し、局ではディレクター、プロデューサーとして勤務する傍ら、「倉本聰」のペンネームで脚本家としての活動をおこなう。

ＮＨＫ大河ドラマ『勝海舟』の制作に際し、脚本家の演出関与の是非をめぐる問題がこじれたことで嫌気がさし、脚本を途中降板。昭和五十二年、北海道の富良野市に移住。昭和五十六年、富良野を舞台にした家族ドラマ『北の国から』で話題を呼ぶ。

倉本とショーケンは、『前略おふくろ様』の前にも何本かドラマの仕事で組んでいた。昭和四十八年のＣＢＣ制作の東芝日曜劇場『祇園花見小路』、昭和四十九年のＮＨＫ大河ドラマ『勝海舟』でも組んでいる。

『勝海舟』で、ショーケンを「幕末の四大人斬り」と呼ばれた岡田以蔵役に抜擢したのは倉本である。

倉本はそれまでショーケンと会っていて、なんとも面白い男だな、と思っていた。ショーケンは、坂本竜馬に頼まれて勝海舟のボディーガードをつとめる以蔵を「オカマにしてくれ」とアイデアを出してきた。倉本は驚いたが、ショーケンの言うとおりにさせ、いい味が出せた。

倉本はショーケンのシャープさに感心した。

〈右の脳味噌が凄いんだな。そのへん、勝新（勝新太郎）と似ているな〉

当時のショーケンは、『傷だらけの天使』で大人気であった。それなのに、むしろショーケンの方から倉本に頼んできた。

「何か、書いてくれませんか」

それで、何を書こうかと二人で話し合っているうちに、ショーケンがポツリと言った。

「最近出した歌で、『前略おふくろ』っていう歌がある」

倉本は、すぐにその曲を聴かせてもらった。

「前略、おふくろ、お元気ですか」ではじまる歌詞の歌で、なかなか味わい深かった。それでドラマのタイトルを『前略おふくろ』に様をつけ、『前略おふくろ様』としてから、企画書を書いた。

このドラマは、実は、倉本聰自身のおふくろの話を核に据えた。

田中絹代が演じた主人公の片島三郎、愛称サブの母親片島益代の認知症がだんだん進んでいく。現実の倉本も、母親の介護で大変な苦労をさせられていた。

その前の昭和四十九年のドラマ『りんりんと』でも、自分の母親に重ねて書いた。東京から北海道・苫小牧へ向かう一隻のフェリーを舞台に、母親と息子の交差する人生の感慨を描いた。二人だけのたった二日間の船旅。母親さわを田中絹代、息子の信を渡瀬恒彦が演じた。苫小牧はさわの故郷。さわは、息子たちの反対を押し切って、そこにある老人ホームに入るのであった。が、まともに描きすぎて、ちょっと暗くなったという後悔があった。今度は、もう少しエンターテインメントにする中で、母親に対する子どもの感情を出したいという狙いであった。

『前略おふくろ様』では、母親の片島益代役はやはり田中絹代に演じてもらった。山形の蔵王に住んでいる設定。益代は、明治四十二年（一九〇九）生まれの気骨ある女性。八人兄弟のなかでも特に末っ子の三郎が可愛い。

ところが、母親はボケがすすみ、三郎を他の兄弟と間違えたりする。一度三郎に贈った物を、数日後にふたたび贈るなど、認知症によるボケの症状が出ている。三郎の兄たちの家をたらい回しにされるが、それが嫌で蔵王のスキー場のロッジに住み込みで働くようになる。

脚本家倉本聰の計算

その頃は、ショーケンとか松田優作とか原田芳雄とかアナーキーな連中がどんどん出てきた時代だ。日本の芸能界にはちょっとした伝統があった。スターが出ると、そのスターがドラマのヒーローになって活躍しすぎて、やりたい放題やるっていうのが一つのパターン。

例えば、ドラマの中で主役のスターに逆らえる奴は誰もいないというヒーローの作り方だ。それとは違っているのが、東映の高倉健。東映のヤクザもののパターンでは、頭の上がらない奴が自分の上にいて、その人に義理を立てるっていうのが美学である。そういう設定で高倉健は非常に愛された。

倉本は、頭の上がらない人間を配役に付けてやると、その偉い奴が光るのではなくて、むしろそいつを尊敬する忠誠心のある奴の方が受けることに気付いた。

それで『前略おふくろ様』の場合にも、ショーケンのやりたい放題ではなく、いきなり下の存在に入れた。山形県上山市蔵王から集団就職で上京して深川の料亭「分田上（わけたがみ）」で働く板前見習いの三番板前片島三郎。通称「サブ」。内気なうえに、東京の人間に気後れして思うように物が言えない。おまけにかれの上には頭の上がらない人をいっぱいくっつけた。花板（板長）の梅宮辰夫、先輩の小松政夫、町の面倒なあれこれを取り仕切る鳶の小頭の半妻役の室田日出男、半妻の親分のおかみに北林谷栄を付けた。これらの配役で下積みの人間の忠誠心みたいな、上には絶対逆らわないという古来の日本の美学みたいなのを出した。そのことが番組のヒットにつながり、成功した理由だったと倉本は思う。

ところが、そういう設定だと、ステータスが上がっていくと面白くなくなる。NHKの大河ドラマが後半でいつもつまらなくなるのは、下から出世していく物語だからだ。あくまで出世していくまでの過程が面白いのであって、出世しきっちゃうとつまらなくなる。倉本はそこにドラマづくりの秘密を見た気がした。だから、人気のショーケンを下積みのサブという人物像に持っていき、あれだけ頑張っているのに、逆に途中で地位を下げるストーリーにした。倉本は、「落とした」ということが発見だったという。

ショーケンは、『ショーケン』で倉本について語っている。

《役者として上り調子にあったぼくに、倉本さんの注文は厳しかった。

「板前なんだから、長髪のままじゃいかん。髪を切ってくれ」

「いいですよ」

「それから、アドリブは禁止。ホンは一切、いじらないように」

「わかりました。じゃあ、ぼくをウッと唸らせるようなホンを書いてくださいね」》

サブは母思いで山形の母親に手紙を書く。いろんなことで板挟みになって窮地に追い込まれ、他人に言えない思いの丈を書き送る。それはインナーボイス（内なる声）で、倉本はその独白をナレーションに使った。倉本が育った日活では、「ナレーションと回想形式は、卑怯だから使ってはいかん」という江守清樹郎常務の厳しい掟があった。

ところが、山田太一の脚本のテレビドラマ『それぞれの秋』では、小倉一郎のナイーブなナレーションが味わい深く使われていた。そのナレーションを「いいな」と感心して、参考にした。

同時に手紙の独自の文体には、ニッポン放送時代に担当した山下清の『裸放浪記』の山下清の「ぼ、ぼくは、お、お、オニギリがほしいんだな」というような語り口調を借りた。

『ショーケン』で、そのおふくろへの手紙について語っている。

《ぼくが演じたサブ、片島三郎に故郷の山形にいるおふくろから、時々手紙が届く。認知症が進行中だから、いつも内容がどこもおかしい。そういうおふくろに、サブは辞書をひきながら、一生懸命返事を書く。

「前略、おふくろ様……」

このサブには、最初からちょっと言語障害的なところがあるという設定だった》

『前略おふくろ様』では、ショーケンが演じるサブは、なぜかあまり母親に会いに行かない。現実社会に出ると、なかなか両親には会いに行かないものだ。親は元気だと思うから。

桃井かおりとの本当の仲

桃井かおりは、倉本とテレビ局ですれ違った時に、何かの役をやらしてくれという感じで、いきなり、売り込んできた。

「ワンワン」

なんと、言葉でなく懐(なつ)くように独特の表現をしたという。

彼女は、すでにその前から若干人気が出始めていたが、岡野海という役にした。

海は、三郎の前に突然現れる。じつは、三郎のはとこである。

山形の中学を卒業後、勘当同然で家を飛び出し、行方不明となっていた。以前の職業はピンクキャバレーのホステス。かなりいい加減な性格で、ことあるごとに問題を起こすトラブルメーカーだ。が、本人はまったくその自覚がない。自分のことを「わらし（私）」と呼ぶ。自殺未遂までしてしまう難しい役、ダメな女なんだけど、サブから見て捨てきれない存在である。

倉本によると、ドラマのなかでは、最初の第一話では海を演じる桃井かおりは間違ったとらえ方をしていたという。かんざしをつけたり、派手派手しい衣装からして根っから全然違っていた。

倉本は、かおりに注意した。

「おまえ、違うよ。そういうんじゃないんだ」

彼女は頭がいいから、サッとわかった。

「そうかあ」と言って、二、三話からパッと切り替えた。軌道修正して、それは見事であったという。

あの時代、倉本は、ダメな人間の魅力にもっとも興味があった。

桃井かおりは、なにしろ、ボキャブラリー（語彙）が凄い。独特のかおり語を発明してしまう。

桃井が本読みに沈んだ様子で現れたので、倉本は彼女に訊いた。

「どうした」

彼女は言う。

「しんと寂しい花盛り、って感じ」

倉本は、彼女の言葉や発想に大いに刺激を受けた。むしろ倉本の方が、かおりから文学的センスを盗んだという。

倉本は、稽古の後、かおりと飲みに行き、彼女の話を聞きながら、海の性格をふくらませていった。飲みの席でのかおりの話を、ドラマに全部に近いほど使っている。

ドラマの中で、サブちゃんが、海ちゃんのあまりの無責任さにたまりかねて説教をする。

海は、急に開き直って言う。

「お兄ちゃんは、神様？」

「それは、いったいどういう意味だい？」

「何でも出来ちゃうみたいだからさ」

サブの顔に、怒りが吹き上げる。

海は哀しそうに言う。

「おれは人だから、うまくいかないよ」

サブは内心で語る。

〈俺は神様でも何でもなく、人に説教などする資格はなく……〉

こういうセリフも、倉本がかおりと飲んで話している中から彼女が何かヒントになるようなことを言ったのではないかという気がするという。

この作品でも、一字一句この通りにやりなさいと言い、アドリブはほとんどなかった。

倉本の作品には、一字一句台本を変えてはならない、という厳しい掟があるように業界では見られている。過去にある若い役者が、倉本の脚本を語尾なども全部自分の言い回しに変えてしまった。語尾を変えられると、キャラクターが変わってしまう。だからそれでは困る。

「一字一句、変えないでくれ」

そう注意したのが、以後、変に業界に広まってしまった。

桃井は、「自分なりにはみだしてみようかと思ったけれど、やっぱり脚本に叶わなかった」と言っている。たまには、こういうことを言ったらどうかなと思ったりもしたが、結局、脚本と自分の思いを考えると、脚本の完璧さにはかなわなかったと言っている。

倉本によると、倉本の脚本には、かおりと個人的に飲んだりした時からヒントを得たものが表現されているのだから、脚本どおりにやっても、かおりがやろうと思いつくことはすでにふくまれているのだ。

海が、サブの部屋に入った時に、料亭分田上の仲居で鳶の棟梁の甚吉の一人娘の坂口良子が演じる渡辺かすみがすき焼きを作って待っている。

かすみはサブに心を寄せているが、優柔不断なサブに対して、やきもきしている。

それに対して、海役の桃井かおりが、倉本にそのドラマの運びにちょいとケチをつけた。

「何よ。わたしが男だったら、家に帰って、女の子がそんなにして待っているんだったら、かえってしんどいわ」

そして、口にした。

「わたしがサブちゃんだったら、火鉢の上をまたいで、一服したいわよ」

すると、倉本が言った。

「おまえは、可愛くないんだ。じゃあ、どういうシーンだったら、いいんだよ」

「わたしなら、すき焼きを冷蔵庫に冷やしておいて、『あそこに余りものがあるのよ』って言って出してやるよ」

桃井かおりのそういうところは、シャイで独特な感性があった。倉本は、用意しているけれど、していないふりをしているというところが、彼女の美学だと感心したという。彼女はいい女だけど、そのように屈折しているところがあったという。

桃井かおりは、じつは、ドラマで共演する三郎の母親の片島益代役を演じたあの黎明期から日本映画を支えた大スターの田中絹代を知らなかった。田中絹代は小柄な人だから、ロケ待ちしているところを見て、てっきりエキストラだと見誤ってしまった。

「おばさん大丈夫よ、このあとはわたしがやるから、よく見てごらん」

そうなだめていた。

演出の守分寿男が、慌てて桃井かおりに教えた。

「おまえ、あれは、田中絹代さんっていう大女優だぞ」

「あら、本当⁉」

ひどく驚いていた。

三郎の先輩の政吉役の小松政夫によると、海役の桃井かおりが、演出家にダメ出しをされた。

「もうちょい、リアルっぽくやってくれないかな」

すると、桃井は、そばにあった灰皿を演出家に投げつけた。

桃井は、それからみんなのいる前で、小松政夫に振った。

「小松さん、どう思う？」

小松は苦りきった。

〈こういう場面で、おれに振るなよ……〉

小松は、桃井のことを「難しい女のナンバー1」だと思っている。

倉本によると、桃井かおりは、ちょっと雑なところもあるけれど、海の役を演じて、自分のなかの自分を発見させられたという。

桃井かおりは、のちのち語っている。

「あの海役が、自分の役者人生のターニングポイントになった」

その意味では、倉本は、桃井かおりの運命を変えたといえる。

「かおりの悲劇は、どこかで海の役をひきずっちゃったんですよね。海の役を自分のなかに取り込みすぎちゃったというか。だから、その後も、他の作品であのドラマの海になりつづけてしまった」

ショーケンと桃井かおりは、実は『青春の蹉跌』から恋愛関係にあった。ところが、『前略おふくろ様』一部の進行途中、二人の仲がこじれてしまった。別れる別れないで、修羅場になったことさえある。倉本は、その現場に立ち会う羽目になったこともあった。

ショーケンは、例によって、ヤクザっぽく「てめぇ！」なんて桃井かおりに迫る。かおりは正座したり、土下座したりで謝らせられていたという。

従って、倉本は、それからもショーケンとかおりで、同じシーンで演技するときは大変だったという。

二人が絡むシーンは避けるようにして、そういうシーンをなるべく書かないようにしていた。ショーケンはショーケン、かおりはかおり、となるべくそれぞれのシーンに分けて書いた。

倉本は、ある女優から「ショーケンに背中でナンパされた」というセリフを聞いたことがある。「向こうにショーケンがいて、背中を向けているんだけれど、その背中でナンパされた。あんなことはじめてよ」

倉本によると、ショーケンは、『前略おふくろ様』の最中にも共演女優たちを口説いていたという。倉本は、そのことをドラマの進行中はあまり知らなかった。あとで知ったという。

女性から直訴されたこともあった。それが一人だけではなかった。なかには、ショーケンと関係を持ったことで、付き合っていた恋人と別れた女優もいた。

ショーケンは普段は明るい奴だという。

明るいスケベというか、明るいワルである。

脇の役者にめぐまれた

いっぽう倉本がショーケンと個人的に会う場合は、かれの頭の回転が、どういうところで、どういう回転をするかという、それを勉強したという。

ショーケンも、『ショーケン』で、倉本と個人的によく飲んだと語っている。

《このドラマをやっているころ、倉本さんとはいろいろな話をしています。ぼくの身の上話から、ちょっとした笑い話まで。

やがて、倉本さんからしょっちゅう電話がかかってくるようになった。

「おまえさ、きのう電話したら、いなかったじゃないかよ」

倉本さんにそう言われて、

「いや、きのうはひな人形を買いに行っていたんですよ。おれ、娘がいるんで」

「えっ、おまえ、自分でひな人形買いに行くの？　どこへ？」

「ひな人形っつったら、秋月ですよ」

しばらくして『前略おふくろ様』の現場に行ったら、そのセリフがほとんどそのまんま書いてあるんだよ、台本に。あのドラマでは、倉本さんはよくそういう手を使っていた。ぼくたち役者との世間話で出てきたネタを、そのままホンに書くわけだ。

岡野海という役で、桃井かおりが出ていたじゃない。あのころ、おれ、かおりと料亭まがいの料理屋に行ったことを、倉本さんに話したことがある。

彼女、いつもおれを「お兄ちゃん」と呼ぶんだけど、

「お兄ちゃん、こういうとこにさあ、田中さんて来るのかしら」

「田中さんて、あの田中さん？」

「そうよ。あの田中さんよ」

「おっ、あの田中さんだろ。来るよ来るよ」

「へえ。立派なんだねえ」

「アレだろ？　田中さんて、ポンコツ屋の田中さんだろ？」

「何言ってんのよ！　ロッキードよ！」

もう、大笑い。

そういう話をすると、倉本さんは、ほとんどそのまんま、ホンに書いてくるわけだ。ぼくとかおりは、自分から倉本さんにいろいろな話をしたそうだ。実生活で体験したことや、こういうセリフを海に言わせたら面白い、というアイデアも含めて。

ただねえ、おれはまさか、ネタにされると思ってしゃべってないからさ。

（それは、ないんじゃないの……）

自分が言わないことを言ったり、やらないことをやったりするから芝居なんでね。現実にあったことをネタに使われると、そりゃ、やっぱりシラケちゃうよ。

もっとも、倉本さんには倉本さんの狙いもあったそうです。それぞれのキャラクターを俳優の個性に合わせて書き、俳優たちが実際にしゃべったセリフを書いて、そこで俳優の抱く戸惑いをドラマに生かそうとしたのだとか、何とかかんとか。

（そういうもんかなあ……）》

三郎の指導役を演じていた分田上の花板で三郎が憧れる男気溢れる村井秀次役の梅宮辰夫は、私生活で「夜の帝王」とか「銀座の帝王」と言われたぐらいに銀座を飲み歩いて、やんちゃなことをやっていた。映画の「帝王」シリーズが有名であった。

村井秀次は、実は元ヤクザで、鳶職の渡辺組の猛者連中からも一目置かれる存在。寡黙で義理人情に厚く何事にも筋を通すため、周囲からあらぬ誤解を受けることもある。

倉本によると、梅宮の存在感はすごかった。釣りと料理が好きだが、このドラマでは本当に玄人はだしになっていた。ショーケンは脇にめぐまれた。

梅宮は、当時から料理には玄人はだしだったという。自分で調理具を持ってきた。マイ包丁とかを紐で縛って持ってきていた。かれは釣りをやっていたので、魚を捌(さば)くことが得意で、実に上手かった。ショーケンも板前修業に入ったが、腕前は梅宮と格段の差があった。

ピラニア軍団、川谷拓三と室田日出男

萩原健一の『ショーケン』によると、川谷拓三に『前略おふくろ様』への出演をお願いしたのは、実は自分だという。監督・深作欣二、脚本・笠原和夫という『仁義なき戦い』の名コンビがつくった昭和五十年（一九七五年）の映画に『県警対組織暴力』という傑作がある。ここで、東映所属の大部屋俳優を中心に昭和五十年に結成され、斬られ役、悪役、敵役を演じたピラニア軍団の川谷拓三がものすごい演技を見せた。

川谷はストーリーの鍵を握るチンピラで、菅原文太、山城新伍演じる刑事に取調室でボコボコ

にされる。殴られ、蹴られ、転がされ、着ているものをすべて引っ剥がされて、素っ裸にされてしまう。このやられっぷりが凄まじかった。

渋谷の並木橋に小ぢんまりした飲み屋があった。ビルの地下一階。『傷だらけの天使』で共演した岸田森の行きつけで、川谷拓三の親戚の人がやっている店だった。

倉本聰と『前略おふくろ様』の準備を進めているころ、ショーケンは、たまたま岸田森と飲みに行ったら、赤いジャンパーを着た川谷拓三がひとり、静かにカウンターで飲んでいた。

「あの、川谷さんですか」

「はい。あっ、ショーケンさんじゃないですか」

「ええ、おれ、あなたのファンなんです」

「ええっ？　なんでやねん」

「いや、『県警対組織暴力』の川谷さんは素晴らしいです。握手してください」

「ああっ、そうですか。おおきに、すんませんねえ」

「是非、川谷さんと共演がしたいんですよ。いま、倉本聰さんが脚本を書いているんです」

「……倉本聰さんて、誰ですか？」

川谷は、この『前略おふくろ様』がテレビドラマ初出演だった。「ひとりでは心細い」と言うので、同じピラニア軍団の室田日出男にも出演してもらうことになったという。

いっぽう、中島貞夫監督によると、川谷と室田を倉本に紹介したのは自分だという。

中島邸で倉本聰と飲んでいるところに、ピラニア軍団の連中が飲みに来た。当時くすぶっていたかれらは中島監督のところに来るとたっぷりと酒が飲めるのでしょっちゅう集まっていたのだ。

そこで、中島監督が東京大学文学部で同期であった倉本に頼んだ。

「この連中を、テレビで使ってくれよ」

川谷拓三は深作欣二監督の『仁義なき戦い』の中に出てきて、切られ役だった。一つの映画で何回も殺される。かれが言う。

「演技では死ぬことを表現するんじゃない、死ぬ時に生きたいと思う、おれは生きるんだ、生きるんだっていうことを表現すると、いい死に方になれる」

倉本は、その言葉を面白いと思っていた。倉本は中島監督の勧めがあって、ピラニア軍団の川谷、室田をまず使った。第二部では志賀勝も出演させている。

川谷の役は、渡辺組の鳶で三十四歳、独身の利夫。室田以上に気が荒く、アルコールが入るとそれがさらにパワーアップして手がつけられないほどの酒乱になる。海に一目惚れして結婚まで考える。が、彼女の無責任な言動に振り回されてしまい、いつも泣きを見る羽目に。

ただし、倉本は、川谷にしつこく言い渡した。

「あなたの今までのやり方だと、すぐセリフを言っちゃうんだけど、セリフというのは、中身よりも、なんでここにこういうセリフが置かれているのかというところがミソだ。セリフが一言出る前に、どう表現しようかってことを、うんと考えてくれ」

そうしたら、川谷はセリフをひねり出すために顔を歪めて「うー」という口調になる。それがすごくおかしくて、ウケ、かれの持ち味にまでなった。

他の作品に出ても監督がそれをやらせるものだから、ついには、かれの定番になってしまった。

ショーケンによると、川谷拓三は意外だが、すごいナイーブな人だったという。すっかり全国区になってからも、こっそりショーケンにこぼしたという。

「萩原さんねえ、ぼくはね、『前略おふくろ様』に出られて、すごく有名になって、仕事が増えてねえ」

「よかったじゃないですか」

「うん。でもねえ、嬉しい反面ねえ、すごくイヤなんだよなあ」

「イヤって、何が？」

「いままではさあ、斬られ役ばっかりだったのにさ、世の中がひっくり返っちゃって、急に東映で主役の映画が決まっちゃったりさあ」

「いいことだと思うけどなあ」

「いやあ、『拓ボン』、『拓ボン』って、みんなからそう言われるっていうのもなくなっちゃったしねえ。居心地が悪いっていうか、カラダがもたねえんだよなあ」

倉本聰は、室田日出男に、『前略おふくろ様』の前の昭和四十九年の『六羽のかもめ』で、ヤクザの「ショックの定」役で出てもらったことがある。

「テレビが、本当のヤクザを使っていいのか」

そう言う苦情が来たほど真に迫っていた。気のいい男で倉本は室田を気に入り、年中一緒に飲んでいた。

ある日、室田が東映の養成所時代に、ドイツの劇作家で『三文オペラ』などの傑作ドラマを書き、戦後の演劇界に大きな影響を与えたブレヒトに凝ったという話を聞き、その取り合わせの意外さに吹き出し、いっそう好きになったという。

室田は、深川の鳶集団、渡辺組の小頭半田妻吉役。強面な上に気性が荒いが、じつは強度のマザコンで臆病者。それを利夫に指摘されて大荒れの状態になったこともある。三郎とは母親思いという点で相通じるところがある。

以前に坂口良子演じる鳶職渡辺組の頭領渡辺甚吉の一人娘で、かすみと付き合っていたことがある。が、かすみは三郎に惚れている。かすみに振られたのちもずっと彼女を想い続ける。が、ついには、その想いを断ち切って別の女性と結婚してしまう。

小松政夫は、分田上の向こう板（立板）で三郎の先輩格の政吉役。威勢がよく、偉そうな態度をとることが多いが、実は小心者。狡賢い一面もある。休憩時間には仲居たちと麻雀に勤しんでおり、その際にはいつも他人の醜聞を話題にする。

小松は、梅宮辰夫主演の昭和四十四年の『不良番長送り狼』に出演して梅宮との縁もあった。このドラマでの梅宮の村井秀次役は、もうけ役であった。高倉健のようにしゃべらなくて、存在感があり、華がある。

小松は思った。

〈おれにも、ああいう役が欲しかったくらいだ〉

倉本は、高級料亭の板前とか仲居は、夕方六時から客が入り、客が終わりひきあげ一段落ついたら、必ず麻雀をする、そう思い込んでいた。そのシーンが何度も出る。

小松は、倉本に申し出た。

「わたし、麻雀出来ないんです」

「覚えてください。しかも、ドラマの中でちゃんと手を見せるんです」

小松は、仕方がないと、妻が麻雀が出来たから、妻に習ってなんとかそのシーンをこなすことが出来た。

「芝居はリングですからね」倉本聰

この当時、倉本は札幌に住んでいたが、脚本を書いては本読みのために東京に出て行った。日本テレビの稽古場は代々木にあった。

倉本は、この作品では、はじめから役者たちに本読みをしてもらった。シナリオは文章で書くから、寝ているわけである。それを役者がどう立たせるかが問題である。立ち姿を見て、「そういう立ち姿じゃなくて、こうだ」と指摘出来る。それをしないと、倉本が意図している表現というものを監督も気づかないことがある。主役も気づかないで、作品が変な方向に行ってしまう。だから、倉本は、絶対に音符までは書けないから、「本読みをやってくれ」ということをいつも言っている。

結局、脚本家である倉本の監督的な位置が濃くなるわけである。しかし、テレビ界はそれを受け入れないことが多い。倉本は、テレビ界はどんどんダメになっていると思っている。

倉本自身は、憎まれても作品を良くするためだから、自分のやり方をしょうがないなと思っている。

それでぶつかったのが昭和四十九年（一九七四年）のＮＨＫの大河ドラマ『勝海舟』であったという。

それなりの力がある監督ならいい。ところが、本読みを終えて、倉本が引き上げると、監督が

「台本直しをします」と言って、ＮＨＫの監督が再び台本直しをしてしまう。

倉本の本読みの時に監督が同席していたのにである。監督は、その時は文句を言わないでそばにいて、倉本が帰ると直してしまう。当時、人斬り以蔵役のショーケンは、倉本の側だったから、「あんなことを許していいのか」と言い出した。倉本ははじめてそんな話を耳にして実情がわかることもあった。

しかも、かれらはディレクターというよりもＮＨＫの組合員である。いっぽう、それを統括するプロデューサーは管理職。したがって、倉本は組合員対管理職の闘争に巻き込まれた面もあった。

倉本は、ついには組合に吊し上げられ、もう限界だと『勝海舟』の途中で辞め、東京を去り、北海道に居を移したのであった。

『前略おふくろ様』は、日本テレビで稽古した後、みんなで飲んで午前一時くらいに別れる。倉本は、その後も、宇田川町にあった倉本の知り合いの小料理屋のおやじの所に行って、また飲み直した。その店が午前一時か二時に閉まっても、ぐだぐだ言いながら、おやじや板前と飲んで三時か四時ごろに築地の魚河岸へ行った。一緒に買い出しに付き合う。それで魚河岸のことを自然に覚えた。

その後も、五時か六時ごろに魚河岸の中にある寿司屋とかで飯を食って、倉本はそのまま羽田空港に行って、札幌に帰り、アパートに帰るという暮らしをしていた。週に一回の上京は充実していたという。

ショーケンにとって、『前略おふくろ様』はいろいろ辛いことや、苦しいこともあったが、実に面白い仕事だったという。いつも平気で朝の四時ごろまで撮っていた。

ショーケンはセリフを台本どおりに細かくしゃべる苦労について『ショーケン』に打ち明けている。

《「あいやいやいや、そら、そ、いや、そりゃないっすよ。半妻さん」

そういうセリフが一字一句、すべてきちんと書いてある。テン、マルで、セリフのどこを区切るか、まで。あの演技、ぼくが勝手にやっていたと思った人もいるようだけど、そうではありません》

《毎回、先輩の板前さんや仲居のおばちゃんたちが、みんなで食事をしながら会話をする場面がある。誰かが食べている間に、誰かがしゃべって、物を食べる音の間に、セリフが切れ目なく続きます。全部、ピッタリはまっている。こういうシーンは、倉本さんが実際に食べながら書いて、間合いを計る。ぼくたち役者も食べながらリハーサルして、それから本番になるわけだ。倉本さん、こう言ってたよ。

「おれ、子供のころから、親父に言われてたんだ。本は目で読むんじゃなく、声を出して読めと。きちんと間を取って読めって」

ぼくも子供のころ、おふくろにはよく言われた。

「敬ちゃん、本は声を出して読みなさい」

おれは悪ガキだったんで、そう教えられてもバカにしてたけどさ》

《倉本さんのホンというと、

——……××があって、間。短い間。

間があって、○○……。

そういう表現になる。しかし、そうではないリアリティ、枠からはみ出た面白さというのもあるわけで、単なる思いつきのアドリブでなく、綿密な計算に裏打ちされていれば、ホンを変えてもいいんじゃないかと思う。

しかし、そうやってホンをいじったりすると、周りにはあまりよく思われない。『太陽にほえろ！』や、『傷だらけの天使』で、シッチャカメッチャカをやってたってイメージが強くなっちゃったからさ。あ、ショーケンがまた粗探しをやっている、なんて。

いまは、『前略おふくろ様』のようなホンはなかなかないね。

「ホンが出来ました」

そう言われて、届いたホンをさ、実際に声を出して読んでみるだろう。

（あ、ちょっとこれ、ヘンだなあ……）

すぐにそういうところが出てくる。ホン屋さん（脚本家）が、自分で動いて書いてないな、ということがすぐわかってしまう。例えば、

——コーヒーを飲みながら、

なんて、ト書き（セリフ以外の演出を書いた文章）に書いてある。でも、コーヒーを飲みながらセリフを言えって、言えるわけがない。むせちゃうだろう。倉本さんは『前略おふくろ様』で、そういう動きとセリフをきちんと書き分けてる。食事の場面で生ずる間を、ピシッと詰めてるんだよ》

倉本は、『前略おふくろ様』で、脚本家ながら演者に本読みをさせて、ダメ出しをやる。三回もやる。

本読みが始まると、第一声は、「やあ、みんな元気かい」。ここからはじめて、チェックがはじまる。それでみんな怯えてしまうくらいの雰囲気があった。

ショーケン演じる三郎は山形の人間で、「あちゃあ、あっちゃあ、あっちゃあ、それはないっすよー」というセリフがある。

倉本は、ただちに怒る。

「手元の台本、見てください。あちゃあを三回も書いていません。一回だけです」

倉本は、さらに言う。

「簡単でしょう。わたしだって、やれますよ。わたしの本は、必ず自分で演じながら書きます」

だから身動き出来ない。そういう厳しさのなかでやっているから、ショーケンははじめから苦しんでいた。

小松によると、ショーケンはショーケンなりに人知れず努力はしていたという。

本読みでショーケンが読んだ。

「故郷に錦を飾る」

その「ニシキ」を「ワタに飾る」と読んだ。小松は思わず吹き出しそうになったが、笑えない。

倉本が苦笑いしながら、ショーケンに注意した。

「おいおい、それはニシキと読むんだよ」

それからは、当時ショーケンと結婚していたモデルの小泉一十三と夜、明日の本読みの台本のセリフの漢字に彼女に教わりながら、すべてルビを振っていたと言う。

スケジュールは、稽古三日、セット撮影三日、VTRロケ一日です。アフレコを入れて、一週間ビッチリ。本当は撮影が終わったあと、みんなで飲みに行きたいが、時間的な余裕がなかった。

したがって、居酒屋の場面では、実はホンモノの酒を飲んでいた。店主役は小鹿番で、ずいぶん感心された。

「ホントに強いなあ、この人たちは……」

だから、一回NGを出すと大変だったという。腹はいっぱいになってしまうし、ベロンベロンに酔っぱらってしまう。飲んでるうちに口論して、ケンカの場面になったら、まったく手加減せず。みんな本気だった。ショーケンは鳶の半妻役の室田日出男に引っぱたかれたときも、利夫役の川谷拓三に殴られたときも、それは痛かったという。

小松にとって、倉本の本読みは大変だったという。読み始めたら、すぐに赤鉛筆でチェックが入る。倉本は、持論を繰り返す。

「芝居はリングですからね」

倉本は、一つ一つの芝居が鎖のように繋がるという意味で、この言葉をよく用いていた。

特に、板前や仲居さんがそろって食事をしながら会話をする。口と手がピタリと合わなくてはいけない。その光景をチェックする倉本から「そんなことがあるか！」とか「嘘つけ！」の激しい言葉が飛んでくる。

渡辺組の鳶、利夫役の川谷拓三は役に取り組み、苦しんでいた。小松が話しかけても、「ああ、そうすか」と取りつくシマがなかったという。それでなくても緊張して泣きそうな顔をしていた。そのため、共演中は、仲良くなることが出来なかった。

川谷と親しくなったのは、後のことで、室田も『前略おふくろ様』では余裕がなかった。

小松政夫を怒らせたショーケンの暴言

倉本によると、料理の訓練は相当やったという。東京の料亭『清水』の板前さんが日テレの稽古場に来て、半年間みっちり教わった。ショーケンも、田楽をずいぶんつくったものだという。

ショーケンは吸収力がすごい。倉本が、関心したことがある。

サブが板場を洗う。その時に手ぬぐいをピシッときって、まな板のところに乗っけるしぐさの粋さ。とてもほかの人では、真似が出来ない。絵になるという。

ショーケンは、なにより観察力が凄かったという。倉本は、役者の仕事は、六〇%から七〇%が世間からの受信だと思う。普通は発信が九〇%くらいだと思うが、ショーケンは受信力が抜群であった。天性のものであろう。ショーケンは、山手線に一日乗って、人の観察もしていたともいう。味にセンスがあったのは、小松政夫。料理をつくらせたら一番うまい。

花板役の梅宮辰夫は、このドラマから本格的に料理をやるようになった。火が点いちゃった、という。ただ、小松の味に比べるとしつこかった。小松は、薄味でもしっかりした味を出していた。そういう余技みたいなことでも、役者同士が張り合っていた。演技も真剣勝負で、お互いに思い切りやった。みんなが納得出来るまで退かないので、撮影の時間も日程もどんどんどんどん延びていく。

ショーケンは、『ショーケン』でセリフと動きのズレに苦しんだと語っている。

《もっとも、困ったこともあります。これも毎回出てくる場面で、政吉という板前役の小松政夫さんとぼくが、料亭の裏手で里芋の皮を包丁で剝きながら会話をする。この剝き方が、実に難しい。ツルッツルしちゃって、ツルッツル滑って、なかなか剝けない。そうすると、セリフと動きがズレてくるわけよ。困ってました。しかし、だからといって、アドリブを言ってはいけない。これには困った。小松さんも本当に困ってました。だから、全部ホンの通りにやるには、相当の芋剝きの腕が求められる。ツルツル滑る芋の皮を、包丁で剝く器用さを身につけなくちゃいけない。中には、剝いているうち、形が崩れてしまう芋もある。それを捨てては別の芋を剝く、という芝居も必要だ。やっぱり、芝居は生き物なんだ》

いっぽう小松政夫も、一見難しそうに見えない里芋を剝きながら語るシーンは難しかったと言う。小松もショーケンも、毎回二人ともドキドキしていた。ショーケンは、剝きながら小松に話しかけてくる。

「女がいるのかい」

「女学生だよ」

「どこの学校ですか」

「まぁ、女学生と言えば、跡見（学園女子高校）か山脇（学園高校）だよ」

「山脇の女と付き合っているんですか」

「跡見か山脇だと言ってるんだよ」

小松は、里芋を剝きながらだから、口から喉が飛び出すほど緊張していた。

そのシーンの撮影が終わると、ショーケンが怒りを露わにした。

「なんだよ！　もうちょっと、しっかりしろよ。おれは一生懸命やっているんだから、かまないんだよ」

小松は訊いた。

「どのシーンのこと言ってんだ」

「イモってせかすのを、待っていたんだよ」

次に剥く里芋をよこせ、というのを待っていたという。

「そんなことといっても、タイミングだから、あんたが合わせろよ」

ショーケンが大声を出した。

「バカヤロー」

「おれが悪いのかい？」

ショーケンは、さらに声を荒げた。

「うまく出来なかったんだよ」

生田スタジオのロッカールームの前で始まったから、まわりに人もいる。

小松は言った。

「表に出ろ！　表で話そう」

小松はショーケンを本気で殴り倒してやろうと思っていたわけではない。ただ、自分も腕力では負けないと信じていた。

そう言うと、ショーケンは自分の控え楽屋に入ったまま、鍵をかけて出てこなくなった。

　ショーケンがいつまでも出て来なければ、他の出演者は困る。次のシーンが始まるまでの間、楽屋で次に自分の言うセリフを覚え直さなくてはいけない。ショーケンがいつまでも出てこなければ、それぞれの段取りが狂ってしまう。ショーケンは、グループサウンズの時代から、客を怒鳴りつけたりしていた。今回もハッタリだったのだろうが、小松が「表へ出ろ！」と攻めたので、楽屋に入り鍵までかけて閉じこもってしまったのである。

　ショーケンが楽屋に閉じこもったまま出てこないことを知らされた渡辺プロの課長が、神奈川県川崎市多摩区菅仙谷三丁目の生田スタジオに飛んできた。東京から四十分はかかった。

　その課長は、小松に食ってかかった。

「おまえよォ、ショーケンが楽屋から出てこないじゃないか。主役を脅かして、どうするんだ」

　小松は言い返した。

「冗談じゃないよ。おれの責任じゃねえよ」

　その時、そばにいたロッカー係のおばさんが、小松に加勢してくれた。

「小松さんは、悪くありませんよ。小松さんは穏やかに話しているのに、ショーケンが一人で激高したんですよ。小松さんが、まわりに邪魔になるから外に出ようと言うと、ショーケンが部屋に閉じこもってしまったんですよ」

　小松はすんでのところで悪者になるところであった。

　しばらくして、ショーケンのマネージャーが東京から駆けつけてきた。そこでようやく騒ぎがおさまった。ショーケンを説得し、部屋から出し再び撮影に入った。それまで一時間半もかかってしまった。

小松は、ショーケンが亡くなるまではっきり自分より二歳か三歳年下にすぎないと思っていた。ところが、ショーケンが亡くなり、なんと八歳も年下とわかった。

ショーケンは、小松を「コマっちゃん」とか「おい、おまえ」などと呼んでいた。

〈なにもそのように呼ばれる筋合いはなかったじゃないか〉

ショーケンは、「味にセンスがあったのは、小松政夫さんだね。料理をつくらせたら一番うまい」と書いている。

倉本聰は、このドラマでは脚本だけでなく、比較的撮影に立ち会っていたから、撮影中はショーケンが暴れたりする場合の防波堤にもなっていた。そのため、直接のトラブルはあまりなかったという。筆者は、『前略おふくろ様』第一部でのショーケンは可愛かったが、第二部では、少し眉間に皺があるような、微妙な険をその演技から感じた。倉本に、その変化について訊いた。

倉本は言った。

「よく気づきましたね。実は、ショーケンは、一部に出演していたある女優と深い関係になっていて、その女性を『二部でも出してくれ』とわたしに頼んできた。わたしは断った。するとムクれて、わたしに対して横柄になっていった。それが微妙に響いた。ショーケンの扱いは難しいんです」

『前略おふくろ様』が好評だったので、第二シリーズが昭和五十一年十月十五日から昭和五十二年四月一日まで放送されることになった。前作から一年半後の設定で舞台は料亭「川波」に移る。

二部の女将役には、八千草薫が出ている。倉本は、初めて出演してもらう時には、書くまでにその役者と何度も会うなり食事もし、性格をつかませてもらうことにしている。八千草とも一年半くらいお茶を飲んだりしたが、欠点が見えてこない。欠点はユニークさでもあるので、むしろ欠点があるほど書きやすい。倉本は思った。

〈八千草薫さんは、ついに八千草のマネージャーに電話して伝えた。

倉本は、やっぱり別格だ。あの人の綺麗さは、心、ハートの綺麗さから来ている〉

「わたしは八千草さんを書けません。あの人がひとりで部屋でオナラをするオナラの音が聞こえない」

そうしたら、その晩に八千草から電話がかかってきた。

彼女はケラケラ笑いながら、いきなり言ったではないか。

「わたくしのオナラの音、わかりませんか？」

さすがに倉本はあわてた。彼女は続けた。

「じゃあ、新珠（三千代）さんのオナラの音も、わかりませんでしょう？」

倉本はそれで吹っ切ることが出来て、八千草を登場させることにした。

萩原健一は「フリオ」岩城滉一は「明るい不良少年」の意味

二部には安藤昇が出演した。元ヤクザで、安藤組を解散した後、はじめ松竹で、それから東映に移籍し、ヤクザ映画に出演し、本物の凄みを発揮しファンも多かった。今回は、ヤクザ役でなく、料亭川波の客である中小企業の社長役であった。

会社が倒産し、川波の座敷で自殺する。凄まじいシーンを見事に演じてもらった。

撮影が終わり、倉本は安藤に「お時間ありますか」と誘われて、渋谷でお茶を飲んだ。するると、安藤が言った。

「ウチに、不良あがりの若い衆がひとりいるんです。会ってやってくれませんか」

そしてすぐ駆けつけてきたのが岩城滉一だった。

岩城は物怖じしないし、面白い。安藤が倉本に頼んだ。

「こいつを『前略おふくろ様』に出してくれませんか」

倉本は、そこで二部の最終回にショーケンとの共演のシーンを書き加えて岩城を登場させた。

すると、たちまち、ショーケンと岩城が衝突した。

実は、ショーケンは、岩城滉一に脅かされたことがある。岩城は、俳優デビュー前は舘ひろしとともに原宿・表参道を拠点にした硬派バイクチーム「クールス」で副団長をしていた。昭和五十年（一九七五年）の高倉健主演の東映の『新幹線大爆破』でデビューしていた。

岩城はショーケンのスタッフ苛めが許せなかった。グレていても、グレる男なりの倫理があるというのが岩城の考え方だった。岩城は、明るい不良少年だったから、ショーケンの陰湿なやり方が許せなかったという。岩城が、ショーケンにガンをつけた。

「不良をウリにしているが、フリをしているだけ。あんたは不良じゃなく、〝フリオ〟だよ」

周囲は、喧嘩になりそうな雰囲気に固唾を呑んだ。

が、岩城より一つ年上のショーケンは低い声で返した。

「今はな、おれたち役者の仕事をしているんだぜ」

岩城は無言のまま、その場を去ったという。

スタッフの一人は、「もし岩城さんがマジに怒ったら」と心配で足が震えたという。

そこで倉本は、面白がって言った。

「では、ショーケンは『フリオ』、岩城は『明るい不良少年』と命名しよう」

ショーケンは、すぐカッとするが、謝るべきところは謝るし、筋を通す。

岩城は、昭和五十六年からは倉本聰脚本のテレビドラマ『北の国から』にも出演している。


田中絹代の演じたサブのおふくろ益代は、二部の終盤に亡くなる。ドラマの最後は、益代が一人で山から下りてきて、兄の家に向かった。ところが、その足跡が亡くなった後に見つかるという設定である。雪の上の足跡っていうのはなんとも悲しい。一晩降ると消えてしまう。

倉本は、重いテーマだが、テーマが重ければ重いほど、笑いやユーモアをいっぱい取り入れていく必要があるということを『前略おふくろ様』でつかんだ気がするという。

サブの元におふくろの死の知らせが舞い込む第二十二回がオンエアされてから三日後の昭和五十二年三月二十一日、田中自身も帰らぬ人となってしまった。享年六十七。脳腫瘍だった。

それで急遽、『田中絹代追悼盤』として、ショーケンのLP『惚れた』からA面に『前略おふくろ』、B面に河島英五作詞・作曲の『酒と泪と男と女』をシングルカットして、発売することが決まった。A面には、本来の歌のイントロの部分に、番組内での田中の「前略　三郎様　これでもうまる一年は、あなたの手紙をもらっていません。母はちっとも心配はしていませんが、生きているか死んでいるか、それだけ簡単にお知らせくださ い……」というセリフがミキシングして挿入された。

第三章 てっぺん

俳優山崎努から学んだこと

俳優で映画の監督もやっている清水昇（現在、清水大敬）は、明治大学文学部・演劇学専攻を卒業後、劇団ＮＬＴに所属しながら映画やテレビドラマへ数多く出演していた。昭和五十二年（一九七七）十月七日から昭和五十三年（一九七八）三月まで日本テレビ系で放送されたドラマ『祭ばやしが聞こえる』で萩原健一と初共演を果たす。その共演は、劇団ＮＬＴへの制作会社からの依頼が、きっかけだった。

マネージャーから持ちかけられた。

「露天商の子分役を探している作品があるんだけど、清水、どうか？」

オーディションもないまま、『祭ばやしが聞こえる』への出演が決まった。

ショーケンが企画し、プロデューサーとしても関わった。が、もともとＦ１をテーマにする予定だったが、予算が数十億円かかるということがネックとなって断念した。シドニー・ポラック監督、アル・パチーノ主演の死と離れられないフォーミュラ・ワンのレーサーが、ある日ふとめぐりあった女性により生きることに目覚めていく姿を描く。映画『ボビー・デアフィールド』に刺激されて企画したという。

ショーケン演じる主人公の競輪選手・沖直次郎は、競輪のレース開催中での事故により、負傷する。

直次郎は、山崎努演じる先輩選手の実家の旅館で世話になりながら復帰を目指す。いしだあゆみ演じる旅館の女将に、やがてドラマ上でも私生活でも恋に落ちる。

露天商の親分の善吉役は、室田日出男。その子分役が清水に与えられた役である。

このとき、萩原が演じる主役・沖直次郎も露天商と関わりがあったため、清水は萩原に顔を覚えてもらえる機会に恵まれた。

すでに、萩原は『傷だらけの天使』、『前略おふくろ様』に連続して主演するほどの大スター。片や清水は、ぺいぺいの新劇役者。言葉を交わすことなど恐れ多いことだった。

かといって、萩原は現場で威張ることもせず、むしろ、清水のような七、八人もいる露天商の子分役にまで心配りをするほど気を使っていた。

萩原は『祭ばやしが聞こえる』という作品に自ら出資し、役者だけではなくプロデューサーとして作品に大きくかかわっていた。率先して、現場を引っ張っていく姿。作品にかける意気込み。創造するぞというパワー。それが、清水にも、ひしひしと伝わってきた。

どれほど朝早い撮影であろうとも真っ先に現場に入り、芝居に打ち込む姿を示すとともに、誰よりも現場でスタッフや役者に声をかける萩原を見て、清水は感心した。

〈一俳優であると同時に一プロデューサーとして、いろんな気遣いをされていらっしゃる。大したもんだな……〉

萩原と先輩レーサー役の山崎努の関係も、清水の目には素晴らしい関係に映った。

萩原は、俳優・山崎を尊敬している。山崎は萩原の感性を評価している。そう清水の目には映った。

確かに、新劇から映像の世界に進んだ山崎と、音楽の世界から俳優の世界に飛び込んだ萩原とでは畑違いの面があったが、山崎は、萩原が持っている感性に引き付けられ、萩原は、山崎がシェークスピアからギリシャ劇まで演じてきたキャリア、そして演劇・演技に対する造詣の深さを尊敬していた。

時々、清水は二人が話し合っている姿を見ることがあった。その様子を眺めながら思った。

〈お互いが違う感性の中で引きあう。音楽的感性からある種の俳優としての萩原さんの演技。山崎さんは新劇俳優として、しっかりとした土壌の中での感性。この二つの論の関わり合いとは……、理想的な関係だな……〉

信頼する弟・萩原を可愛く思っている兄貴・山崎、そんな雰囲気がものすごくあふれていた。二人の絶対的な信頼関係だ。萩原の山崎に対する思いは、尊敬の念を通りこしているようにも思えるほどだった。

そして、萩原は山崎の前では、いつも真摯に芝居へ打ち込んでいた。

撮影には一年ほどかかったため、暑い時期も寒い時期もあった。萩原は、冬の寒さ厳しい現場では、テキヤの一子分でしかない清水にまで暖かい言葉をかけてくれた。

「寒くないですか?」

露天商は雪駄履きのため、素足で出番を待つ清水のことが気になったのであろう。

露天商の子分役の中には、キャリアを積んだベテランの役者もいたが、萩原は、ベテランであろうとどんな端役の役者であろうとも分け隔てなく自分のプロダクションに招待し、お寿司などを振る舞いながら事務所にあるスクリーンに撮影中のラッシュを映し、それを見ながら作品に対する価値観を共有しようとした。萩原ほどのスターになれば、端役の役者とのかかわりなど持たず、自らの価値観のみで作品作りに励むものであろう。しかし、萩原は違った。どんな端役であろうとも価値観を共有しようと努力する。それを知ったとき、清水は感心するしかなかった。

〈ああ……、この人の映画、映像にかける思いは半端じゃないな……〉

清水には、その時以来、映画に対する熱い思いをストレートに出す萩原健一……というイメージがずっと脳裏に叩き込まれてしまった。

なお、ショーケンは、マスコミに「このドラマの出資で三億円も損した」と述懐している。

いしだあゆみとの熱愛再婚

ショーケンは、小泉一十三と昭和五十年（一九七五）から昭和五十三年の三年間の結婚生活を終え、いしだあゆみへの愛に移ったことについて、『ショーケン』で打ち明けている。

《小泉一十三さんと離婚したことを記者会見で明らかにすると、バリ島に向かった。何もかも、煩わしくて。そのバリ島の宿泊先に、いしだあゆみさんから電話がかかってきた。

「いつまでそちらに行ってるんですか」

ぼくは大急ぎでバリ島から帰ってきた。朝七時に電話をかけて、言った。

「いま、成田にいるんですけど」

「じゃあ、いますぐ、ここに来ませんか」

そう言われて、いしださんの部屋へ飛んでいった。その晩、ぼくはとても恥ずかしいことをしてしまった。

「すみません。疲れてるんで、少し眠らせてください」

ソファに横になろうとしたら、いしださんにベッドを勧められた。

「きょうは一日、仕事で出てますから、ゆっくり寝てください」

昏々と眠って、ふと目を覚ますと、いしださんがスタンドの明かりで本を読んでいる。

起き上がろうとして、

（あっ、いけねえ……！）

寝小便をしていることに気がついた。

「ごめんなさい」

いしださんはキョトンとしている。

「疲れていて、本当に疲れていて、気がつかなかったんです。ごめんなさい」

「どうしたの？」

「寝小便をしてしまいました」

ベッドに正座して、謝った。それから、同棲生活が始まる》

萩原といしだあゆみは、『祭ばやしが聞こえる』で共演し、恋がはじまった。二人の交際報道の九日後に、妻であったモデルの小泉一十三との離婚を発表した。三年間連れ添った小泉との間には、二歳になる娘がいた。

萩原といしだの二人は、約二年の同棲生活を経て、昭和五十五年五月二十七日に結婚式を挙げた。媒酌人は山崎努であった。ショーケン二十九歳、いしだ三十二歳の姉さん女房で、そのアツアツぶりが「おしどり夫婦」と書かれた。清水大敬も、結婚式に招待された。

いしだあゆみは、純白のウェディングドレスに身を包み、実に嬉しそうだった。

「結婚出来るとは思っていませんでした。心では願っていましたけど……」

その後、清水が正月の挨拶へ萩原宅を訪ねたとき、いしだが玄関口まで出てきて、案内してくれた。

テーブルの上には、おせち料理が並んでいたが、食べることがもったいなくて口にすることができず、ワインだけをもらって帰宅したことを覚えている。

式を挙げ、結婚届に判子を捺印していしだあゆみに渡したものの、実は提出されていなかったことをショーケンは、後で知ることになる。彼女の母親が反対したらしい。

『影武者』とショーケン

萩原健一は、昭和五十五年（一九八〇）四月公開の黒澤明監督の『影武者』のオーディションに応募した。全国一万五千人の中から武田信玄の息子の勝頼役に選ばれた。

武田信玄と信玄死す後の影武者の二役を勝新太郎が演じることになっていた。

『影武者』撮影における黒澤監督の方針は、「武田軍は武田軍で、普段からチームワークを作りなさい……」ということだった。この方針のおかげで、撮影以外の場所でも、武田軍同士で話すようになり、武田の家臣・原昌胤役の清水大敬は、ショーケンとも交流を深めることが出来た。

武田軍といえば騎馬隊である。撮影では、武田騎馬軍団のシーンが重要なポジションを占める。下手な乗馬をスクリーンに映すわけにはいかない。清水も東宝の紹介で、乗馬を習いに通い、練度を高めていった。

清水は、数カ月のオーディションを経てから乗馬の訓練を始めることになったが、萩原はすでにそのころ、馬を乗りこなしていた。

乗馬の経験値は、鞍数で判断する。何回馬に乗ったかという回数を「鞍」の単位で表す。

清水は、撮影前に三〇〇鞍ほどだった。ある程度の自信を持つことが出来たが、馬は自動車のように動いてはくれない。ブレーキを踏めば止まり、アクセルを踏めば走るというわけにはいかない。様々な癖を持った馬がいる。その馬をうまく乗りこなさなければ、快調に撮影は進まない。

萩原は、すでに一〇〇〇%、完璧なほど乗りこなせていた。武田騎馬軍団を率いる勝頼役である。そのうえ、黒澤映画に出演するということで、半端ではないほど厳しい訓練を重ねてきていたのであろう。

ある日、乗馬クラブで、「ムチを入れると、馬が尻を跳ね上げる」と、清水が相談したところ、萩原が笑みを浮かべて答えた。

「馬は本当にうまいやつが乗ると、ムチを叩こうが何をしようが、反発してこないんだぜ」

それほど撮影中、萩原の乗馬は、乗った役者のなかで一番うまかった。

馬は、鐙に足を乗せ、重心を前かがみにして乗るものだ。ところが、萩原は、鐙に足を乗せず、馬を乗りこなしていたのである。ほとんど、裸馬に乗っているような感覚だ。

〈まるで、インディアンだな……。突出した才能と運動神経だ〉

　清水も、たいしたものだと見ていた。

『影武者』がクランクインし、姫路でのロケが始まったときである。

武田信玄と影武者役の勝新太郎から声がかかった。

「武田の重鎮らを集めてくれ」

ホテルの勝の部屋で、武田信廉役の山崎努をはじめ武田軍全員での親睦会となった。

付き人に、ビールやウィスキーを持ってこさせ、「さぁ、飲んでくれ」と大宴会となったのだが、そこからは、まさに勝新太郎劇場。

　勝はスコッチウイスキーのＪ＆Ｂを冷たいビールのなかに入れ、豪快に飲み始めたが、その姿に昭和の銀幕のスターの破天荒さを垣間見る思いで、清水にとって、鳥肌の立つ大興奮の数時間だった。

　だれか一人でもつまらなくしている奴がいないかと、まわりを、さりげなく見渡す。集まっている人たちに気を配りながら、勝のおしゃべりが続く。そのおしゃべりにまわりにいる者たちは、釘付けになる。笑い声が途切れることはない。それほど、言葉一つひとつがおもしろい。完全に、勝のトークショーだ。大俳優でありながら、ふんぞり返ったりなどせず、むしろ「映画に参加している仲間を楽しませないといけない」という映画人としての優しさが心底ににじみ出ている。

　勝の様子を見ながら、清水はしみじみと思った。

〈この人は、どこまで人に対し、心配りをする人なんだろう。繊細な人なんだな〉

ところが、である。撮影に入ると、人に気を使い、人を楽しませようとする勝の姿が消える。撮影で鎧を付け采配を振る勝の様子を遠くから見ている清水にも、勝が武田信玄そのものになろうと、役に入り込んでしまっている気迫が伝わってくるほどだ。

〈完璧に信玄になりきろうと、集中し、打ち込んでいる。勝新太郎の信玄だ。まさに天性の役者だ〉

ショーケン、勝新太郎降板劇とクロサワを語る

平成二十一年（二〇〇九）十一月にスポーツニッポンに連載された『我が道・萩原健一』で、ショーケン自らが『影武者』の撮影が始まる前に勝新太郎が降板した件について、打ち明けている。

《勝さんが現場で自分用のビデオを回したことに黒澤監督が怒ったって言われるけど、そんなの氷山の一角にすぎないよ。何カ月も積もり積もったものがあって、黒澤監督がもう爆発するぞっていう状態の時にビデオを回しただけさ。黒澤監督は最初から勝さんの態度が気に入らなかったんじゃないかな。

リハーサルの休憩時間にみんなでメシ食ってて、黒澤監督の横に勝さんが座ったんだ。それでマネージャーに「おい、台本にルビふっとけ」なんて命令したんだけど、黒澤監督は食ったものを「うえー」って戻したんだよ。おれが「大丈夫ですか」って背中さすったら「どうもありがとう」なんて言ってたけどね。その時、黒澤監督はなんにも言わなかったけど、おれはダメじゃねえかなあって思ったよ。だって「ルビふっとけ」ってことはまだ台本ちゃんと読んでないってこ

とでしょ。リハーサル中に宣伝用の特報を撮った時、武田信玄役の勝さんと勝頼役のおれが甲冑をつけたんだ。勝さんはおれの甲冑姿をほめてくれた。「さすがおれのせがれだけあるな」って。そしたら、横で聞いてた黒澤監督が「こんな高見山みたいなおやじにほめられてもなあ」って突っ込んだわけ。おれ、噴き出しそうになっちゃったよ。特報はすごくよく撮れたんだけど、その後、勝さんはリハーサルに出て来なくなっちゃった》

清水らには、勝新太郎の降板について、公に説明はなかった。ただ、噂だけが耳に入ってきた。その後、いったん撮影は長期の休みとなった。主役の武田信玄役は、仲代達矢が演じることになる。

主役交代で、黒澤監督も大変だっただろうが、そんな素振りは一切みせず、撮影は再開した。

清水にも伝わってきた。

〈これから、仲代さんで、ちゃんと『影武者』を撮影するんだという背水の陣の気魄が黒澤監督の全身から感じられる〉

ショーケンは、撮影の厳しさについても打ち明けている。

《『影武者』の撮影は本当に頭が変になりそうだった。黒澤明監督は常識では考えられない人だったからね。エピソードには事欠かないよ。熊本城の石垣の縁に甲冑を着たまま立って、それをカメラが石垣の下から狙ってた。黒澤監督は「もっと前に来い！」って叫ぶんだ。ちょっと前に移動したら今度は「もっと体を前に傾けろ」って声が飛んできた。だけど、体を預けたら落っこっちゃう場所なんだ。さすがに近くにいた助監督が「これ以上やったら本当に落ちます」って、おれを手で押さえてくれたんだけど「おい、手が映る。放せ」だって。あと何センチか動いたら本当に転落してただろうね。

湖畔を馬で疾走する場面は、実際は海の浜辺で撮影して、おれは馬を走らせては止める動作を繰り返した。監督は馬が前脚を上げてのけぞるシーンを撮りたかったらしくて、何度も何度もやってるうちに海に飛ばされちゃったんだ。そしたら落ちたところが意外に深くてさ、着物は水を吸ってどんどん重たくなって、おぼれて死ぬかと思った。泳いでようやく上がったら、監督が口にした一言が痛烈だったね。「おい、馬は大丈夫か？」だってさ。おれが「え？」って戸惑ってると「おい、早く着替えろ」ときた。死ぬ恐怖より頭がおかしくなる恐怖の方が勝ってたな》

徳川との合戦の前、武田軍の家臣ら全員が大広間に集まり、萩原演じる武田勝頼がこれから徳川軍とどう戦うか、話す場面でのことだった。朝九時からリハーサルに入ったが、家臣らを相手に萩原が話すシーンに、黒澤監督から何度となくダメ出しが出された。

新劇俳優である清水にとって、稽古場での演出家のダメ出しなどいつもの風景である。演出家の意図と違った演技をすれば、三十人、四十人のキャスト・スタッフが集まるなかで、「違う！　違う！　言い方、違う！　何回やってんだ、それで役者を目指しているのか！」と怒鳴られ、恥をかかされることなど当たり前の世界で、俳優として感性を磨いてきた。

そんな当たり前の風景が、萩原にも襲いかかっていた。それまで萩原と監督の関係は同等の立場であったのかもしれない。萩原の感性を生かし、監督も萩原をいじらず、萩原が感じるままに演じさせ、それが輝きとなって作品にもプラスされてきた。それだからこそ、萩原を下手に監督の観念や演出プランという枠にはめ込むことなどせず、むしろ、萩原という素晴らしい素材を自由に動かしながら、監督自身の中で感性の問答を繰り返し、ポイント、ポイントを押さえていく方法を選択してきたのだろう。清水なりに、映像における萩原の演技というものを理解していた。

しかし、大広間で、武田軍の連中五十人、侍大将八人がずっと胡坐をかいている中、黒澤監督から萩原への厳しいダメ出しが続いた。萩原にとって、今まで経験したことのないダメ出しであっただろう。

清水はその様子を見ながら思った。

〈武田勝頼は萩原さんにとってはまり役だ。黒澤監督の優しさが、そうさせているのだろう〉

結局、一度もキャメラが回ることなく十二時を過ぎ、休憩となった。

黒澤監督は言った。

「よし、一回、食事をはさもう」

が、その日、撮影が進むことはなかった。

「萩原さんが体調を崩されたため、本日のシーンは後日へ延期となりました」

そう連絡が入った。

ついに、ショーケンは肝臓病を悪化させ、長期入院をし、撮影から離脱する羽目となってしまった。

勝新太郎の降板に続く、中断である。

一カ月近い歳月のあと、ショーケンは退院した。

無事、撮影現場に戻ってきたショーケンの勝頼を迎えた時、感涙の思いだった。

が、しかし、黒澤監督の「厳しいダメ出しが、またショーケンに……」と武田重臣の俳優たちに、一抹の不安がよぎるなか、撮影がはじまった。

そして、ショーケンが演技を始めるや、なんと黒澤監督は何一つダメ出しをしないのだ。まるで、愛しい子供を見守るように、温和な笑みを浮かべたままショーケンの演技に「ＯＫ！」を出し続けていくのだ。ショーケンに、あえてダメ出しをせず、自由に演技をさせた方がいい……と、腹を括った監督としての懐の深さを痛感させられた思いだった。まさに、これが「世界の黒澤」の黒澤たる所以なのだ。

ショーケンは撮影後、黒澤監督に「もう一本やろう」と言われたが、さすがにその気にはなれなかったという。

『魔性の夏　四谷怪談より』で、再び小倉一郎と衝突

蜷川幸雄監督の『魔性の夏　四谷怪談より』は、昭和五十六年五月二十三日に公開された。お馴染みの『四谷怪談』もののお岩役の関根恵子によると、舞台演出家の蜷川が二度目のメガホンを取った作品だけあって、映画も舞台演出のような撮り方をした。

伊右衛門の悪党ぶりは、萩原にピッタリだった。蜷川は萩原の良さを理解し尊重している雰囲気が、お岩役の関根恵子にも伝わってきた。

〈蜷川監督は、七〇年代に一世を風靡したショーケンさんの持っている良さを、伊右衛門という役を通して描きたかったんだな……〉

蜷川が言っていた。

「人間には『男』と『女』と、そして『役者』という分類がある」

萩原はまさに、蜷川の言う役者であった。

関根演じるお岩もおどろおどろしい雰囲気がなく、蜷川は最初から「青春群像劇にしたい」と語っていた。情念の世界よりも、青春ドラマに近い作品を求めていた。

撮影前、スタッフ一同は、お岩にゆかりのある都内新宿区左門町にある於岩（おいわ）稲荷田宮神社と、日蓮宗の於岩稲荷・陽運寺の二カ所にお参りに行った。

お岩役の関根は朝にカツラをかぶり、伊右衛門の「乳の出る薬」と渡された薬のせいで崩れた容貌を特殊メイクを施された。するとなぜか、頭を針千本で刺されているような痛みが走る。カツラがきついのか原因も分からない。が、どんなに痛くても、撮影が終わるまで取ることが出来なかった。お岩さんの祟りだと思わずにいられないほどの痛みである。

〈これはお岩さんが「わたしの大変な思いを、あなたも味わいなさい」ということなんだろう。きっと、本当に辛い思いをしたのだろうな……〉

関根にとっては、撮影中の痛みばかりが記憶に残る作品となってしまった。

映画に怖さを求めていた観客にとっては、物足りなかったかも知れない。が、蜷川監督は最初から恐怖映画のような描き方をするつもりはなかったのであろう。

岡場所の主人の宅悦役の小倉一郎は、『股旅』以来の共演でショーケンとは八年ぶりであった。小倉には、まだその時ショーケンに深夜突然襲われたナマナマしさは消えていなかった。

小倉は、大船撮影所のメイク室でショーケンと顔を合わすや、啖呵を切った。

「おい、また喧嘩をしようぜ」

すると、ショーケンが意外な態度に出た。

「忘れたよ……」

それで、小倉は決めた。

〈奴がそう出るなら、おれもチャラにしよう……〉

小倉は、朝の九時スタートなので八時入りして、衣装を着てカツラもつけて化粧をしていた。

が、なんとショーケンは開始までに缶ビールを十本も飲んでいるではないか。

小倉は、さすがに止めた。

「やめなよ」

が、ショーケンは耳を貸そうとはしなかった。

「おれは、誰にも迷惑をかけてねぇ」

小倉はそれ以上は止めようとはしなかった。

〈まぁ、しょうがない〉

蜷川監督は、舞台でのリハーサルでの癖なのか、宅悦役の小倉には言いたいことをガンガン言う。

「小倉くん、へたっぴぃ！」

岩の妹のそで役の夏目雅子に対しても、容赦なかった。

「下手くそ！」

ところが、ショーケンには褒めまくる。

「ショーケンちゃん、とってもいい」

お岩役の関根恵子にも優しい。

蜷川監督は、小倉に青筋立てて怒った。

「小倉くん！　六十年代の芝居するんじゃないよ。八十年代の芝居しろよ！」

小倉は、蜷川監督に訊いた。

「蜷川監督、今、なんておっしゃいました？　八十年代の芝居しろっておっしゃいましたか」

「そうだよ」

小倉は言い返した。

「これ、江戸時代をやってるんです」

すると、ショーケンが感心した。

「うめえこと言うなあ」

田宮伊右衛門役のショーケンが、宅悦をけしかける。

「岩を犯せ。そうすれば、岩を不倫の罪で殺すことが出来る」

岩は、伊右衛門が乳の出る薬と偽ってお岩に与えた毒薬の効き目で額に大きな腫物が出来、血をしたたらせている。

岩を犯すことをけしかけられている宅悦は、岩のすさまじい形相に怖れをいだく。とうてい犯すことなど出来ない。逃げようとする。

ショーケンは、宅悦役の小倉の腕を強く引っ張り脅す。

「お岩を、犯すんだ。やらなければ、おまえを斬る！」

小倉はそれでも逃げようとする。ショーケンは小倉をつかまえ、睨みつける。

「お礼はする」

小倉は「カネはいらねぇ」と拒む。

ショーケンは逃げ回る小倉の腕をひっぱって、狂ったように柱にガンガンとぶつける。痛いのなんの。例によって演技を超えている。

小倉は、ショーケンに食ってかかった。

「おい、やめろよ！　演技妨害だぞ」

ショーケンはようやくおさまった。

『誘拐報道』ショーケンの狂気と小柳ルミ子の決断

伊藤俊也監督は、昭和四十七年、梶芽衣子主演の『女囚701号さそり』で暴行シーンが話題を呼んだ。伊藤は昭和五十六年に『誘拐報道』の原作に出会う。昭和五十五年に発生した宝塚市学童誘拐事件を描いた読売新聞大阪本社社会部編のドキュメント『誘拐報道』であった。

伊藤監督はピンと来た。

伊藤監督は「なんとしても映画化したい」と岡田茂東映社長に直談判して、製作OKをとった。

シナリオは、豊中市の私立学園一年生の三田村英之が、下校途中に誘拐された。県警本部の発表で、犯人が英之少年の父で小児科医の三田村昇に三千万円の身代金を要求していることが分かった。

武庫川の川原に三田村の妻、緋沙子が一人で来るようにとの電話があった。川原には英之の学帽とランドセルが置かれてあった。

同じ頃、日本海を見下す断崖の上から、犯人が布団袋に入れた子供を投げすてようとする。が、密漁者たちがいるために失敗。

気が弱いくせに見栄っぱりな犯人の数男は、娘の香織を私立学園に通わせていた。その香織と英之は同じクラスで仲良しだったのだ。

実家を出た数男は再び英之を殺そうとするが、袋の中から「オシッコ！」と訴える英之に小用をさせているうちに殺意はしぼんでいった。

風邪気味だった英之が悪寒を訴えた。このままでは英之が死んでしまう。

焦る数男は、最後の指示を三田村家に伝えた。箕面市のレストランだ。

三田村夫婦は警察に張り込まぬように哀願し、レストランの前で待った。しかし、数男は路上に張り込んだ刑事たちの姿を見つけた。万事休すだ。

子供が死んでしまう。もう身代金は取れない……。翌朝、路上に停車して呆然としている数男が逮捕された。トランクの中の英之は無事だった。

伊藤監督は、犯人の古屋数男役をショーケンに決めた。

伊藤監督は、日本映画監督協会会報「映画監督」平成三十一年五月号に寄稿した「名優黙示録・萩原健一篇　わがショーケンよ！」や、アクターズ・ヴィジョン株式会社の代表松枝佳紀氏が平成三十年十二月におこなった伊藤俊也監督へのインタビュー、河出書房新社の文藝別冊「萩原健一　傷だらけの天才」の春日太一編集の「証言から迫るショーケンの実像」でこの映画の取り組みを詳しく語っているが、それまでのショーケンの映画を見ていて、ショーケンが素敵な魅力ある俳優だということと同時に、わたしがやったらという欲が強くあったという。

ショーケンは、いつもオーバーアクションになったり、やり過ぎになったりしている。もちろんそういう部分にもいいところがある。が、しかし、そういう箇所でもう一つ歯止めを効かせていれば、さらに素晴らしい。

魅力のある俳優というだけでなくて、その魅力ある俳優を自分が御して、さらにかれのこれまでなかったものを引っ張り出してやろうという欲である。

これまでも優れた監督たちがショーケンを演出しているが、かれらに言わせれば片腹痛い話かもしれない。

だが、この企画は日本テレビと東映の共同製作を前提に、読売新聞社をも巻き込む一大プロジェクトであったから、ショーケンに付きまとう危うさが心配された。それは仕掛け人である伊藤監督自身にも及ぶものであった。しかし、ショーケンに執着していた伊藤監督は、「ええままよ」とスタートさせた。

それが伊藤監督が執着し、所属プロとの間で難航していたもう一人の配役、犯人の妻芳江役の小柳ルミ子の決定に弾みをつけたのだから、不思議な奇縁であったという。

小柳ルミ子は、昭和四十五年に宝塚音楽学校を首席で卒業。そのまま宝塚歌劇団に入団し、二カ月で退団した。

作曲家・平尾昌晃のプロデュースにより『わたしの城下町』で歌手デビューを果たし、一六〇万枚の大ヒットとなり、第十三回日本レコード大賞最優秀新人賞も獲得した。その後も『瀬戸の花嫁』が大ヒット。ただし、小柳は映画に出演したことはなかった。

伊藤監督は、犯人役のショーケンとの組み合わせで、直観で、最初から小柳ルミ子と思っていた。

伊藤は映画の人間だから、歌手の小柳が犯人の嫁役をやるというのは意外性がある。

小柳のオフィシャルブログによると、小柳は、渡された『誘拐報道』の分厚い台本を、一心不乱にむさぼるように一気にラストまで読んだ。

読み終えて、体が震えたという。

〈演りたい！　これで、わたしは変われる！〉

当時は、出す曲出す曲売れずマネージャーもディレクターもそして小柳も、もがき苦しんでいた。

〈何の変化もない水面に波紋を立たせるのは、自分で石を投じるしかない……〉

小柳は即動いた。

しかし、それからが大変だったという。マネージャーを説得し、渡辺プロの社長と喧嘩しながら、すでに入ってる何本もの仕事を延期やキャンセルした。さすがに、社内でも顰蹙（ひんしゅく）を買った。

「ルミ子のわがままには、参る」

しかし、小柳は強く直感していた。

〈これで、わたしは変われる〉

なおショーケンがこの作品に出るときには、当時同居していたいしだあゆみの母親にずいぶん反対されたという。

「うちの近所で起こった事件じゃありませんか。やめてください、あんな役」

誘拐犯を演じるに当たって、ショーケンは二カ月で十キロほど体重を落として撮影に臨んだ。

ノーメイクと減量、ガラスの神経

伊藤監督は、梶芽衣子主演の『女囚さそりシリーズ』を撮っていた。その縁から梶主演の昭和五十六年三月二日から三月二十七日までのNHK銀河テレビ小説『風の盆』を見ていて、その相手役の誘拐された子供の父親役に岡本富士太をキャスティングしたという。

岡本は、衣装合わせの時にまわりから聞いた。

「岡本さん、ショーケンが、ノーメイクでいきたいって言ってたよ」

主役がそう言っているのに、誘拐される側が化粧したいとは言えない。さらに、ショーケンが犯人の雰囲気を出すために、十キロも痩せるという話が入ってきた。岡本は自分も痩せることにした。痩せるには、一番は食べないことである。岡本は食事を減らして痩せることに努めた。

岡本が控え室にいると、トントンとドアが叩かれた。衣装係か誰かが来たのかなと思って、「はーいどうぞ」と返事をした。ドアが開き、なんとショーケンが入って来たではないか。

〈なんだ。おれに挨拶に来たのか〉

驚いたのは、ショーケンがなんとも柔和な顔なのだ。

岡本は応じた。

「どうもすいませんね、わざわざ主役が……」

ショーケンが言った。

「何を言ってんだよ、おかもっちゃん」

もっと年上の井上梅次監督や渡辺祐介監督、深作欣二監督、佐藤純彌監督などは「富士太」と呼ぶ。スタッフや身近な監督は「おかもっちゃん」と呼ぶ。そういう呼び方について誰かから聞いたんだなと思った。岡本は、ショーケンに言った。

「ノーメイクでやってるらしいですね。おれもメイクはなしで、げそっと痩せるみたいな感じでやります」

ショーケンは、作品について触れた。

「おれ、誘拐する犯人も、誘拐される側も、等身大だと思うんだよ。だから、おたがいが立場をひっくり返してもおかしくないと思うんだ」

岡本は思った。

〈ショーケンは、原作を相当深く読み込んできているな……〉

それだからこの作品の意味がある。ショーケン、いいところ見るなあ、と思った。

岡本は、呼びに来たから着替えてショーケンに「行くよ」と言った。

すると、ショーケンも「おれも行くよ」とついてくる。

「何よ、今日は出番はないはずだが」

「おれは、結構見に来ているんだよ」

ショーケンは、自分の出番がない時でも、暇な時は現場に撮影を見に来ていたのだ。

それで岡本は、もう一回考えた。

〈あ、こいつは今までのショーケンとは違う。賞を狙っているな〉

そんな失礼なことはショーケンにあえて訊くことはしないが、そうに違いないと思った。

犯人の古屋数男役のショーケンの初登場は、古屋の故郷の丹後の日本海の海岸にある電話ボックスでショーケンが子どもを誘拐している家族に電話をかける場面である。これは初雪に轍(わだち)を残したかったので、伊藤監督はぶっつけ本番で撮った。

新雪が降るのを待って何日か前から駐車場に電話ボックスを置いておく。車で来て、降りて電話ボックスへ。ショーケンが電話ボックスへ入る。そのときのショーケンの立ち姿、それからハッと立ち止まって一瞬の間をもって電話ボックスのドアのノブを持つ。そういうところは細かく指示しているわけでもないのに見事に画になった。ある種のミュージシャン的な感覚でもあると思うのだけど、やっぱり良かったなと思っている。

姫田真佐久キャメラマンは、車が入ってくるところを向こうから望遠で狙っている。ショーケンが車で入って、止まって、降りて、電話ボックスに入る。そこで、身代金がどうのって電話をする。それをワンカットで、引いてたのを段々寄ってくる。リハーサルすると、どうしても新雪に車の轍が付いてしまうから、一発でやらないといけない。ショーケンも、さすがにこれはビビったという。

誘拐して身代金を要求するところだから、長いシーンだ。

姫田がショーケンに言う。

「キャメラが寄ってるから、犯人がかける電話番号が映る」

ショーケンには、キャメラがどこに寄っていて、どこだと隠れるかわからない。だから電話番号を覚えなきゃいけない。大阪の話で、頭が06だ。

姫田が言った。

「合図は、海の大きな波だ。このシーンを、監督へのプレゼントにするぞ！」

現場ではこういうノリが命なのだ。その躍動するエネルギーは、確実に映像に表れる。現場がある次元に達すると、記録や勝敗ではなく、俳優、スタッフ、技術陣みんなでいいものを作り上げていく「運命共同体」になる。それが現場に宿る映画の命であり魂だ。

こうしたやりとりは、バンドの演奏で生まれてくるノリ、うねり、グルーブ感に近い。共同作業でこそ増幅し、加速していくエネルギーだ。姫田は、この『誘拐報道』で日本アカデミー賞の最優秀撮影賞を受賞する。

伊藤監督とショーケンとの最初の斬り合いは、演技以外の局面、カメラの外側で意外な形でやってきた。ショーケンが芝居のきっかけを出していたチーフ助監督を撮影現場の輪の中から外の方へ連れ出したのを見た。伊藤監督は直感的に察知した。

〈難癖をつける気だな〉

伊藤監督は、すぐそこに駆け寄って、ショーケンに迫った。それはかれにとって予想外の反撃であったのか、おとなしく自らをおさめた。これは一種のけじめであったかもしれない。

その後、諍(いさか)いは一切起きなかった。ショーケンとは仲良しの姫田真佐久キャメラマンがいてくれたのも大きかったのかもしれない。

ミュージシャンの内田裕也なんかもそうだが、現場で嫌われるタイプだ。あるキャラクターに目をつけて、そこをちょっと攻撃するというか、そうやって自分を権威づけて、ちょっとややこしい奴だと思わせる。個性派の俳優に限ってそういうパフォーマンスをすることがある。

監督の中にもわりとある。俳優をいじめ倒す、そうやって現場を支配するというわけではないが、自分流の空気を作ろうとする人もいないわけではない。俳優は現場へ行けば監督とかスタッフに仕切られる。そういう被害者意識をもっている。だからいい役者になればなるほど、どこかで鬱憤を晴らしたいみたいなところがないわけではない。それでそういう感じになる。

伊藤監督もそういうショーケンを最初に叩いておいた方がいいなというのをちょっと意識しすぎていたという。そのくらい、ショーケンは非常にガラスの神経の持ち主で、傍にそういうのを包むような優しい女が誰かいてくれればいいなと思ったという。

「当時ショーケンと同居していたいしだあゆみさんがいてくれた。宝塚沿線で撮影していて、彼女はもともと宝塚線の池田の出身で、その近くでロケーションしたときなんかは実に甲斐甲斐しくスタッフなんかにもケアしてくれた」

秋吉久美子が震え上がった

小柳ルミ子の撮影初日は宝塚市内であった。前日入りした小柳は、伊藤監督とショーケンと食事をした。

「初めまして。わたし、映画は初めてなのでご迷惑をおかけするかも知れませんが、頑張りますので宜しくお願いします！」

ショーケンは、少年のような屈託のない笑顔で優しく迎えた。

「ルミ子ちゃん！　監督がルミ子ちゃんじゃなきゃ降りるって言うんで、参ったよ！　受けてくれて、ありがとう！」

伊藤監督は、いきなり切り出した。

「物理的な理由で、ラストシーンから撮るから」

犯人である夫が捕まり、妻の芳江が娘と夜逃げするシーンであった。

小柳は前の日は台本を最初から何度も読んで、一睡も出来なかった。

ショーケンが気遣った。

「監督、それは酷だよ！　始めてのルミ子ちゃんに、ラストシーンから撮るってのは！　何とかしてやってよ！」

小柳は意外だった。

〈優しい方だ！〉

ショーケンに会うまで、てっきり怖い方だと思っていた。「大変だよ」とも聞かされていた。

ショーケンは、岡本と夜飲んだ時、伊藤監督への不満を口にしたことがあった。

「おれより、小柳の女房の方に力点がいきすぎているな」

岡本は言った。

「しょうがねぇよ。これはテーマが家庭だぜ。おまえ、なんで誘拐したんだ。女房のためでもあるだろう。その裏側を描かなければ、しょうがないじゃないか」

誘拐された子どもの三田村英之の両親である三田村昇と妻緋沙子が、ショーケン演じる犯人の電話を待ち続けているシーンの撮影がおこなわれていた。その現場に突然、出番のないショーケンが現れたのである。

ショーケンは、母親の緋沙子役の秋吉久美子を見るや、怒鳴りつけた。

「てめぇ！　馬鹿野郎！　子供が誘拐されている母親がよォ、誘拐されて三日も経っているのに、口紅引いてよォ、マスカラつけて出てくる親が、どこにいるんだよォ」

そばには、父親役の岡本富士太だけでなく、下っ端の刑事役がいる。その場の雰囲気がサッと変わった。その刑事役の人たちもシラーとしている。

ショーケンは、この映画に二カ月で十キロも体重を落としてのぞんでいる。リアリズムからいっても、あきらかにショーケンの言うことが正しい。

しかし、なかには早く撮影を終えて、テレビ局の別の番組に急がなければいけない出演者もいる。

犯人役のショーケンが、秋吉に電話を入れる声での出番もある。

「早く、電話をかけるシーンに移ってくれよ」

そういう声が飛ぶと、ショーケンはさらに怒り狂った。

「おれは、そのために来たんだ！　それなのに、なんだ馬鹿野郎！」

さらに秋吉に食ってかかる。

しかし、ショーケンはやはり主役である。誰もショーケンを制しようとはしない。監督もキャメラマンも、そういうところは狡く、間に入ろうとはしない。険悪な空気はなかなか収まらなかった。

凄まじい狂気の演技

ショーケンが誘拐した和田求由演じる少年三田村英之を車のトランクに閉じ込めているが、その子がトランクから逃げ出す。海の家の跡に逃げこむ。ショーケンが、慌ててその子を追っていく。

その少年の父親役の岡本富士太は、撮影状態確認のための音声の入っていない未編集の試写である、いわゆるラッシュを見た。なんと、ショーケンは、子供を本気で蹴っ飛ばしているではないか。子供の顔が、恐怖に引きつっている。ショーケンは、下手をしたらぶん殴るくらいの凄まじい顔をしている。

ラッシュが終わり、岡本もショーケンも席を立った。その時、ショーケンがボソッと口にした。

「もっと、やりゃあ良かったなぁ」

演技でやるとかでなく、内側からのエネルギーをもっと爆発させればよかったと言っているのだ。

岡本はあらためて思った。

〈こいつ、真剣に、絶対に賞を獲ってみせると思っているな〉

犯人が三田村英之少年を殺そうと雪の浜辺に連れ出したら、少年がオシッコを催したために殺せなくなったシーン。犯人にとっての躓きの石になるオシッコ。つまり、少年を徹頭徹尾「モノ」として扱う以外にかれが犯罪者として生きる道はなかったが、結局、あそこでオシッコさせてしまったことで「モノ」として扱えなくなってしまう。それは最初から伊藤監督の構想にあった。

ショーケンは、自著『ショーケン』で語っている。

《ぼくがズダ袋に入れた男の子を抱え、墓地を歩いていたら、袋の中から声がする。

「おしっこ」

このあたりでカットの声がかかるはずなのに、伊藤監督さんは何も言わない。ぼくは仕方なく演技を続けた。男の子を袋から出し、半ズボンを降ろして、オチンチンを引っ張り出す。

「シーシー、シーシー」

やっとおしっこが出て、妙にホッとさせるシーンになる。おれは誘拐犯なのに。

実は、それが伊藤さんの狙いだった。子供の生命力を表現するために、あえてぼくを放置して、シナリオにはない場面を演じさせたのだった》

伊藤監督のイメージとしては、オシッコをさせると雪の中に黄色い穴が出来てくる。伊藤監督も福井市の雪国の育ちだから自分の経験としてもある。オシッコをさせたら熱い小水が雪にずっと穴を開けていく、これをアップで撮ろうと思っていた。完成台本にも書いてあるし、もちろんそこは細かく書いてある。ところが、そのシーンになって、ショーケンが布団袋ごと少年を立たせ、布団袋をこじ開け、さらにはズボンのチャックも開けて手に取ってさせた。これは男なら皆そうだが、我慢してるとけっこう出ない。

そのときも、やっぱりそう我慢させていたからなかなか出ない。溜まってるはずなのに。ショーケンが少年に向かって「シーシー」とちょっと体をさする。そうしたらバーと出た。それを中間距離からキャメラを回していた。伊藤監督は、キャメラのすぐ傍にいて黄色いのが飛ぶのがわかった。

〈ああ、出た出た！〉

そう思って、伊藤監督としては、出たらオシッコの黄色い穴をアップで撮るつもりでいた。

ところが、オシッコが終わったら、ショーケンが今度はなんとなく少年の体を慈しむようにさすりはじめるではないか。それはもう伊藤監督の思っていたツボにまさに入ったというか。オシッコをさせてしまったら犯罪者としてはもうだめなんだという感じ。

そのさすり方が、きわめて人間的というか、伊藤監督が全然「カット」とか声をかけないものだから、ショーケンもちょっと後ろ向きに転んだりして、そして膝をついて少年をヒュッと持ち上げる。

伊藤監督は、その後、ショーケンはどうするかなと思って見続けていた。が、ショーケンは、少年にはまだ声をかけない。犯人がようやく犯罪者に戻って、周りを「見られてないな」という感じでふっと見渡した。そこで初めてカットをかけた。

伊藤監督にとって、そのとき最初の台本作りのときにイメージしていたものが吹っ飛んでいた。〈ショーケン、よくやってくれたな。やっぱりショーケンだな。あの表情っていうのはよかったな〉

伊藤監督によると、そういうところがずいぶんあったという。それが一切余分なものにならない。

ショーケンがようやく田舎へ帰ってきておふくろに食事を出された場面でも、長回しにすることによってだんだんほぐれてくる犯罪者像というか、かれの地が出てくる。それを放っておくと、また度を越してしまう。度を越さないギリギリのところで止めた。

それは伊藤監督が最初から本当に強く意識していただけに、そういう抑制はある程度とれたんじゃないかという。

いっぽう伊藤監督がショーケンを抑制するためにカットをかけて止めるところもあった。場面によっては事細かい話までしていた。「ここではやり過ぎてもいいんだ」というふうにして伊藤監督が手綱を緩めているところもある。例えば、犯人に車のトランクに閉じ込めている少年が、寒さで死にそうになる。犯人は、真夜中こっそりと、自分の家に帰る。娘の水筒に湯を詰めて車にもどろうとする。それを娘が見ていて、母親の小柳ルミ子に知らせる。

小柳は急いでショーケンの後を追う。近くの墓場で「あんたぁ」と夫を呼びつづける。

ショーケンはその声を聞きながら泣き出す。そのシーンなんかは「これくらいは手綱を緩めてもいいかな」というところがあった。伊藤監督も見守って、もうちょっとショーケンを抑えさせたほうがいいのか、そこまでやらせたほうがいいのか、それはもう伊藤監督のサジ加減であった。

小柳がショーケンを墓地まで追いかけて「あんたーっ！」と絶叫するシーンは、四十テイクは重ねたという。ほとんどがノーメイクで、ゴム合羽に身を包んだ渾身の演技であった。

伊藤監督によると、ショーケンのような個性の強い俳優とは最初あまりスムーズにいかなかったりすることも多いが、ショーケンの場合は低姿勢で衣装合わせもスムーズに進んだという。

伊藤監督が見込んだ通り、小柳は、ほとんど芸の虫と言っていいような、実に生真面目であった。クランクインするときには現場に台本を持ってくる必要もないぐらいにセリフもしっかり入っていた。プランも持っている。ところが、映画はそれだけではだめだった。かたや相手は、ショーケンなわけである。ショーケンは、いわゆる一種の天才といっても良いと伊藤監督は思っていた。

ショーケンは、小柳とは対照的にセリフがちゃんと入っているのかなと心配になるような感じで登場する。芝居もその時々で、決めてこない。いや、決めているのかもしれないが、決めているようには見えないし、見せないようにしている。そんな対照的な小柳とショーケンがぶつかって、なにかが生まれるわけであった。

撮影もいよいよ佳境に入り、犯人の住まいのセットに入ることになった。このところ、犯人は家を留守にしていて何日も帰っていなかった。その間、日常に暗い影が差すのを妻は感じていたが、まさか誘拐という大それたことをやらかしていようとは妻は想像すら出来なかった。そこへ、夫が帰ってきた。

しかも、娘が「お父ちゃんとならお風呂に入る」と成り行きから夫は一人娘を風呂に入れることになる。その娘と誘拐した医者の息子とが小学一年の同級生であるとは、当の夫は知らなかった。

風呂から二人が上がってきた、その後の長いワンカットが、結果的には、伊藤監督とショーケンとのいわゆる巌流島になったという。妻の小柳ルミ子はキャメラ前で夕飯の支度をしている。手元は写していないが、せわしなく動き、湯気も立ち昇る。娘を二階へ追いやったショーケンは、近寄ってきて背後から小柳の胸に触れる。小柳の方から、ショーケンの唇を求める。

ショーケンがつけ込もうとすると、小柳は、それを遮って溜まりに溜まった欝憤を吐き散らす。

ショーケンは、それに対抗してうそぶく。

「まもなく知り合いから三千万円もの大金を借りられることになった」

だが、そのくせ、海浜で一度誘拐した少年に逃げられた折、財布を落としていたショーケンは

「一万円貸してくれ」と言う。

その一言は、小柳を狂乱させる。

「三千万円手に入る男が、どうして、一万円貸してくれないかというの」

そして、最後には、娘から仲良しの英ちゃんが今日も学校を休んだことを聞く羽目になる。

製作部は、この台本の数頁にも及ぶシーンに三日分を当て込んでいた。伊藤監督は最初から、長回しをするつもりで、一気に片を付ける気でいた。このダイニングキッチンの脇にある小部屋で、照明や移動車の準備の間、ショーケンと小柳に細かい指示を与えていた。

二人とも、娘がいなかったらこのままセックスに及びたい。そういう感覚だけは持ちながら、結局そこまでいかない。いかないこととその苛立たしさみたいなのをショーケンは「千円貸してくれ」で爆発させる。

いっぽう小柳にとって、攻撃に向かわないで、女の激しい自虐性というのか。小柳がタンスに頭をガンガンとぶつける。ああいうときに男が妻を抱え込んで押さえようとするとか、伊藤監督は実は、細かく口で指示した。口で言っているけど、それがどこまでやってくれるかというのは……。逆に言うとわりと小柳は伊藤監督が言ったようにきっちりやってくれた。

いっぽうショーケンはわりとそれに伴って自分なりの芝居をすればいいという感じで、だからそれはそれでうまくいったと思う。あのシーンで片方が優等生でなかったら、わからなくなったが、小柳の場合は、逆に優等生になり過ぎないようにした。彼女は宝塚でも成績が良かった。本当に優等生であった。

ショーケンは、自著『ショーケン』で、この場面での演技について語っている。

《監督の伊藤俊也さんが言うには、

「あなたは、何度もテストをするとよくないようだね」

ぼくには、最初からレッドゾーンに入れるクセがついていたのです。

それまでは、テストでは抑えておき、徐々に上げていきながら、本番で初めてトップに入れていた。『影武者』では、このやり方が黒澤さんの怒りを買いました。

「いい加減にしてくれ！　どこからが本気の芝居なんだ。最初から思いっ切りやれ。そうでないと、注意出来ないじゃないか！」

『誘拐報道』で同じようにやると、周りの俳優より〝やり過ぎ〟てしまうらしい。そうかといって、「そこをもうちょっと抑えて……」その通りにすると、今度は本番の出来映えが小ぢんまりしてしまう。だから、あの映画は一発が多かった》

が、やっぱり小柳もそのときだからこその反応もある。テストをやって本番でカメラを回してもああはいかないと伊藤監督は思う。

　ショーケンが小柳の背後からふわっと触ってきたときの何ともいわく言いがたい溜息のような雰囲気。明らかにキャメラの回っているという自覚の中での二度目の撮影だとあの手の感じは出なかった。

〈二度同じ橋は渡れない〉

　伊藤監督は、つくづくそう思ったという。結局、本番前のシーンを使った。彼女がその年の日本アカデミー賞最優秀助演女優賞に輝いたのも、このシーン抜きにはあり得なかったかもしれない。

その刮目すべきアドリブ

　犯人は、少年の両親に最後の電話を入れる。電話ボックスで十円玉を入れながら狂ったように吠える。

「ガキを殺したのはな、われが警察にたれこんだからや！」

両親は、子供が殺されたのか、と顔を引きつかせる。

ショーケンは、自分の髪をかきむしりながら、電話ボックスの天井に向けて呼ぶ。

「子供に、もてあましとんのや！　あつかいに困っとんのや！」

少年の父親が驚く。

「英之、生きとるんですね」

母親も電話に口をつけるようにして聞く。

「無事なんですね」

ショーケンは、狂ったように叫びつづける。

「ええか、今度が、本当に、ほんまに、最後やど！　最後の取引や！　わかったか」

少年の母親が犯人に頼みこむ。

「子供の声、聞かせて下さい。その方が安心出来ますから、子供、ちゃんと食べてますか」

犯人は、電話ボックスの窓をかきむしりながら言う。

「十円玉、十円玉があらへんのや。ゴタゴタ言うとる暇がない。最後の取引や」

少年の父親が言う。

「警察は絶対に近寄らせませんから」

少年の母親も言う。

「お金は、子供と引き換えやないといや！」

少年の父親が聞く。

「ですから、お金は、どこに何時に行ったらいいんですか」

ショーケンが狂ったような眼で叫ぶ。

「時計が、時計があらへん！」

最後の十円玉を握って言う。

「十円玉も、十円玉も……」

少年の父親が聞く。

「場所は、場所は……」

「東の販売店」

犯人役のショーケンは、電話ボックスの窓を狂ったように叩きながら、叫ぶ。

「十円玉が、十円玉が、無くなるんだよォ！」

岡本によると、そのシーンもショーケンのアドリブだというが、ショーケンならではの鬼気迫り方だったという。

ショーケンの刮目(かつもく)すべき演技、伊藤監督の演出プランすら変えさせた「危うい」「ひらめきとしか思えぬ」演技の数々。

伊藤監督にとって、今もって悔しいのは、その年の日本アカデミー賞最優秀という名の主演男優賞をショーケンに取らせてやることが出来なかったことだ。この年、主題歌と共に一種のブームになった風間杜夫、松坂慶子、平田満共演の松竹映画『蒲田行進曲』勢にもっていかれてしまったのだ。

「トップを走りたい。二位じゃ意味はないんだ」


岡本富士太は、『誘拐報道』の撮影中、夜、ショーケンと何度か飲みに行った。

ショーケンは言った。

「おれは旗を持ってトップを走りたいんだよ。二位じゃ、意味はないんだよ」

「風あたり強いだろう。おれだったら嫌だなあ」

ショーケンは、勢い込んで言い切った。

「向かい風もありゃあ、横風もあるが、追い風もあるんだ。そんなこと気にしていたら、何も出来ない。向かい風も、むしろそれが快感だろう。カタルシスだろう。世間の評価なんかを気にしていたら、何も出来ない。世間の評判とか批判とかは、自分がやろうとしていることと関係ない。世間の評判なんて変わるもんさ」

ショーケンは、自分がミュージシャンをしていた時代のファンの気持ちが移り気だとわかっているわけである。ショーケンは、さらにボソッと言った。

「青年は荒野を目指すさ」

『青年は荒野を目指す』は、昭和四十七年に五木寛之が上梓し、当時若い男性に人気のあった二十歳の若者のヨーロッパでのジャズ音楽と女と酒の自分発見の旅を綴った小説である。

ショーケンは、茫漠たる荒野だが、走って行った先に自分のスタイルみたいなものを、誰も今までやらなかったようなものをやりたいという気持ちを表したかったのであろう。

岡本は思った。〈カッコ良すぎるよ〉

岡本はショーケンに言った。

「『野盗、風の中を走る』って小説もある」

作家真山美保の時代小説で、稲垣浩監督により映画化もされている。

「その小説は、『青年は荒野を目指す』みたいなカッコいいものじゃなくて、あんたは野良犬だよ。どこいくかわからない暗闇のなかを走っているんだよ」

ショーケンは、「何を言ってるんだ。こいつ」みたいな顔をしたあと、言った。

「それもかっこいいなあ」

岡本は酒が入り、ショーケンに言った。

「だからよお、そんなもんだよ。いい匂いがすると、女の匂いとか酒の匂いがすると、そっちに行くんだよ。寒い暗闇のなかをとにかくさまよいながら進んでいくんだよ」

岡本は、自分も含めてのことを言っているわけで、おれだってそういうもんだよ、という意味で言ったのである。

志を貫くためには、答えはないけれど、岡本富士太は、当時、仲代達矢がいい仕事をやっているなと思っていたから、撮影を終えたあと、ショーケンと飲みながら言った。

「仲代さんは、いい仕事をやっているね」

しかし、ショーケンは、黒澤明監督の『影武者』で仲代と共演したものの良い印象を持っていないようだった。

「おれは、型にはまったとか、そういうところを目指すつもりはない」

岡本は思った。

〈我々は新劇だ。良いか悪いかは別として、演技の何かみたいなことを学んできている。ショーケンには、少しはやったと思うが、それがない〉

ショーケンは、若いころはグループサウンズをやっていて、その世界ではトップであった。それが下火になって、テレビドラマの世界に飛び込み、『太陽にほえろ！』で一躍人気を得た。かれはわがまま放題でやってきた。音楽では、大野克夫さんを連れてきた。日本テレビとしてはショーケンが欲しかった。ショーケンはそこではトップだった。

続いて『傷だらけの天使』だ。ショーケンの好みで、深作欣二監督とか工藤栄一監督とか神代辰巳監督とか恩地日出夫監督とか、気鋭の監督たちと組んだ。

やっぱりそこで、若者に強く支持された。今までの演技の概念をぶっ飛ばすような芝居だ。

「ここは違うよ、そういうセリフ回しじゃない」

形式を教わってきた連中が絶対に出来ない芝居なのだ。監督も、今までの映画概念、テレビ概念みたいなものを吹っ飛ばしてやろうと意気込んでいた。

客がお茶の間だろうとなんだろうと関係ない、撮りたいものを撮ってやろうという監督ばかりだった。

それが見ていて面白かった。

キャメラマンも、木村大作が撮っていた。ショーケンは、そこでトップを張っていた。

今度は、演技でもトップで、作品としてもトップで、誰も見たことのないようなことをやりたい。それを見せてやるという気概があったのだろう。音楽でいうとクラシックであったり、演歌に対して、おれはロックだっていう感覚で、演技もロックだっていう発想なんだと思う。

岡本がショーケンと飲んで話していて、ショーケンは時にはにかんだような笑顔をする。

〈あれって思ったりすることもある。ちょっと間違えると、下手な方にいっちゃうこともあり怖いから、全面的に気を許せないところもあった〉

当時『岡っ引きどぶ』のどぶ役に出演していた田中邦衛も交えて、三人で飲んだこともある。

ショーケンが、田中と岡本に言う。

「あんたらは、新劇だからな」

田中が、トレードマークであるかのように口を尖らせる。

「なんだよ、そんなことに、こだわってるのか」

ショーケンがさらに言う。

「新劇なんて、しょうがねえよ」

田中がムキになる。

「冗談じゃねえよ、バカ野郎。なんだよ。ショーケン」

ショーケンはショーケンで、田中の真似をするように口を歪めて、からかう。

「あんたの芝居、とても新劇の芝居とは思えねえよ」

田中は、いっそうムキになる。

「バカ野郎、大きなお世話だよ」

「だってよぉ。新劇は忙しい時も、怒った時も、絶対にどもったり、呂律がまわらなくなったりしないじゃん。あんなことは、絶対ねえよ。おれは、そういうこと平気でやるぜ」

たしかにショーケンは、演技でどもったり、呂律がまわらなくなったりしている。さすがに、そのようなことを新劇は絶対やらない。

例えば、舞台でそれをやったら注意される。下品だから、聞きづらいとか、いろんなことを言われる。

ショーケンは、上手い役者になろうとしてはいなかった。今を生きている人間を演じようとしていた。「うまいなあ」と言われたいわけではない。「カッコ良かったなあ。魅力があるなあ」と言われたいのである。

ショーケンには、従来の「良い演技だった」「うまかった」が誉め言葉にならないわけだ。「凄い怖かった」、「危険な香りがした」などの言葉が言われたいわけである。

岡本は、ショーケンに言った。

「おれなんて主役をやったこともあるけど、ほとんどは脇が多いだろう。なんでもおれはやるからさ」

すると、ショーケンが言った。

「あんたは別だよ」

岡本は思った。

〈この野郎、なんでおれは別なんだよ。おれだって役者じゃないか〉

ショーケンは思ったところをすぐに口に出してしまう。ただし、それは誰に対してもそうだから、岡本は許せた。ショーケンは裏表がないから、その部分に好感を抱いていたという。

ショーケンはそういう面では、岡本より年齢は四歳下だが、可愛いところがある。

そういうのはお互いわかる。

特に役者だから、居ても嫌じゃないし、興味があるからこっちも話を色々と聞く。くだらないことも聞いたという。

ショーケンは、岡本に舞台をなぜやらないのかについても語った。

「同じ時間に同じセリフで、同じ演技なんて出来ないよ。毎日同じことやるんだろう。前日と同じ夕方の六時に『あ』って同じセリフを言うんだぞ。そんなことがありっこないだろう。間違っちゃいけないいんだろう」

「だから、稽古をやるんだ」

「つまらなくねえか。ずっとその繰り返しで、それで上手いとか下手とか言われたりするのか」

つまり新鮮じゃないと嫌だと言う。

岡本は反論した。

「演技とか舞台とかは、新鮮な気持ちでやるんだ。それを維持するのが役者の力だ」

岡本はさらに言った。

「歌を歌っていたって、同じことを歌うだろう」

「バカ野郎、毎日違うよ。気持ちが違う。コンサートやったって、曲の順番が違う。そこはジュリー（沢田研二）と違いますから」

「だけれどさ、曲目は決まっているだろう。五線譜だって、ちゃんと従わないとダメだろう」

ショーケンは、常に自分を新鮮な立場に置いて、客なりブラウン管の向こう側を刺激していくことが好きなのであろう。

第四章　一人ぼっち

普通の男性を演じるショーケンの評価

昭和五十七年（一九八二）十月十五日から十二月二十四日まで全十一回フジテレビの『金曜劇場』で倉本聰脚本の『君は海を見たか』が放送された。

ショーケン演じる一流企業のエリートサラリーマン・増子一郎は早くに妻を亡くし、一人息子の九歳の正一、伊藤蘭演じる妹の弓子と暮らしている。正一の世話は妹に任せきりで、家庭など顧みない仕事人間の一郎だったが、正一がウィルムス腫瘍で余命三カ月と医師に告げられてしまう。息子の病気をきっかけに、一郎は父と子のふれあいを取り戻そうとする。

この増子一郎は、三十六歳という設定。ショーケンはこの時三十歳であった。ショーケンにとっては、父親役を演じるのは早過ぎるとも言えた。

ショーケンは、倉本に訊いた。

「早いですかね、先生」

「ううん、まぁ、やってみてよ」

ショーケンは思った。

〈おれが早めに離婚したり、子供と別れたりしているからかもしれないな〉

ショーケンは腹を決めた。

〈これは、テレビを使ったおれの懺悔（ざんげ）とするか……〉

関根恵子は、『太陽にほえろ！』『傷だらけの天使』『魔性の夏 四谷怪談より』に続き、萩原健一と四度目の共演である。関根はこのドラマに出演中に映画監督の高橋伴明と結婚し、役者名を第四話から高橋恵子に改めた節目の年でもあった。

高橋は日本航空の客室乗務員本宮佳子役。一郎の婚約者だが、かっての恋人加瀬乙彦に未練がある。結局、一郎とは結ばれない。

撮影前、スタッフと俳優たちは、北海道富良野に住む倉本聰の富良野塾に一週間ほど合宿することになった。役者たちは、倉本に命じられた。

「それぞれ自分が演じる役の履歴書を書いてほしい。家族構成や出身学校などを自分で想像して考えて、脚本に載っていない部分を埋めてみなさい」

役者が思い思いに書いたものを倉本が見て、品評してくれた。

萩原にとって、まともなサラリーマン役はほぼ初めてだった。そのせいだろう。後に倉本は、萩原の書いた履歴書を見て「ショーケンはあまり優等生ではなかった」と言っていたという。また、萩原はそのようなところで能力を発揮する役者でもなかった。

このドラマでショーケンと初めて共演する柴俊夫は、昭和五十二年の『さわやかな男』、昭和五十六年の『いのち燃ゆ』などのテレビドラマで主演を務め、鋭い眼光とは裏腹に実直な好青年という役どころで注目を集める。

柴はこのドラマでは立石俊彦役であった。増子一郎の親友の建築設計士。一郎の新築する家を設計した。不治の病に罹った正一を心配し、一郎に親子としてのあり方を直言したり、一郎と一緒に暮している妹の弓子を励ましたりする。

柴にとって私生活的には急性肝炎が治ったばかりだった時期の出演である。

ドラマのクランクインに当たり、柴も、北海道・富良野塾で合宿した。合宿中は毎朝、ランニングが課されていた。だが、絶対に出てこないメンバーが一人いた。萩原である。初日、申し訳程度に顔を出して以来、二度と走ることはなかった。

「だって、疲れるんだもん」

それはそうだろう。言い切ってしまうところがすごい。並みの役者なら、倉本に叱りつけられるところだ。

合宿のメインは芝居の稽古。中でも「シチュエーションづくり」に力を入れた。メンバー全員が集まり、それぞれの登場人物にどういう過去があるのかをすべて書き出していく。このときの萩原の態度にも柴は驚かされた。倉本やスタッフと話しているとき、出演者は「そうですか」と敬語で応答する。緊張はしないまでも、丁重な態度は崩さない。だが、萩原はカジュアルだった。倉本にさえ、「ああ、そう」と言ってしまう。「何でこんなことやんなきゃいけないんだ」とでも言いたげな雰囲気を漂わせていた。

このドラマでディレクターを務めたのが杉田成道。倉本と組んだ『北の国から』シリーズで知られる名演出家である。合宿の時点から萩原とは衝突寸前だった。

合宿中、萩原の取り組みを見ながら、柴は感じていた。

〈ショーケンの中で役のピースはもうすでに全部埋まっているんじゃないか。稽古なんかやらなくても、自分の中で出来上がっている〉

合宿を通して、萩原は他の出演者を見ていた。

〈どんな芝居をするんだろう？〉

そんな思いで観察していたのではないか。

倉本聰作品のセリフは一字一句違えてはいけない。これが不文律である。稽古は入念に行った。

柴は三十歳のとき、倉本が脚本を担当した『浮浪雲』に出演している。

〈大丈夫なのかな、ショーケン？〉

そんな思いで萩原の行動を見守っていた。萩原もそれを察してか、「ちょっと柴さん、柴さん」と意見を求めてくることがあった。

撮影で、萩原と婚約者役の高橋惠子が車中で二人話すシーンがあった。萩原はサラリーマン、高橋は古風な女という設定で、毒気のない会話である。二人とも『太陽にほえろ！』で共演した十年前はずいぶん尖っていたのに、ずいぶん変わった。プライベートでも二人とも結婚し、萩原は女の子の父親になっていた。

それでも何だか普通の会話を交わすことが不思議に思え、お互いに笑い合った。

「こんな普通の会話を二人でやるなんて、何かおかしいねえ」

萩原は、自分自身を抑えて普通の男性をしっかり演じていた。高橋は、萩原の演技を見てすごい、と驚いた。

〈こういう役も出来るのね〉

倉本は評価する。

「当時、ショーケンは、三十歳で父親役は若すぎるかなと思ったが、いい雰囲気を出して演じきった」

合宿には、萩原演じる増子一郎の妹役の伊藤蘭も参加していた。実は高橋惠子は、この時妊娠三カ月だった。高橋は合宿で、そのことを監督よりも早く伊藤に打ち明けた。周囲に心配をかけたくなかったので、それ以外の人には妊娠したことを黙っていた。

なお、高橋惠子は、妊娠五カ月に入った頃に女優業を一時休止することにした。その後、二年間は出産、子育てに集中することにした。

高橋惠子は萩原と一緒に仕事をしていたが、薬をやっていることなどまったく分からなかったという。

エロスの世界にハマる

演出家の蜷川幸雄を叔父に持つ蜷川有紀は、昭和五十七年の冬、マネージャーから一冊の台本を手渡された。当時、蜷川は渡辺プロダクションに所属していた。荒井晴彦が執筆したホンの表紙には『もどり川心中』と仮題が印刷されていた。

蜷川有紀の役は、萩原健一演じる大正時代の歌人苑田岳葉の歌のファンで手紙を出し続けている第五銀行頭取の令嬢の桂木文緒役であった。

「来週から撮影だから」

マネージャーは事務的にそう告げた。何が何だかわからないうちに東宝砧撮影所へと連れて行かれた。

この時、すでにこの映画はクランクインしていて、蜷川が演じることになった文緒役だけキャスティングが難航していた。

撮影所に入ると、「とりあえず衣装合わせをする」と、古い衣装部屋へ誘われた。

そこで見た光景が蜷川は今も忘れられない。正面には煙草をくわえた色黒の男が座っている。眼鏡をかけ、髪は整っているとは言い難い。これがあの過激な演出で知られる神代辰巳だった。桃井かおりが「歯を磨かないのは当たり前」と評した通り、身だしなみにはほとんど頓着しない。

神代を取り囲むようにスタッフたちがいた。車座になって絨毯の上に腰を下ろしている。

神代の隣にいたおかっぱ頭の中年女性が笑顔で近寄ってきた。スクリプターの白鳥あかねだ。日活時代から神代の作品に数多く関わっている。

「有紀、わたしが推薦したのよ」

蜷川は前年、根岸吉太郎監督の『狂った果実』の現場で白鳥と仕事をしたばかりだった。白鳥が言葉を継いだ。

「監督が『処女で、バイオリンが弾けて、芝居がうまい女優はいないか?』って聞くから。『有紀は処女で、バイオリンが弾けて芝居が上手』って推薦したの」

スタッフが皆、弾けたように笑った。神代監督も微笑んでいる。蜷川は呆気に取られるしかなかった。

作品の時代設定である大正時代の資料をいくつか見せてもらった。スタッフから蜷川に指示が飛ぶ。

「衣装を作るから、生地を選びなさい」

薄紫のサテンを選んだ。さらに帽子とマントを決める。髪型は肩ぐらいまでの短さの「ボブでいこう」となった。

「もっと短く切ろう」

神代監督の発案で撮影所の隅へ連れて行かれた。ひなびたと言えば聞こえはいいが、年代ものメイク室。初老のヘアメイクスタッフは大きなハサミを手にしていた。バッサリと切られてしまう。ボブというよりざん切り頭だった。

そこからマントを着せられ、スチール写真を撮影。この日の予定はこれで終了した。

帰り際に、バイオリンを手渡された。

「練習してくるように」

蜷川は生まれて初めてこの楽器を手にした。弾きこなすには、楽器を肩と顎でしっかり挟み、指づかいを覚え、弓をうまく使わなければならない。初心者は一日三分の練習で疲労困憊するともいわれる。蜷川はそんなことを知る由もなかった。

それよりも髪型である。バイオリンケースを抱えた蜷川は砧を後にしたその足で青山に向かった。川邊サチコのヘアサロン「ＣＡＣＴＩ」を訪ねるためだ。

川邊はデビッド・ボウイや山口小夜子のヘアメイクとして知られる存在。蜷川が主役を務めた舞台『サロメ』では蜷川のヘアメイクを担当していた。川邊の手にかかり、ざん切り頭はようやく大正モダンを感じさせる仕上がりへと整えられた。

川邊はもう少し切りたかったようだ。だが、モードを優先しすぎて、監督の意図と隔たりができてもまずい。中間点で妥協する道を選ばざるを得なかった。

数日が過ぎ、蜷川はバイオリンのレッスンに臨んだ。教室は都内にあるマンションの一室。教師は美形の青年だった。蜷川は、弾き始めてすぐ、この楽器がいかに厄介なものかを思い知らされた。

〈手がすり切れるんじゃないかしら〉

決して大袈裟ではなくそう感じた。何しろ、まともに音を出すことすらままならない。ギターのような弦楽器の経験でもあればよかったのかもしれない。

ひとまず、弦を押さえる位置と指を覚えることに専心した。帰宅後も練習してみたが、弾けるようにはなれそうもない。それほど難しい曲ではないが、蜷川には高い壁だった。

「何でもいい。演じる上で面白いアイデアがあったら、出してもらえないか?」

神代からはそんな注文も出ていた。だが、蜷川は初めて体験する神代組の流儀に戸惑うばかり。濁流に飲み込まれたようなものだ。思いついたアイデアはあった。だが、恥ずかしくてとても口になど出来ない。

一週間後、何とかセリフを頭に叩き込み、撮影所に向かうのがやっとだった。

〈ショーケンと神代監督との組み合わせは、すごく創造的だった〉

蜷川は今でも当時の萩原を思い返す。

〈ちょっと粗雑だが、魅力にあふれていた。音楽で言えば、ブルース・スプリングスティーンをもっとナイーブにした感じ〉

萩原はテンプターズ時代からの「不良」のイメージも浸透していた。だが、萩原に対し、蜷川は「怖い」とは感じなかった。当時、二十二歳。まだ子供だったからだろうか。

萩原はセットの中を動き回っていた。キャメラは主役を追う。首を吊ろうとして失敗するシーン。蜷川はスタジオの隅でどこまでもワイルドな神代組の生態を眺めることになる。

昭和五十八年（一九八三）六月十八日公開の『もどり川』は、大正ロマンチシズムを生きた奔放な天才歌人・岳葉と、その野望に身をまかせた女たちを描いた作品で、連城三紀彦の小説『戻り川心中』の映画化である。

ショーケン演じる苑田岳葉は、浅草・十二階下の遊廓の千恵のところに来ていた。そんな岳葉を外で待つ藤真利子演じる妻のミネ。ミネは胸を煩っていた。歌風のことで村上秋峯に破門された岳葉は、その夜、前から心ひかれていた秋峯の妻の樋口可南子演じる琴江のところに強引に忍び込み関係をもつ。二人は駈け落ちの約束をし、琴江は駅で岳葉を待つが、かれは秋峯に姦通罪で訴えられて刑務所に送られた。

刑期を終えた岳葉は、琴江が十二階下に居るという噂を聞いて出かけ、そこで関東大震災に遇う。その混乱のなか、岳葉はミネを療養所に入れ琴江を探し出すが、彼女は娼婦になっていて岳葉を冷たく突き放すのだった。

首を吊ろうとしていた岳葉のところに、かれのファンだという蜷川有紀演じる音楽学校の学生文緒が訪れた。文緒は銀行頭取令嬢で、岳葉との交際を親に知られ家から出ることを禁じられたが、姉・綾乃のはからいで京都へ演奏旅行した際、桂川のほとりの旅館で岳葉と落ちあった。

岳葉から心中を持ちかけ、手紙で琴江に知らせるが返事は来ない。心中は未遂に終わり、それを詠った「桂川情歌」で岳葉は有名になった。そして自分が誰かの見替わりだと気づいた文緒は自殺してしまう。ミネを見舞った療養所で、岳葉はもと詩人で今は社会主義運動家の友人の柴俊夫演じる加藤の妻である原田美枝子演じる朱子と知り合った。加藤は胸を煩っていたが、大杉栄が殺されてから過激になり、持ち歩いていた爆弾でかれを追って来た警官と共に爆死してしまう。

岳葉は朱子に心中をもちかけ、知らせを聞いた琴江が二人のいる旅館にやってきた。岳葉と琴江が話している間、朱子は岳葉のノートを見つける。そこには心中が未遂に終わり、そのことを詠った歌が書かれていた。

夜になり、船で川へ出た二人は薬を飲む。朱子はノートを見たこと、薬を替えたことを言い、昏睡状態におちいった岳葉を死んだものと思い手首を切る。その様子を川のほとりから見つめる琴江。夜があけ、村人に発見された岳葉は命をとりとめたが、そこに琴江の死体があがったという知らせ。それを聞いた岳葉も、自ら命を断つのであった。

蜷川有紀がかもし出すエロスの香り

蜷川有紀は、東宝砧撮影所には朝七時半に到着。ヘアメイクを始めた。スタッフの一人が囁く。

「ショーケンさん、五時に撮影所に来たそうですよ」

「えっ？　撮影所、そんなに早く開いてないでしょ？」

蜷川は耳を疑った。撮影開始は九時。蜷川も出来るだけ現場に早く着いていたいとは思う。だが、開門時刻は決まっているのだ。開いてもいない撮影所に自分だけ来ても仕方がない。普通はそう考える。だが、萩原にそんな杓子定規（しゃくしじょうぎ）な思考は通用しなかった。

夜の明けきらない五時には到着。正門の前に車を停め、門が開くのを待っていたという。恐らく仕事をしたくてしょうがないのだろう。あるいは、眠れないのかもしれない。

このとき、蜷川は萩原の中に宿る並外れた危うい情熱、異常性のようなものを初めて察知した。大麻のことを後日知った際も納得出来る部分はあった。

この日撮影するシーンは、蜷川演じる音楽大学に通う令嬢・文緒と萩原演じる苑田岳葉の絡みだった。

文緒は恋い慕う岳葉を訪ね、なんと岳葉が首を吊って自殺しようとしているところに出くわす。バイオリンを弾きながら「先生が好きです」と告白する。

時計の短針が「九」を指すころ、蜷川はセットに入った。大正期の家屋を再現しようと、精巧に組まれている。

「よろしくお願いします」

萩原には、普通に挨拶してみた。

リハーサルが始まる。何度か繰り返していくうち、萩原は蜷川がバイオリンを弾けないことに気付いた。プロフェッショナルそのものとでもいうしかない表情で問いかけてきた。

「何で、練習しなかったの？」

「この役を演じることが決まったのは一週間前なんです。どうしても弾けないんです」

「寝ないで練習しなくちゃ、駄目じゃん」

これが萩原と蜷川が初めて交わした会話だ。

萩原は、怒っているわけではなかった。注意するのとも違う。だが、萩原の諭すような口調は頭に残った。結局、バイオリンは吹き替えで対処することに決まった。バイオリン少女の気持ちは出来上がっていたが、技術がついてこない。撮影の段階で蜷川は弾いている「ふり」をすることにした。後日、音だけプロの演奏を加えるわけだ。

撮影の折、ただバイオリン演奏のふりだけしていればいいというわけではない。文緒は泣きながらバイオリンを弾くのだ。しかも、告白しなければならない。

萩原演じる歌人の苑田岳葉は横板に結びつけたらした白い布を首に巻き、いままさに首を吊ろうとしている。

「先生、死ぬなんて止めてください。先生……」と呼びかけながら、文緒は岳葉にしがみつく。

しかし、苑田岳葉は耳を貸そうとはしない。

「よけいなお世話だ。生まれてくる時はおれの意志じゃない。死ぬ時くらいはおれの勝手にさせてくれ」

「ところで、おまえは誰だ」

「桂木文緒です。何度もお手紙を出し続けているのに、お返事をくださらないから」

「おれは活動のスターじゃねぇ！　馬鹿野郎！」

さらに激しく岳葉にしがみつく。

ついには、文緒は、髪の毛を摑まれ、岳葉にさらに激しく突き放された。その勢いで文緒は膝下にあるセットの木材に脚を取られてしまう。庭の敷石にしたたかに頭を打ちつけてしまった。

蜷川は、そのまましばらく動けなかった。脳震盪を起こしてしまったからだ。

しかし、このシーンはＯＫとなり、そのまま使われている。

撮影終了後、蜷川はプロデューサーに付き添われ、病院に直行した。

脳の精密検査を受け、「特に異常はない」との診断を受けた。

次のシーンでは、首を吊る岳葉の前で泣きながら「歌を忘れたカナリア」を弾かされる。が、岳葉の首を吊った布が切れてしまう。そのシーンのバイオリンの吹き替えには後日談もある。出来栄えに蜷川は納得がいかなかったのだった。

〈吹き替えの演奏がうますぎる。文緒は泣きながら弾いているのだ。震える音にしてほしかった。あれなら、下手でもわたしが弾いたほうがリアリティがあったかもしれない〉

さて、生き残った岳葉は、「ネギを背負ってきたカモ」とばかりに、座敷で文緒を抱く……。

その後、東京藝術大学前での萩原との撮影を終えると、東京・芝のフレンチレストラン、クレッセントに移動した。ここは萩原にとって、いしだあゆみと挙式した思い出の場所でもある。

ここで蜷川はある異変に気づいた。それまでいつもいたヘアメイクの姿がない。クランクイン当日、蜷川をざん切り頭にしてくれたあの初老の男性だ。聞けば、萩原がかれを殴り、かれはついにこの現場を去ったという。古くから撮影所にいたスタッフだった。

蜷川には一つ気がかりな点があった。ヘアメイクの男性はいつも片足を引きずっていた。障害があるようだ。萩原は理由もなく人を殴る人間ではない。仕事上、何らかの不手際があったのだろう。ざん切り頭の件からも想像は出来る。映画の世界でバストアップは重要な意味を持つ。髪型一つで役柄の人格が決まることもある。俳優にとってヘアメイクは神経の使いどころの一つだ。

担当するスタッフの腕が悪ければ、監督やプロデューサーに「替えてもらえないか」と相談するのは構わない。百歩譲って、殴ってもいい。だが、足が不自由な人に暴力を加えるのはどうなのか。

〈ショーケンは「殴ってはいけない人」を殴ってしまった〉

蜷川の胸を不穏な疑念がよぎった。

クレッセントでのシーンでは、蜷川は布で首を吊った跡がナマナマしく残る傷を愛しそうに舐める。

それから岳葉に訊く。

「先生は、誰にも接吻なさるんですか」

「嫌いな女には接吻しない。あんなのは接吻の内には入らない。本当の接吻というのは、お刺身と言うんだよ」

レストランを出たあと、門のところで蜷川が萩原にせがむ。

「先生、お刺身してください」

岳葉は文緒をその場に押し倒し、激しくお刺身をする。

クレッセントでの撮影にはもう一つ思い出がある。台本を読み込んで、蜷川は一つ思いついたことがあった。

〈このシーンで、百合の花をむしゃむしゃ食べてみたらどうかしら〉

百合の花は処女性を表している。それを文緒が食べることに蜷川なりの意図があった。このアイデアを神代監督に提案しようか。そう思ったが、どうにも恥ずかしい。結局、誰にも言えずじまいで胸にしまったままに終わった。

その後、『もどり川』の撮影は京都・嵐山での心中シーンと続いていった。

嵐山で撮影している間、ロケ隊は老舗旅館「嵐峡館」に宿泊していた。ここで撮影の途中経過を報告する番宣の記者会見が開かれた。主演の萩原と神代辰巳監督、樋口可南子、蜷川有紀の四人が出席。そこでヒロインを演じる樋口が放った一言が奮っていた。

「ショーケンと一緒に、狂いたいと思います」

蜷川は思わず、隣に向き直った。樋口の横顔を確認するためだ。二歳年上の女優がやけに大人びて見えた。

〈大人の女の人って、こんなこと言っちゃうんだ?〉

インパクトのあるコメントだった。先輩女優の立ち居振る舞いを冷静に観察出来る少女だったのかもしれない。

いよいよラストシーンの撮影を迎えた。二月の京都は底冷えという言葉がそのまま当てはまる気候だった。蜷川はマントを羽織って現場にいた。萩原も一緒だったが、言葉を交わした記憶はない。今でこそ、蜷川は陽気で屈託がない人柄だが、当時は寡黙で通っていた。そのころ会うことの多かった映像作家の萩原朔美からも「何もしゃべんない子だった」と言われるほどだ。

桂川のほとりに萩原健一は神代監督たちと一緒にいた。蜷川は少し離れた岩の上に座っている。クランクインの日に整えた髪が寒風で揺れていた。ふと萩原と目が合った。

「可愛いね」

萩原が神代監督に告げた一言が風に乗り、蜷川の耳に届いた。萩原にとって、蜷川はまだ子供だったのだろうか。蜷川には、萩原にまともに相手にしてもらえた気がしない。蜷川は思う。

〈ショーケンは「大人の女」が好きなんだろう。どちらかと言えば、年上の女性みたいな……〉

俳優からアイデアを引き出す神代辰巳の監督術

神代辰巳監督の演出術は他に類を見ないものだった。新しいアイデアを次々と俳優たちから巧みに引き出していく。いつも笑い声が絶えなかった。その上、奇抜な意見が飛び交っている。これほど自由な映像の現場は蜷川にとって初めてだった。木村公明のキャメラは常に主演の萩原健一を追っていた。萩原は長いセリフがあまり得意ではない。しばしば忘れたり、間違えたりした。すると、神代監督はそこでそのカットを終える。続きはアングルを変えて撮った。このため、リテイクはほとんど生じない。ライブ感をフィルムに刻む手法は秀逸といえる。蜷川は思う。

〈ショーケンの演技を型にはめないで、感情をうまく引き出しているんだわ〉

撮影の合間に蜷川有紀は萩原健一と食事をしたことがあった。話題の中心はこれから撮るシーンのことだ。

「あのシーン、どうする？」

「有紀ちゃんは、どうしたい？」

萩原は本当に楽しそうに問う。スクリプターの白鳥あかねもその場にいたかもしれない。萩原自身のアイデアも、次々に披露されていった。

「有紀ちゃん寝っ転がして、背中にこうやっていろんな絵を描いちゃったりして。どう？」

「ええーっ、そんなー」

そう反応したものの、萩原の案はそのまま翌日の撮影で採用されてしまった。ただ笑っていた神代監督の表情を蜷川は今も覚えている。

文緒は、まわりの眼を盗んで久しぶりに会えた苑田岳葉にしがみつく。

「京都に来るのが待ち遠しくて、もし会えないなら死んじゃおうと思っていた。また会えなくなるなら、死んじゃおうと思っていた」

岳葉は、文緒を抱きしめながら言う。

「おまえのことを想うと、曼陀羅だ。裸曼陀羅だ」

「おまえのアソコばっかり画いていた。バカみたいにアソコばっかり画いていた。わたしたちは、一緒に死ぬかもしれない」

画面いっぱいに萩原が蜷川の背中に本当に画いた秘部の画が写される。

それから、文緒を裸にして背中を露わにして、前日に萩原が口にしていたアイデアを実行に移したではないか。岳葉は絵筆を取り、文緒の背中に乳房とヘソと秘部を画く。岳葉はささやく。

「少女のままでいてくれ。きれいなままで……」

「おれと心中を、辞めるか」

「ちがう！　死んでください」

さらに二人が風呂場で全裸で怪しくからみ合う。現場での萩原は特に注文をすることもなかった。むしろ、さっと終わった印象のほうが強い。完成したフィルムでは、二人の裸体に時折ぼかしが入っている。撮影時は全裸だったが、蜷川は特に恥ずかしいとは思わなかった。

神代組ではリハーサルを何度も繰り返すことはあまりない。一、二度、「こんなふうにしましょうか」と芝居を考えると、「はい、用意」と声がかかり、本番に入った。蜷川も本番でどんな演技をしたのか、はっきり覚えていない。それから二人は、雪の中で心中する。そこに、歌の文句がつづられる。

「わが指の紅に供えたる熱き血を
唇にふくみて死にゆきしひと」

次に雪の桂川の小舟での心中が未遂に終わった新聞記事が出る。

苑田岳葉はその心中を『桂川情歌』という歌集にし、歌壇に認められ一躍時代の寵児となる。

蜷川は『もどり川』をデカダンスな映画だと捉えていた。つかこうへい演出のオスカー・ワイルド原作の舞台『サロメ』でデビューし、蜷川幸雄演出の谷崎潤一郎原作の『恐怖時代』のおゆら役でもデカダンスを表現した。自分自身の方向性をそう思い定めていた。

だが、蜷川は萩原健一にはデカダンスは似合わないと思った。本人もそれに気づいていたのか、脚本にあるデカダンスをワイルドなほうへと現場で変換していた。

蜷川は思う。

〈「死の美学」というわけでもない。生と格闘するエネルギー、その「もどかしさ」のようなものをショーケンは表現しようとしていた〉


「エグいのやろうよ」


柴俊夫は、映画『もどり川』に出演した。

神代辰巳監督の現場は初めてだった。何の予備知識もなく、入ってみると、興味がわいた。

〈へえ、この長回しの監督、面白いのかな？〉

カットしないでワンシーンを長く撮る。長回しを特徴とする監督は神代だけではなかった。柴が知っているだけでも、「パキさん」こと『八月の濡れた砂』などの監督の藤田敏八がいる。後年、相米慎二も長回しで大いに名を売った。そうした演出家としての個性も含め、柴は神代監督に興味を持った。ただ、「神代組」の一員として完全に同化出来たのだろうか。その点は覚束ないところもある。

〈あれ、どうすんの?〉

柴俊夫の頭上にはいくつもの「?」が浮かんでいた。初めて神代監督の現場に臨んだときのことだ。柴の役は元詩人で無政府主義者の社会主義運動家・加藤。苑田岳葉と愛人関係に陥る朱子は、加藤の妻に当たる。

岳葉は大正ロマンチシズムを体現する歌人。奔放な生涯を駆け抜けた人物だ。作品には岳葉の野望に身を任せた女たちが登場する。朱子もその一人だ。

こうした人間関係の綾をどう描いていくのか。撮影前から柴は神代監督や出演者たちと議論を交わしていた。

「エグいのやろうよ」

誰からともなく、方向性が出てきた。血を吐きながらのラブシーンをフィルムに刻む。そこまで行けるのか、行けないのかが問題だ。ひとまず、そうした結論に至った。

従来の柴のイメージと役柄が合わない。そこが難点だった。

過激な活動家のイメージにはおよそ似つかわしいとは言えない。今になって柴は思う。

〈役者としての殻を本当に壊せるだけの勇気がなかったのかもしれない〉

撮影中、神代監督は「いいよ、いいよ」と褒めてくれた。信頼のおけるある人からは「おまえは面白い」と初めて高い評価を得ることが出来た。だが、当時の柴には確信がなかった。

劇中、加藤は朱子の胸を触りながらセリフを言っている。乳房を吸うシーンもあった。こうした演技について神代監督から特に具体的な指示があったわけではない。

朱子役の原田美枝子は『地獄』で神代演出をすでに経験している。いわば子飼いのようなものだった。

「どういうラブシーンをやる？」

原田とはそんな話もした。柴はどうせなら通り一遍の芝居をするつもりはなかった。加藤は当時は不治の病だった肺結核を患っている。ましてや政府転覆を図る活動家だ。

〈自らの命と引き換えに、「いつ死んでもいい」と感じられるようなラブシーンをしたほうがいいんじゃないか〉

そんな確信を持って柴は現場に臨んだ。柴の思いは恐らく神代監督にも伝わっていた。もともとそうした画作りが大好きな監督だったからだ。

萩原健一、柴俊夫、原田美枝子の三人が登場するシーンがある。舞台は神社。神代辰巳監督ならではの長いシーンだ。柴は病み上がりだった。

萩原と柴、原田が出ている神社のシーンでは朝八時から始めて、午後三時にようやくキャメラが回った。

加藤役の柴が岳葉役の萩原を罵る。

「おまえの歌は、人生の残りカスだよ。いくらうまく歌おうと、カスはカスだ」

「女を泣かせるところは、おまえもおれも一緒だな」

「革命が起きたら、おたがいにギロチンにかかるさ」

言い合いの末、加藤はこれから死ぬという。

「人一人首吊らして儲けたような金を、おれにカンパしろ」

「断る」

「じゃ、線香くらいあげてくれ」

朱子は、ヒモの加藤にすがりつく。突き放す加藤に泣きながら言う。

「誰のために死ぬのよ。わたし、誰のために生きればいいのよ！　民衆の幸せや幸せやといって、あんた、わたし一人すら幸せに出来ないじゃないの。わたしを幸せにしてよォ」

加藤は、すがりつく朱子を投げ捨て、走り去っていく。

岳葉は加藤を追う朱子を抱き止め、二人は狂ったように抱き合い、求め合う……。

何度か繰り返し、「ＯＫ」が出る。柴は疲労困憊だった。

〈ああ、終わった。やれたな〉

へとへとで帰宅したところに、電話が鳴った。受話器を取ると、萩原の声が聞こえる。

「柴さん、もう一回やるって」

耳を疑った。

〈さっき「ＯＫ」が出たじゃないか？〉

受話器の向こうでは萩原が困惑した様子で訴えている。

「『もう一回やる』って言ってるよ。クマちゃんが」

柴は気力を絞って言葉を吐いた。

「ああ、そう。なんで、監督はそんなこと言ってんの？」

「いや、ねえ。でも、どうも美枝子の芝居が気に入らないらしいんだよ」

何を言っているのかよくわからない。本音が吹き出した。

「おれたちは、美枝子に合わせてやんのか？」

結局、柴は身支度を整え、現場に戻った。現在、見ることの出来るシーンはこうした試行錯誤の末、出来上がったものだ。しかも、長回しは他にもたくさんある。

〈神代監督の作品は本当に疲れる。エネルギーが必要だ。本当に凄まじい〉

神代監督の映画は出演者同士が「絡まっている」ことを求める。そうした画面が現実のものとなるまで、柴は耐えに耐えた。

〈こんな映画に、おれは絶対に適合してないいんじゃないか？　似合わないだろう。絶対に選ばれるべき役者じゃない〉

クランクアップまで、柴はそんな煩悶を繰り返していた。普段はカット割りの中で「きれいな芝居」ばかりをしている。神代監督の現場は確かに疲れる。だが、途轍もなく面白かった。

キャリアを重ねた今なら、また違うアプローチの仕方もあるかもしれない。だが、当時の地力の中ではやれることをやり切った。

〈荒井晴彦さんが手がけた脚本は、本当に素晴らしい。ホンを読むだけで、「すごいな」と思わされた〉

『もどり川』は全編が愛欲に満ちた映画である。加藤は公安刑事に捕まり、持ってる爆弾で自爆死した。

そのあと、朱子が、椅子の上に血みどろになった加藤の死体を乗せ、自分は上半身を剝き出し乳房を露わにし、椅子を揺すって死んだ加藤に乳房を舐めさせ続ける。

柴は思う。

〈ああいう発想も面白い〉

萩原は、残った朱子ともどり川に浮かべた小舟の中で心中を図る。

が、また朱子だけが死に、岳葉は生き残る……。

『もどり川』の制作費はわずか一千万円。劇場公開の映画としては破格の低予算である。

だが、柴は予算や出演料とは違うところにやり甲斐を見出していた。きれいごとではない。神代監督や実相寺監督、高林監督らが紡ぎ出す映像は他では見られないものばかりだった。柴はかれらの才能を心底尊敬していたのだ。柴にとって『もどり川』は今に至るも大好きな作品の一つである。

樋口可南子の股間に向けたショーケンの過激演技

萩原の過激な演技は蜷川にだけ向けられていたわけではない。後に蜷川がスクリプターの白鳥あかねから聞いたところによれば、共演した女優はそれぞれ被害を受けている。

岳葉と小舟で心中を図る朱子役の原田美枝子は、首を締められた。

岳葉の師匠の妻・琴江役の樋口可南子は、強引なキスシーンで唇を切った。

肺病の妻ミネ役の藤真利子も、血を吐いた口でキスをし、もだえ合うラブシーンを乗り越えざるを得なかった。

それでも、女優陣は演技者・萩原健一を愛していたという。

苑田岳葉が庭から二階によじ登り、師匠村上秋峯の妻である樋口可南子演じる琴江を口説くシーン。

部屋に入れてくれ、無理、それならと障子を破り、手を突っ込み、抱き寄せ、強引に口吸いする。蜷川有紀は思う。

〈多分、あれはショーケンのアイデアじゃないか。でも、あれは斬新だけど滑稽だ。『もどり川』ではあり得ない芝居ばかりをつないでいる。だから、わけがわからなくなってしまった〉

ショーケンは、『我が道・萩原健二』で、神代監督の凄まじい演出について語っている。

《樋口可南子さんが歌人の妻から女郎になる女の役なんだけど、そのラブシーンには驚いた。樋口さんが客に「また来てねえ」って言ってるところにおれがやって来て、股の間に顔を突っ込んで「吸ってやる」って言うんだよ。そんな場面は原作の小説にはなかったからね。神代さんの演出なわけ。おれが「くまさん（神代監督）、こういう趣味あんの？」って聞いたら「頼むからやってくれ」って言われたよ》

《藤真利子さんが結核で血を吐く場面があるんだけど、おれに「血を吸ってくれ」って言うんだ。そんな発想、おれにはないわけよ。すごい監督だって思った》

ショーケンは、面白いエピソードも披露している。

《おれとくまさん（神代監督）と樋口さんで旅館のこたつに入ってた時、毛の生えてないツルツルの足がおれの足に当たったんだ。おれは樋口さんの足だと思ってスリスリしたら、向こうもスリスリしてきた。それで調子に乗ってだんだん足の真ん中の方に行ったりなんかしてさ。後で分

かったんだけど、それはくまさんの足だったわけ。くまさんも勘違いしてたんだ。本当にスケベだよ。２人とも》

この映画は同時録音で撮影されたわけではない。同録で生の音を録っていくには、きっちりした段取りが必要になる。だが、神代組は新鮮な反応を重視していた。同録では音を追いきれない。結論として、部分的にアフレコが用いられた。

撮影が終わったあと、声や音をあらためて入れる。ちなみに、ハリウッドでは、全面アフレコにするのが主流の手法である。

撮影自体は、昭和五十七年十二月から翌昭和五十八年二月までで終わった。一カ月おいて、三月にアフレコの収録が始まった。蜷川は神代流アフレコにも驚かされた。撮影した際のセリフとまったく違うものを「入れたい」と神代監督が言った。セリフの尺は当然合わなくなる。「それでも構わない」というのだ。

蜷川にとっては面白い経験だった。

〈神代さんも、ショーケンに勝るとも劣らないくらいアヴァンギャルドだわ〉

蜷川は、萩原と原田美枝子が小舟の上で激しく愛し合うシーンのアフレコを録音室の隅で眺めていた。神代監督の声が聞こえる。

「この川の水にブクブク顔をつけているところで、こっちのセリフを言っちゃって」

神代監督は新たにセリフを足すというのだ。蜷川でなくても、誰もが疑問に思うだろう。

〈水の中でしゃべるって？　聞こえないんじゃないの？〉

だが、神代監督と萩原はお構いなし。水に顔をつけたままのシーンにセリフを当てていく。

ワイルドでナイーブ、それがショーケン

監督の神代辰巳は、後にこう述懐している。

「この作品では『三流の歌人』の何かを描きたかった」

蜷川は、これはなかなかの難題であると思っている。例えば、太宰治の映画であれば、一流の文学者を描写することになる。誰もが知っている人であり、作品も広く愛されている。これならわかりやすい。

いっぽう、萩原が演じた苑田岳葉はあくまで無名の存在だ。三流の歌人の駄目っぷりを描くのはあまりに高等過ぎる。劇場公開される映画の主題としてはどうだろうか。歌人よりはまだ詩人のほうがわかりやすかったかもしれない。いずれにせよ、テーマの選択が適切だったとは言えない。

蜷川は今でも考えることがある。

〈もう少し「もどり川」のテーマが、ショーケンにふさわしいものだったら、かれの後半生は違ったものになっていたかもしれない。黒澤明監督や溝口健二監督ではなく、神代辰巳監督とショーケンという組み合わせでカンヌでグランプリを受賞する。このことには大きな意味があったはずなんだけど〉

「カンヌ映画祭へ行くぞ」

萩原は撮影中からしばしばそう叫んでいた。気迫は共演者やスタッフにも伝わっていく。アフレコの現場さえ、尋常ではない熱を帯びていた。

蜷川は自分の番を待ちながら、驚きを禁じ得なかった。

〈そうか。映画創りって、こんなに自由なものなのか？〉

昭和三十年代まで、日本映画はプログラムピクチャーを興行の基本としていた。毎週入れ替わる劇場の番組を埋めるために大衆にわかりやすい作品を量産する。だが、娯楽の中心がテレビとなり、観客動員数が減るにつれ、一本立ての大作が主流となっていく。萩原と神代監督はプログラムピクチャー以降の映画創りを模索し、実践しようとしていた。

『もどり川』では手持ちキャメラも多用している。神代監督が崇拝するジャン・リュック・ゴダールの影響もあるかもしれない。蜷川は思う。

〈ショーケンは『勝手にしやがれ』や『気狂いピエロ』のゴダール監督と組んだ俳優のジャン＝ポール・ベルモンドを、もっとセクシーにしたような雰囲気がある〉

いっぽうで、蜷川には確信もあった。

〈この映画ではカンヌは、獲れない〉

熱い現場にどこまでも冷徹な視点を持った少女が一人紛れ込んでいた。

蜷川有紀が神代辰巳監督と萩原健一の映画創りを「音楽で言えばブルース・スプリングスティーン」と評するのには理由がある。

『もどり川』には欧州の映画に特有の湿気が感じられないのだ。むしろ乾いているような気がする。

米国ならではの「殺伐感」が前面に出ている。ドロドロというよりはガサガサ、バサバサしたタッチではないか。

〈ショーケンはワイルドだけど、ナイーブ。この絶妙なバランスがかれの魅力だった。自分自身のアーティスティックな感性を世界に問いたいとずっと思い続け、方法が見つからず、もがいていた〉

ナイーブな暴力性こそが「不良」としての萩原健一の魅力だ。蜷川は今も確信している。

だが、この作品で萩原健一や神代辰巳監督らがカンヌのレッドカーペットを歩くことは叶わなかった。

大麻逮捕と母の自死

封切りの当日、萩原が大麻所持法違反で逮捕された。公開はいったん自粛と決まり、昭和五十八年（一九八三）六月十八日に封切となった。

ショーケンは、『我が道・萩原健一』で薬についても、打ち明けている。

《あの頃、おれはああいう役作りには大麻やコカインが必要って勘違いしてた。リアリズムに対する勘違いだ。俳優のリアリティーは想像してデフォルメして作るもんで、そのままやりゃいいってもんじゃないって今は反省を込めて思うよ》

《捕まると思ってたよ。あの時、捕まらなかったら死んでたかもな。酒とたばこと麻薬漬けで、おれは死ぬかもしれないって思い始めてたんだ》

『極道の妻たち「三代目姐」』でショーケンとのちに共演した三田佳子によると、酒の席でショーケンから大麻不法所持で逮捕された時のことを打ち明けられている。

逮捕されたのは自宅マンションで、リビングのテーブルの上に、大麻樹脂十二グラムがむき出しのまま置かれていたのを発見され、妻であるいしだあゆみの目の前で手錠をかけられたという。

逮捕劇の後、いしだは「あの人は馬鹿だ」「わたしは大麻のことはまったく知らなかった」などと週刊誌に告白した。

三田は週刊誌の内容を聞いて知っていたので、相づちの代わりに言った。

「いしださんは、ああいうふうで、大変だったですね」

すると、萩原がかぶりを振った。

「あれは違うんだ。夫婦なのに、何も知らないわけがないだろう。彼女は大麻のことも知っていたし、その上でおれと一緒にいた。それなのに、あれだけの嘘を世間に言ったんだ」

よほど悔しかったのか、いしだの話を何度も繰り返し話した。

そして萩原が、ぽつりと言った。

「ただ自分は、警察に薬のルートにからむ誰の名前も言わなかった。今、おれに、どれだけの人が『ありがとう』と言っているか分からない」

その言葉を聞いて、三田は思った。

〈萩原さんは、実生活でもヒーローなのね。自分が丸損しても頑として口を開かず、筋を通す。そんなヒーロー性を持った人なんだわ〉

フィクションと現実の境目がなく、現実の世界でもどこかヒーローを演じているところがある。常に演技の世界と一体化しているところがあるから、迫真の演技が出来るのだろう。

ショーケンの母親の文は、ショーケンの大麻取締法違反事件の初公判の日に亡くなった。昭和五十八年六月十四日午前九時四十五分、ショーケンが裁判所の門を通過した瞬間だった。

実は、その少し前、保釈され母親に会いに行った。

『我が道・萩原健一』によると、その時、入院していた母親は退院して実家に戻っていた。寝たきりで、腕には点滴の針が刺さっていた。

ショーケンは正座して「ご心配かけました」と頭を下げた。

それから言った。

「執行猶予を取ってきますんで、元気になってください」

思いのほか、しっかりとした声が返ってきた。

「見苦しい。いまさら何が執行猶予だ。おまえみたいな人間は、ずっと入ってなさい」

ショーケンは頭を下げ続けるしかなかったという。

それからこう聞かれた。

「おまえは、どこにいるんだ？」

「ここにいますけど……」

そう答えると、また聞かれた。

「違うよ。おまえはどこにいるの？」

ショーケンはその時は分からなかったが、つまり自分には信念がない、ということを言いたかったのだろうという。

なお母親の死は自決だったといわれている。ショーケンの兄の萬吉もそれを否定していない。

ショーケンは、奥山和由プロデューサーにのちの『恋文』の撮影中に訊いた。

「萩原健一が萩原健一として、最もかっこよかったときはいつだ？」

「ショーケンとしてですか、萩原健一ですか」

「萩原健一」

奥山は考えた。

「おれは、あなたがムショに入っているときに、お母さんが亡くなったっていうんで、手を合わせに出てきたとき、あったでしょう。あのときの萩原健一が、最高だった」

「あれはおれだって、おまえ、演じていたわけじゃない」

「あれはキャメラの放列がある以上、俳優、萩原健一だったんじゃなかろうか。自分がムショに入っているときに息を引き取ったお母さんとの再会という場面ですよ。もしあれが演じていたとしたら、あんなに美しい演技はなかった」

奥山は自分の解釈を口にした。

すると、ショーケンは、とても複雑な、かれらしい笑顔を見せた。

そういうころから何となく奥山のことを信用してくれるようになってきたみたいだという。

なお、ショーケンは、『我が道・萩原健一』によると、母の通夜で、実の父親について知らされることになったという。

《通夜、葬儀が終わった後、異母姉が線香を上げに来たんだって。おれの本当の父親の娘だよ。その人は「萩原さんのお母さんにはお世話になりました」って言ってたって。その人のお母さんはおれが生まれる前に家を出ちゃったらしいんだ。おふくろは責任を感じて、その後、相手方の面倒も見てたんだね。その時、おれの本当の父親も二年前に亡くなってたことが分かったんだ。

亡くなる直前までおれがテレビに出てるのを見て自慢してたらしいよ》

昭和五十六年、萩原の中学時代の友人の村岡勝重は、メンズ・ビギを退社して独立し「Ｙｉｎ＆Ｙａｎｇ（イン＆ヤン）」ブランドを設立した。イン＆ヤンは、エレガンスモードテイストのイージーメード展開を追求し、クラシックなテーラリングにほどよいトレンドを入れた、大人のためのスーツを得意としていた。萩原健一が大麻不法所持で逮捕された時、萩原はＹｉｎ＆Ｙａｎｇ（イン＆ヤン）のグレーのニットジャケットを着ていた。現場検証のため外へ出た時も同じジャケットを羽織っていた。

村岡は、マスコミの撮った映像や写真で自社ブランドの服を着ている萩原の姿を見て、複雑な気持ちになった。ところが、意外なことにショーケンファンから「あのニットジャケットがほしい」という問い合わせがイン＆ヤンに殺到した。

萩原は懲役一年、執行猶予三年の有罪判決となり、一年間に渡ってすべての活動停止を余儀なくされた。そんな中、ショーケンの唯一の活動となったのが、村岡勝重のブランドイン＆ヤンのイメージキャラクターの仕事だった。村岡は契約を打ち切らず、続行することを決めた。

萩原が、ポツリと村岡に言った。

「おれ、精神的に安定しないところがあるんだ」

萩原は、どうやら海外で薬を覚えたらしい。その時代の流行もあった。当時、ミュージシャンは必ずと言っていいほど薬に手を出していた。

中学生の頃から付き合いのあった村岡だが、萩原が薬をやっていることにはまったく気づかなかった。

〈やっぱり、何かに頼ろうと思ってしまうのかな〉

萩原はそれ以上何も言わなかったが、イン&ヤンのモデルの仕事は萩原にとって経済的にも精神的にもずいぶん助かったはずだ。

萩原のファンはこうした不良性に魅力を感じていた。だから女性よりも男性ファンのほうが圧倒的に多かった。

モデル・萩原健一の写真はおもに雑誌などに掲載され、契約は延長を繰り返し平成四年(一九九二)まで約十年間も続くことになる。

高橋惠子は、萩原健一が仕事を干されていた時期に四国八十八ヶ所を巡礼していると聞いて意外に思った。

〈ああそうなんだ。ショーケンさんもいろいろあって、そういう心境になったんだな〉

萩原は破天荒な面もあるが、非常に純粋な面もあった。それは『太陽にほえろ!』で共演した十七歳の頃から高橋が感じていたことだった。だから巡礼する萩原の気持ちが、何となく理解出来るように思われた。

ショーケンとプロデューサー奥山和由

ショーケンといくつかの仕事を組むことになる奥山和由プロデューサーは、学習院大学経済学部経済学科に入学し、学生時代はショーケンの本格的映画デビュー作の『約束』の監督でもある斉藤耕一監督などの助監督として活動した。

昭和五十四年、松竹入社。経理部、興業部を経て、昭和五十六年、ようやく撮影所付きのプロデューサーとなる。昭和五十七年、瀬戸内シージャック事件を描いた『凶弾』で映画製作に初めて携わる。その後、多数の映画をプロデュースする。反大船色の強い青春アクション映画が主流であった。

春日太一による聞き書き『黙示録　映画プロデューサー・奥山和由の天国と地獄』によると、松竹の代表番号にショーケンが突然、電話をしてきたという。

「奥山というプロデューサーは、いるか」

その当時、奥山は松竹富士という傍系の会社にいたのですぐにはつながらず、伝言を受けることになった。

奥山の方から萩原健一のプロダクションに電話することになった。電話をすると、マネージャーがすぐショーケン本人に代わった。

「ちょっと出てこい。会いたい」

「何の話ですか」

「企画の話に決まっているじゃないか。あんたに喧嘩を売るために電話をしてないよ」

奥山は、さっそく青山のショーケンの事務所を訪ねた。ドアを開けるや、ショーケンが丹前を着て待っていた。ところが、玄関から見える手前の部屋のふすまに人型の穴が空いているではないか。

思わずショーケンに訊いた。

「何ですか、これ」

ショーケンは、そばにいるマネージャーに眼をやりながら答えた。

「うん、昨日こいつ、ぶっ飛ばしてね、そこに人型がついているんだ」

〈すげえな〉

そう思いながら奥の部屋に入って行くと、『恋文』の本がテーブルの上にぽんと置いてあった。

「これね、連城三紀彦さんという大変な文学者がおれに惚れてね。それでおれをモデルに俺のために書いた本だ。ただ、この監督は神代辰巳じゃなきゃ駄目だ」

さらに言った。

「神代さんはがんだ。余命いくばくもない。急いでやれるか、やれないか。すぐにやれないんだったら、引き揚げて、ほかのプロデューサーへ行きゃいい。すぐにやれないんだったら、はっきりそう言ってくれる?」

奥山は、プロデューサーとして、萩原健一という人が引きずっている映画空間を、どうしても一回体験してみたかった。その頃の神代監督に対して、強烈な印象があった。

奥山は、その神代監督とショーケンで映画を作りたいと、色んなところで話しまくっていた。ショーケンが人を通じてそれを聞いたのであろう。

「とにかく、おれは自分のために言ってるんじゃない。神代辰巳のために言っているんだ。あの人はせいぜいあと四カ月だ。四カ月しか持たないんだからヤバいよ。すぐだ」

ショーケンは、さらにまくしたてた。

「神代辰巳というのは天才だ。『青春の蹉跌』とか、やっぱり自分と桃井かおりをちゃんと生かせるのは、神代しか居ないんだ」

奥山は、ショーケンと一緒に神代監督に話を持って行った。

神代監督が、タバコを吸いながら、ショーケンに言った。

「ショーケンさ、これ、連城さんが勝手に書いたんじゃなくて、ショーケンが書けって言ったでしょう。このヒロイン、倍賞美津子以外いないじゃん。『おれと倍賞美津子の小説をあて書きで書け』って、連城さんに言わなかった?」

ショーケンも、照れくさそうに言った。

「確かに、これは倍賞美津子だよね」

倍賞は当時プロレスラーのアントニオ猪木の妻であった。それなのに、二人は当時付き合っているという噂があり、相手役に倍賞美津子がすんなり決まった。これまたイメージ通りの高橋恵子もそのままスポンと決まったという。

連城三紀彦原作『恋文』はショーケンがモデル

昭和六十年(一九八五)十月五日公開のショーケンがモデルと言われている『恋文』の倍賞美津子演じる竹原郷子は、三十三歳。女性雑誌の編集部につとめるキャリアウーマン。萩原健一演じる夫の将一は、ひとつ年下で中学の美術教師をしている。二人の間には優という一人息子がいる。

その将一がある朝突然、女性からの手紙を残して家出した。手紙の差出人は高橋恵子演じる田島江津子、将一のかつての恋人だったが、今は白血病に犯されあと半年の命だという。将一は、身よりのない彼女が死の時を迎えるまで自分のすべてをかけて看病しようと、学校も辞めた。

郷子は憤然とした。彼女の境遇には同情するが、なぜ学校を辞め、家出までしなければならないのか。

〈わたしと優は、どうなるの？〉

数日後、郷子は将一に乞われ、従姉という立場で江津子を見舞った。二人はなごやかに談笑し、将一という男を間に奇妙な友情が芽ばえ始めた。

その夜、郷子は息子に「長く生きられるお母さんは、死んでいく江津子さんのためにお父さんを半年貸してあげるの」と説明した。

そうは割り切ったものの、夫はもう戻ってこないかも知れない。そういう不安におびえる毎日が始まった。

その夜、郷子は胸の痛みに耐え切れず小林薫演じる昔の恋人神谷哲史を訪れ、身体を開いた。忍耐が限界に達した郷子に追い討ちをかけるように、将一が離婚話を持ち出した。元気なうちに結婚式だけでも挙げさせたいので離婚届けにハンを押してくれ……。

郷子の怒りは凄まじかった。なぜ本当に離婚までしなければならないのか。理解出来なかったのだ。

翌日、なんと江津子が自殺をはかった。実は、江津子は将一と郷子が本当の夫婦であることを知っていたのだ。

二人の女は、初めて本心をぶつけ合った。

そして郷子は、心を決めた。

〈将一と別れよう。今、江津子さんにウエディング・ドレスを着せなければ、将一は一生後悔する〉

将一と江津子の結婚式の日、郷子は離婚届けを差し出した。

将一はつぶやく。

「おれ、こんな凄いラブレターをもらったのは初めてだよ」

高橋惠子は、『恋文』への出演のオファーを受けた際、連城三紀彦の原作を読んでみた。萩原健一といしだあゆみ夫妻をモデルにしたと思われる小説は、素晴らしかった。ただちに返事をした。

「ぜひ、やらせていただきたい」

高橋は神代辰巳監督と組むのは初めてだった。が、萩原が神代を非常に敬愛する様子を見て、才能があるだけでなく器の大きな人なのだと理解した。

神代の顔には、優しさが滲み出ていた。人当たりも優しく、役者に対しても「こうしなさい」と型にはめるようなことは一切なかった。

高橋は神代が監督した『一条さゆり　濡れた欲情』、『恋人たちは濡れた』などロマンポルノを何本か観てみたが、どれも良かった。

高橋は倍賞美津子と共演するのも初めてだった。飾りっ気がなく気っぷの良い姐さんというイメージそのままで、高橋も楽しんで撮影に臨むことが出来た。

萩原と倍賞がこの撮影中に急接近したことは、高橋も気づいた。とても息が合っていて仲が良かったからだ。萩原は、冗談のように周囲に言った。

「とんでもない、彼女に手なんか出せないよ。アントニオ猪木さんが旦那だぞ」

萩原演じる竹原将一は身勝手な男である。が、それだけではなく優しさも持ち合わせている。他の者では演じ切るのが難しい、まさに萩原にピッタリの役柄である。

高橋演じる田島江津子も、いくら病気で余命幾ばくもないとはいえ、かなりわがままである。萩原と倍賞演じる夫婦との三角関係が、非常に危ういバランスで辛うじて保たれているところに物語性があった。

神代は、普通のドロドロとした三角関係からもう一つ上の世界を描きたかったのだろう。

神代辰巳は昭和五十八年に肺気胸で入院、肺結核に感染しており、片肺の機能をほとんど失っていた。酸素ボンベを携えての生活を余儀なくされたが、それ以後も入退院を繰り返しながら監督業を続けた。

この時も神代は現場で苦しそうにしており、酸素吸入をしながら撮影という日もあった。

奥山は、神代監督の現場での演出術に感心した。本人は確かにがんで死ぬかなと思うぐらい顔はどす黒い。不健康を絵に描いた死神のようであった。しょっちゅうタバコを吸っていて、絶対にやめないチェーンスモーカー。無精ひげ。歯はニコチンで真っ黒け。

それが不思議なことに、笑うとなんとも可愛い。ただし、怒る時はすごく無邪気に怒る。その波が見事に人の心をとらえていく。そして俳優たちが生き生きとしてくる。

この映画の出来る前、かつてショーケンを高く評価していたある高名な映画評論家が言っていた。

「ショーケンは、終わってる。なぜならば、あいつは眉間に狂気が宿りすぎて、笑っても目が笑えなくなっている」

　奥山も心配していた。

〈『約束』の頃の心から笑っている萩原健一ではなくなっているということは、確かに役者としてはハンディだ〉

　奥山には、なんとしても『恋文』は当てよう、という構えみたいなのがあった。今回の奥山の取材によると、編集は神代監督と一緒に担当したという。

　神代監督は手練手管の冴えている人だったから、材料は最高だった。が、神代監督には独特のこだわりがある。あるシーンを延々とネチネチと長くしてしまうようなところがある。

　奥山は、神代監督にお願いした。

「悲恋ものとして成立している。ひっかかりのないすっきりとしたわかりやすいものにしたい」

　ショーケンには、評論家が指摘しているように、笑っているのに眉間に不思議な狂気が宿っている。人間というものは、目の次に印象が残るのは眉間のような気がする。神代監督はショーケンのその険のある眉間を逆に面白がっていた。ショーケンが電車を見送るところの笑顔なんかでも、眉間に険のある気持ち悪い感じの笑顔があった。奥山は、そういう表情のシーンをバッサリ切ってもらった。

　ショーケンの身体全体で表現するところは以前のままだ。例えば、通勤の場面で、みんなの歩いて来る方向と、ショーケンがそういう流れの中を逆に歩いて行くところを隠し撮りしたシーンがある。そういう引きの絵は長く使ったりした。海岸での倍賞美津子とショーケンとのやりとりなども長く使った。そうすることによって、心象風景的なものがよけいに浮き彫りになった。

神代監督の作品のなかでは、わりとオーソドックスな作りにした。それでなんとか商業ベースに乗るようなものになった。奥山は、編集を終え、出来あがった映画を見て、すごいなと感心した。奥山の心配をまったく感じさせない血涙を絞る、いい映画になっていた。

前もってショーケンの表情のマイナス面を指摘していた評論家も、この映画を観て感心していた。謹慎生活から見事にスクリーンに復帰した。

「ショーケンが、映画俳優萩原健一としてみごとに復活した」

高橋恵子がもつ純真さと演技力、倍賞の姉のような母のような懐の深さが作品にうまく反映された仕上がりとなりヒット。高橋のお気に入りの映画となった。

この映画は日本アカデミー賞で、ショーケンが主演男優賞、倍賞美津子が主演女優賞、倍賞演じる郷子が、夫の将一への不満から浮気する相手である神谷哲史役の小林薫が助演男優賞をもらった。

倍賞美津子との激愛

『黙示録　映画プロデューサー・奥山和由の天国と地獄』によると、ショーケンが、当時プライベートな関係にあった倍賞美津子との写真を写真週刊誌『ＦＲＩＤＡＹ』の記者に撮られた。

ショーケンはその記者を捕まえて、胸ぐらを摑んで迫った。

「おまえの目、くり抜いてやろうか。どっちからがいいか、右か、左か！」

それが大騒ぎになり、記者会見で「本当にそんなことを言ったのか」と聞かれた。

ショーケンは、とぼけたように答えた。

「言ったかどうかは覚えてねえけど、それを言っても不思議じゃないぐらいの感情だった」

高橋恵子は、萩原健一と倍賞美津子がこの映画後、一緒に暮らし始めたと聞いて思った。

〈ああ、やっぱりそうなったのね〉

二人は本当に仲がよさそうだった。

高橋恵子にとって萩原健一は、まるで前世からの知り合いのような、兄のような存在だった。だから付き合う相手が変わったと噂が聞こえてくれば、「あ、今度はこういう女性なのね」と思い、悪い噂が聞こえてくれば「本当に心配をかけるお兄さんね」と思う。

それでも世の女性たちからセクシーだと言われ、男性から憧れられる存在だということは分からなくはなかった。萩原には、何か人を引きつけるものがある「人たらし」の魅力があった。

何より、役者としての魅力と才能に満ちている。アウトローの役だけでなく、普通の男性の役もこなす。役者としての才能がある、ということは高橋の周囲にいる誰もが認めていた。

『恋文』の衣装も、ショーケンと中学時代の友人であった村岡勝重の手によるものだった。

神代辰巳監督と衣装合わせの時、監督の言っていることはたまに何を言っているのか村岡にはわからないことがあった。その点、監督より萩原の方がはっきりしていた。

萩原は村岡に「こういう感じの服が着たい」と要望し、自分のセンスをストレートに表現する。嫌いな色に当たると「そんなのイヤだ」とはっきり拒否する。

村岡も好みをだいたい理解していたので、提案するものはすんなり受け入れてくれることが多かった。

映画の衣装部にはあまりオシャレな服がない。萩原は、それがすごく嫌だと言っていた。服や小物に対してもはっきりした意見を持っていた。スタイリストはいたかもしれないが、誰かの意見に従うより、身につけるものは自分で選ぶ方が多かった。

萩原から依頼を受けた村岡は、萩原と倍賞の衣装に加え、高橋恵子が着るウェディングドレスも担当し、仮縫いまで自ら行った。メンズファッションから出発したイン&ヤンであったが、この頃はレディースファッションにも着手していた。

村岡は萩原の意見を聞いて資料を集めて「こんな感じでやろうか」と提案した。

好みも似合うものもだいたいわかっていた。特に色に関しては、映像を見てもらうとよくわかるが、萩原は六十年代や七十年代にアヴァンギャルドで派手な造形の服が流行っても、色の面では跳ねた服を着ていない。昔からだが、似合うのはグレーや紺、黒などのモノトーンの色彩だ。

萩原がグレーのスーツを着た時は、普通の人はこういう似合い方はしないという格好良さがあった。派手な衣装とも違い、そういった渋い格好良さにみんな憧れていたのではないか。グレーのスーツがあれだけ似合うのはショーケンかアラン・ドロンくらいだ。

『前略おふくろ様』の仕事で包丁を握ってから料理好きとなった萩原は、村岡を自宅に招いて手料理を振る舞ってくれた。妻のいしだあゆみと別居して倍賞美津子と一緒に暮らしている時も同様だった。

萩原と倍賞は、一緒に買い出しに出かけて魚などを買い求め、二人仲良く料理を作っていた。メニューは魚の煮物など和食が多く、家庭料理より一段上のごちそうがテーブルに並んだ。

萩原健一と倍賞美津子の仲は、公然の秘密だった。みんなあえて口には出さないが、不倫関係にあることは誰もが知っている。村岡もまた、二人の関係を黙認していた。村岡から見て、萩原健一と倍賞美津子はお似合いだった。相性も良さそうで、倍賞の姉御肌風の人柄は好ましく映った。

鈴木清順の世界

映画監督の渡邊孝好は、昭和五十二年（一九七七）に都内千代田区神田神保町にある美学校に入学した。映画監督の鈴木清順、美術監督の木村威夫らが開講した「映画技作工房」を受講した。

鈴木清順は、昭和二十九年に日活に入る。『関東無宿』、『東京流れ者』、『けんかえれじい』など、モダンで新鮮な色彩感覚と映像リズムによる独自の世界観を作り出し、「清順美学」と称されるほど、一部に熱狂的なファンを獲得。昭和四十二年には宍戸錠主演の『殺しの烙印』を発表するが、日活社長・堀久作の「わからない映画を作ってもらっては困る」と逆鱗に触れ、翌年同社を追われた。

それ以来、十年以上も映画を撮っていなかった。渡邊孝好が美学校に通い始めるようになった頃、ようやく新作『悲愁物語』の撮影に取りかかっていた。鈴木清順は、教え子の渡邊孝好を見込んで『ツィゴイネルワイゼン』『陽炎座』で、助監督に据えた。

昭和六十年（一九八五）二月十六日公開の『カポネ大いに泣く』は、鈴木清順監督が自ら松竹の奥山和由プロデューサーに持ち込んできた企画であった。

奥山は『カポネ大いに泣く』という題名を聞いた時に、すごくいいと思った。カポネという日本映画にあり得ない名前が出てきている。ショーケンとジュリーの出演はすでにＯＫを貰っているという。

奥山は、さっそく制作資金集めを始めた。キャストが揃っていることもあって、簡単に集まった。ショーケンとジュリーという組み合わせも、この時代の人間からすると、奇跡ともいえた。名匠鈴木清順の名前で、一流のスタッフ・キャストが集まって、ヒロインに田中裕子も決まった。

昭和五十九年暮れ、渡邊孝好のもとに鈴木監督から連絡が入った。

「今度『カポネ大いに泣く』という映画をやるから、また手伝ってくれませんか」

さっそく銀座で落ち合って打ち合わせをした。

『カポネ大いに泣く』は不思議な作品だった。原作は梶山季之。明治時代から大正時代にかけて活躍した思想家で浪曲師の宮崎滔天（桃中軒牛右衛門）という実在の人物をもとに、半分実録、半分フィクションという形で書き上げた奇想天外な物語である。昭和初期、田中裕子演じる芸者の小染は、萩原健一演じる旅回りの役者の順之助、のちの桃中軒海右衛門と出会い、深い仲になる。順之助は浪花節語りの桃中軒雲右衛門に憧れ、一座を逃げ出したのだ。小染の旦那が監獄から出ることになり、一方、一座も順之助を連れ戻しに来たので、二人はサンフランシスコに逃げた。

浪花節で日本人移民を慰問するという気宇壮大な出発だったが、口入れ屋にだまされ、有り金は底をつく。小染のアクセサリーも賭博で取られ、小染は女郎に、海右衛門は乞食になる。

そんな時、二人は沢田研二演じる大西鉄五郎、通称ガン鉄と出会う。ガン鉄は、街頭で狼花節をうなる海右衛門を見かねて、高級ナイトクラブに連れていく。浪花節は通用しないと、新しいショーを見せた。そこで踊っていたローリー・ベリス演じるダンサーのリリアンが和服の海右衛門を「サムライ！」と一目惚れしてしまう。

その頃のサンフランシスコは中国人、日本人など様々な人種が入り乱れる欲望の街であった。シカゴのギャング、チャック・ウィルソン演じるアル・カポネも西部進出を狙い、ランディ・レイス演じる弟のフランク・カポネを派遣して来た。フランクはサンフランシスコの密造酒を独占しようと狙っている。

いっぽう、ガン鉄、海右衛門、小染たちも、つくり酒屋の息子だった海右衛門に「シスコ正宗」を作らせて対抗する。

そんな中で、小染は自動車事故で死んでしまう。さらにガン鉄もフグを食べて中毒死。海右衛門はリリアンに介錯させ切腹するのだった。

鈴木清順がこの映画にのめりこむ理由は、実はかれの戦争体験にあった。昭和十八年、鈴木は旧制弘前高校在学中に学徒出陣で応召され陸軍二等兵として入隊した。門司港を出てフィリピンへ向かう十三隻の船団のうち、現地に辿り着いたのはわずか二隻。マニラから日本へ帰国する輸送船では、グラマン機の襲撃を受けて多くの仲間を失う。鈴木清順も海を漂流し、「あらゆるすべての命は無駄死にだ」という鈴木独特の深い虚無感が生まれた。

こうした強烈な戦争体験があるから、戦後四十年経ってなおアメリカ嫌悪、鬼畜米英思想が消えないらしい。

このドラマは、アメリカの夜の大統領と呼ばれたアル・カポネを、日本人が浪花節と自由奔放な行動で感動させて打ちのめす、「あっぱれ日本男児」の物語だった。そこが鈴木清順のツボにはまった。

ショーケンは、鈴木清順監督に敬意を抱いていた。鈴木監督の前作は松田優作主演の『陽炎座』である。そのためショーケンは松田のことをかなり意識し、鈴木に対しても緊張感と尊敬をもって素直に「はい」と従っていた。

ショーケン演じる順之助は浪花節語りを目指す役柄だから、稽古をつけなければならない。助監督の渡邊は、その稽古の担当を任せられた。まず浪花節の何たるかを自分で勉強し、それをショーケンに伝える。また、直接稽古をつけてもらう先生を見つけるため、浅草の浪曲の寄席「木馬亭」へ連絡を取った。浪曲研究家で木馬亭の実質的な主人である芝清之に、いろいろ話を聞くことが出来た。

さらに引退間近だが現役浪曲師の『義士銘々伝』などを十八番とする東家菊燕（あずまやきくえん）を紹介してくれた。渡邊は、東上野の長屋住まいをしている東家菊燕を訪ねて事情を説明し、指南役を引き受けてもらった。

さっそくショーケンを連れて東家菊燕の元へ訪ねた。

「わかりました。ならば基本的な題目や演目を練習しましょう」

浪曲師になるためには、まず声を潰さなければならない。脚本の中にも「声が潰れなければ一人前にならないぞ」というセリフがあった。

東家は、ショーケンに親切に指導した。

「それでは、わたしの後に付いていてやってください」

ショーケンは教わるままに浪曲を唸った。

東家は、さらに細かいことを教えてくれた。

「声を潰す時の節のとり方は、こうです」

渡邊は、東家菊燕のもとへ通うショーケンの稽古に十回は付き合った。

映画の撮影も始まった。鈴木監督は、例によって、俳優に対して細かな演出は一切つけなかった。撮影初日のリハーサルテストをおこなった時、一言だけ言った。

「萩原さん、もっと元気にやってください」

渡邊は、傍で聞いていて思った。

〈清順さん、『陽炎座』の松田優作の時と同じことしか言わないんだな、萩原さん、大丈夫かな……〉

鈴木清順は、「細かい役作りをするのは俳優の仕事」と割り切っていた。ショーケンが『影武者』で教わった黒澤明とは真逆のタイプである。

初日に「元気にやって」と言ったきり、主役のショーケンの演技に対しても、一切何も言わなかった。

だからショーケンは、いつにも増して必死で演技プランを考えてくる。もともとショーケンは、役作りについていろいろ考えるタイプである。そうした意味で二人の相性は良いはずだろうが、心情などいっさい何も指示されないし、言われても「そこに立ってて下さい」などというぶっきらぼうで素っ気ないことしか言われない。ショーケンには自分の演技への不安が少しずつ生まれはじめるのだった。

浪花節も重い課題である。ショーケンはテープに先生の声を録音して、一人の時も勉強を重ねた。

撮影では、ショーケン演じる順之助が海辺へ行って叫びまくり、喉が破れ、喀血し声が出なくなる。そこでようやく浪曲家としてのスタートを切れる、というシーンがあった。

ショーケンは音楽家だから、声を音やリズムとして非常に意識して、しゃべり方や潰れた声を繊細に細かく意識して演技していた。

が、思い通りにいかないのでだんだんイライラしてくる。

「やっぱり、浪花節って難しいな。どうすりゃいいんだ」

助監督の渡邊孝好が浪曲のルーツを調べると、浪花節にもいろいろな形がある。

辻語りの大阪の河内音頭も、浪花節から派生したものだということがわかった。そこで河内音頭のレコードを持って行き、ショーケンに聞かせた。

「きっと、参考になりますよ」

河内音頭を聞きながら、ショーケンが叫んだ。

「おっ、これはブルースだ、ロックだ！」

自分が親しんでいる音楽と共通するものがあると知り、ショーケンはようやく活路を見いだしたらしい。渡邊は、脚本家の大和屋竺に河内音頭のことを話した。大和屋も乗った。

「ぜひ、取り入れましょう」

ショーケンには、ブルース、ロックと聞いて井上堯之の顔が浮かんだ。

「PYG（ピッグ）」のリーダーだった井上堯之を、音楽の先輩として慕っていたのだ。

井上はショーケンが出演したテレビドラマ『太陽にほえろ！』『傷だらけの天使』『前略おふくろ様』、映画『青春の蹉跌』『雨のアムステルダム』『恋文』の作曲を担当していた。

今回の映画には、ショーケンと「PYG」のツインボーカルだった沢田研二も出演する。

渡邊は、鈴木監督に相談してみた。

「萩原さんは、井上堯之さんを非常に尊敬しています。ですから、音楽担当として井上さんを連れてきたいんですけど」

鈴木監督は拒まなかった。

「いいですねえ」

井上堯之も、浪花節を聞いて「あ、これはブルースですね」と言った。

手探り状態で進んできたショーケンの中でようやく役のイメージが固まった。

純粋な浪花節から、ややブルースロックの浪花節語りへ、ショーケンなりのベースが出来あがっていった。

映画は娯楽であり、見世物である

相変わらず鈴木監督が何も言わないから、ショーケンも必死で自分なりに役柄や役割をイメージして、当時コマーシャルで流行っていたエリマキトカゲの真似をしたり、突拍子もないこともやらかした。チャップリンを真似たパントマイムをやってみたりする。

鈴木監督はそんなショーケンをニコニコしながら「それいいですね。はいOK」とすべて受け入れた。たまに珍しく指示する言葉も「ただそこに立ってて下さい」「何も考えないで下さい」などという禅問答のような素っ気ないひと言だった。

渡邊は、その様子を近くで見ていて、不安を感じはじめた。

〈何でもＯＫと言い、すべて役者に考えさせている。これは〝清順地獄〟かもしれない〉

鈴木監督は、突拍子もないことのように見える演技も、すべてシナリオの設定を理解した上での俳優の自己表現であり、それが「表方」の俳優の仕事で、監督の仕事は「裏方」だと考えていた。

だから俳優がキャメラの前でただ立って動かなくても、逆にオーバーアクションになっても、「はいはい」と受け入れる。

「映画は娯楽であり、見世物である」というのが、清順哲学であって、いい加減に仕事をしているわけではない。

しかしその演技を眺めながら「何やってんだかね」などと、自分の感想はポロリと口にする。ショーケンならずとも、不安に思うのはある意味当然だった。

四人いる助監督のうち、ショーケンがもっとも親しくしていたのは、浪曲の練習にいつも連れ添っていた渡邊であった。ショーケンは「ナベちゃん」と呼んで親しげに話しかけてくる。

ショーケンは、すべて自分のアイデア通りに進むので、それに乗って調子が出ている時はいい。しかし、楽しさを通り過ぎると、今度は疑心暗鬼にもなる。感情の振れ幅が大きいのだ。

不安になったショーケンが、渡邊に尋ねた。

「ナベちゃん、今のおれの演技、大丈夫だった？」

渡邊は、ショーケンが芝居に迷いがあったのだと感じたが、素直に感想を口にした。

「清順さんが『良い』って言ってるんだから、良いんじゃないですか。むしろ、萩原さんの好きなようにもっとガンガンやっちゃって、いいと思いますよ」

無責任と言えなくもないが、安心してもらいたいという気持ちもある。渡邊は、ショーケンがいつも自分の演技に不安を抱えていて、常に誰かに話を聞いてもらいたいタイプであることを、付き合いが進むにつれ知っていった。

ショーケンは、『傷だらけの天使』で監督を務めた恩地日出夫のところには、真夜中に電話をして、一時間も二時間も話をして不安を解消していた。が、鈴木監督に対してはそのような真似は出来なかった。現場で何も言ってくれないのだから、電話をしても仕方がないと思っていたのかも知れない。

奥山和由プロデューサーによると、「ショーケンとジュリーが仲悪いらしいよ」などといろんな噂があった。

が、まったく揉めることはなかった。

『黙示録　映画プロデューサー・奥山和由の天国と地獄』によると、奥山が唯一苦労したのは、田中裕子と鈴木監督の折り合いが悪かったことだという。

当時の田中は、目の奥の演技までうまかったから自然な芝居をしていて、田中しか出来ない芝居を見せていた。

彼女の一〇〇%を出していた。

ところが、普段は役者の芝居に注文をつけない鈴木監督も、この時は違った。繊細で細やかな感情を見せる田中に対して、「ぶっきらぼうにやって下さい」と、いつもの清順節で注文を出し、田中の芝居を変えた。すると、田中は、テストまでは鈴木監督の言う通りにする。ところが、本番になると、本来の田中裕子になる。どちらも頑固で諦めない。

樹木希林から学んだこと

樹木希林は、鈴木清順お気に入りの女優の一人である。『カポネ大いに泣く』では、ほぼワンシーンゲストに近い感じで出演してもらった。

ショーケン演じる旅回りの役者のスター順之助が浪曲師になるのを止めさせようとする一座の女親方立川仙枝役の樹木は、順之助と自分が寝ているところに、牧伸二演じる自分の亭主立川団十郎を乗りこませ、「間男野郎」と決めつけ、一座に引き戻す計画を立てる。樹木が順之助と思って布団にもぐりこみ、抱きかかる。が、亭主が乗り込み、布団をめくると、なんと相手は田中裕子の間男掘久兵衛役の梅宮辰夫であった。梅宮は梅宮で自分が抱いているのは、てっきり田中裕子と思っていたのに樹木とわかり、素っ裸で部屋から逃げ出す。

渡邊によると、樹木は、いつもながらの飄々とした様子で役柄をスルリとこなしていく。

「え、こんなこともやるんですか?」

「ああ、こんなこともやるんですねぇ」

そのようにつぶやくように言って受け入れる様子が、鈴木監督と実によく似ていた。

多少気に入らないことがあっても、樹木には言葉で戦うつもりは最初からない。

「ああ、清順さんが考えてるのはこういうことなんですね。はーい、わかりました」

そう軽く受け流してしまう。だから鈴木清順と馬が合っていた。

間男として登場する梅宮辰夫も、難しい役柄をさらっと演じる役者である。樹木の旦那に踏み込まれて全裸で布団から出るシーンなども、「はいはい、わかりました」と受け入れる。

樹木希林も梅宮辰夫も、あまりゴチャゴチャ考えずに、いわゆる〝清順土俵〟に素直に乗って気楽に演技をしていた。鈴木清順も「はいはい、いいですね」で終わるので、何も問題は起きない。「江戸っ子はね、ややこしい芝居なんか嫌いなんです。単純明快大見得切るから、歌舞伎は面白いんです」

「ナベちゃん、細かい感情なんか、写真（映画）には映りませんよ」と、鈴木監督が言うのを、渡邊は聞いた事がある。

一人ぼっち

映画のラスト近くで登場する「あの世とこの世の境目」を撮影するロケ地に、栃木県宇都宮市の北西部にある、大谷石の採掘現場が選ばれた。泊まりがけのロケである。

チャップリンの扮装をしたピエロの萩原健一が、高さ二十メートルほどもある狭く細い階段を登り、その上で形態模写をしてステップを踏む。衣装は自分で用意したもので、ピエロの玉乗りの玉も持参した。もちろんすべてショーケン自身で考えたアイデアである。

チャップリンを真似たのには理由があった。昭和五十七年、ショーケンは毎日放送のドラマ『ガラスの知恵の輪』の中で、チャップリンの形態模写をした。そのパントマイムは評判であった。その影響から来たアイデアなのだろう。

玉の上に乗ったのは旦那を裏切ったせいで背中に蛸の刺青を入れられた小染役の田中裕子。が、実際に玉に乗せるわけにはいかない。そこで手前に丸い絵を描いて、その上に立たせた。そうしたアイデアも九割方はショーケンが出している。

渡邊は、大谷石でのロケの後で、ショーケンに呼び出された。

「ナベちゃん、ちょっと飲もうよ」

渡邊は少し緊張してショーケンの部屋へ向かった。

〈なんだろう。何か気に入らないことでもあったのかな。もしかしたら、殴られるんじゃないか〉

昔の松田優作の鉄拳的制裁を思い出しながら、少し緊張してショーケンの部屋へ向かった。部屋にはショーケンしかいない。他に呼び出された人はいないようだった。酒がズラリと並んでいる。

ビールで乾杯した後、ショーケンが訊いてきた。

「今日の芝居さ、どうだった？　実はおれ、高所恐怖症なんだ。怖くてガタガタ震えてたんだけど、大丈夫だったかな」

高所恐怖症が本当かどうかはさておき、不安がっていることは間違いなかった。その時の自分の芝居を、監督は良いとも悪いとも言ってくれない。だから不安で、訊かずにはいられないらしい。

「そんなふうに見えなかったですよ、全然大丈夫だと思いますよ。僕も良かったと思うし、何も心配しなくていいんじゃないですか」

それを聞いて、ショーケンは映画監督の神代辰巳の話を始めた。

「神代さんは、おれにとって神様みたいな人だよ」

鈴木監督は、子供番組で神様役をやって出演していたし、スタッフもその見た目から貧乏な神様と言われていたので、渡邊が尋ねた。

「神代さんが神様なら、清順さんは何だと思います？」

するとショーケンは「うーん」としばらく考えてから答えた。

「わかんねえな。あえて言うなら、阿闍梨（あじゃり）様かな」

意外な答えが返ってきた。阿闍梨とは、仏教で弟子を教える規範となる師のことを言う。

渡邊は、さらに尋ねた。

「それどういうことですか？」

「よくわかんないってことだよ」

ショーケンは渡邊に、かつて自分が大麻取締法違反容疑で捕まった際に、京都にある瀬戸内寂聴の寂庵に連れて行かれた時の話をした。

「小僧をやって修行もしたけど、夜は抜け出して京都で酒飲んで、遊んでたんだ」

〈そうか。一応の仏教修行をしたし、修験者のこととか興味あるみたいだから、阿闍梨様が出てきたんだな〉

ショーケンが酒を飲む時は、いつもどこか寂しげな影があった。自分の話を聞いてもらいたいと甘えてくる、ヤンチャなのに、女性的な繊細さも持ち合わせた性格である。いつも誰かに甘えていなければ自分が保てない。やはりそこが骨太の松田優作とまったく違う点だった。

松田優作には仲間や後輩たちがたくさんいて、いつも周囲は賑やかだった。が、ショーケンはずっと一人だった。ショーケンの自慢話や愚痴を辛抱強く聞いてやったり、無茶な行動を制したりしてくれる親しい人物は、誰もいなかった。

夜の撮影が入ったある日、ショーケンに出番までかなり長い時間待機してもらったことがあった。

「おーい、萩原さんを呼んできてくれ」

渡邊が、ショーケンを探しに走った。ショーケンは待ちくたびれて、自分の車の中で寝ていた。車の中を覗いて、渡邊は驚いた。ショーケンはヘロヘロに酔っ払っており、車の床にはビールの空き缶が何十本と散乱している。

〈ああ、これはやばいな〉

ショーケンは撮影中にしょっちゅうイライラし、渡邊から見ても精神的に不安定な印象だった。それを酒でごまかしていたのだろうが、いくら何でも飲み過ぎである。白目の部分が黄色くなって黄疸症状も出ている。案の定、ショーケンは急性肝炎にかかり、撮影が三日ほど休止になってしまった。

沢田研二、田中裕子の恋とショーケン

沢田研二の役どころは、ロサンゼルスの横浜ハウスに巣喰う大西鉄五郎、通称ガン鉄と呼ばれる快男児である。アメリカに根を張るガン鉄は、身売りされた小染と、街頭で浪花節をうなるばかりの海右衛門の救世主となる設定である。ガン鉄は、海右衛門のドタバタを常にクールに眺めているような役どころである。それは、実際の沢田研二とショーケンの性格や間柄とよく似ていた。

ショーケンが沢田研二と喧嘩することは一切なかった。沢田は女性的な美貌の持ち主だが、中

学時代は野球部、高校時代は空手部に所属していた硬派で、若い頃は喧嘩っ早いことで知られていた。

ショーケンはおそらく、自分よりも沢田のほうが腕っ節が強いことをどこかで感じていたのだろう。

沢田のほうも、ショーケンが暴れても叫んでも、いつも涼しい顔で遠くから眺めているだけだった。

ショーケンは、相手役の女優にすぐ惚れてしまう癖があった。田中裕子はショーケンの恋女房役だったので、一時期は気持ちがグッと田中に向かっていたらしい。

が、後に結婚する沢田研二と田中裕子の付き合いは、この映画を通して始まった。

ショーケンはショーケンで、与えられた役をこなそうと必死だったし、沢田と田中の関係を察知したのかも知れなかった。それゆえショーケンが沢田をライバル視して衝突したり、田中裕子を巡って揉めたりすることはまったくなかった。

女好きのショーケンが目をつけた女優は、他にもいた。ロサンゼルスの高級ナイトクラブで働くダンサー役のローリー・ベリスという女優である。

映画のストーリーでは、ショーケン演じる海右衛門は、田中裕子演じる恋女房の小染よりも、インディアンの血を引いた混血のリリアンというダンサーに夢中になる流れである。

ローリー・ベリスは、決してプロの役者ではないが一生懸命演じていた。外見も若く可愛らしい。主演の萩原健一に気に入られたい気持ちもあったようだ。

ショーケンは、いしだあゆみと別れた後ということもあって、ローリー・ベリスと深い仲になった。

ショーケンは、このオールラッシュを観て、あまりいい顔をしなかった。

やはり、あまりにも理解しづらい映画であった。果たしてこれは喜劇なのか、男たちの生き様を描きたかったのか解らず、いろいろ分裂してしまっている。

ショーケンは、自分が必死になって練習し演じた浪花節、チャップリン的パントマイムなどが、あまり映画の出来に結びついていないことにガッカリしたようだった。

ショーケンは、この映画について、ほとんど語っていない。

なお、鈴木清順の鬼畜米英の精神は変わらなかった。鈴木清順、恩地日出夫、長尾啓司の三監督による平成五年（一九九三）四月二十四日公開のオムニバス映画『結婚』でも、「アメリカの国旗を破る」と言って撮影に臨んだ。

「優作はおれの真似ばかりしている」

高橋伴明は、早稲田大学第二文学部に入学。が、第二次早稲田大学闘争に参加したことで、大学を除籍されて中退。昭和四十七年（一九七二）にピンク映画『婦女暴行脱走犯』で監督デビュー。昭和五十年、ピンク映画の巨匠である若松孝二の若松プロに参加。高橋は、ピンク映画界では若手監督として中村幻児と並び称される存在となった。

昭和五十四年（一九七九）に高橋プロを主宰、昭和五十八年に自身初となる一般映画『TATTOO〈刺青〉あり』を監督。昭和五十四年の三菱銀行人質事件の犯人に材を取り、キネマ旬報ベストテンの六位、ヨコハマ映画祭監督賞を受賞。

同作でヒロインを演じた関根恵子とこの年二月から交際し、六月に結婚。

昭和五十八年（一九八三）、高橋プロを解散して、監督集団「ディレクターズ・カンパニー」に参加した。

高橋伴明は、萩原健一の事務所の桜井五郎社長と飲む縁があり、桜井社長が高橋に訊いてきた。

「ショーケン、どう思う?」

「誰だって一回撮ってみたいと思う役者だよね」

「じゃあ、一回会ってみる?」

それをきっかけに高橋と萩原の交流がはじまった。

その頃、高橋もまだヤンチャ気分が残っていたし、萩原とは気が合った。

昭和六十年（一九八五）に入り、高橋はショーケンから頼まれた。

「『1985　夏　アンドレマルローライブ』のライブビデオの演出をしてくれないか」

「そういうの得意じゃないけど、やってみましょう」

実は、萩原にとってライブビデオは初のことという。高橋は、ショーケンの歌はテンプターズのころから聴いてはいた。

昭和六十年八月二十四日、よみうりランドEASTでライブをおこなうことになった。

いざコンサートの入場が始まった。沢田研二のファンは女性ファンが多く、ショーケンは男性が多いといわれているが、ショーケンのコンサートに集まった客は、ヤンチャ坊主ばかりであった。

なんと、コンサートが盛り上がってくるや、ステージのショーケンめがけて、マリファナを吸うタバコのパイプのようなものが次々と投げ込まれる。

ショーケンはそれを二本拾い、高くかかげて振り、みんなに見せながら声を張り上げる。

「こんなもん、吸ってるのは誰だ？　警察に言うぞォ、無駄な抵抗は止めろォ」

ショーケンは、ニヤニヤしながら自虐めいて言う。

「大麻なんかやってると、次に交通事故、さらに離婚、と言うことになるぞォ……」

会場は沸きに沸く。みんな仲間という盛り上がり方だ。

高橋は、野外ステージであったが、ステージの真ん前に鉄パイプの櫓を組んでキャメラを何台も据えた。キャメラマンはステージの下からショーケンの歌うのを狙った。

そのうち興奮した客が、ステージに押し寄せた。ついには、にわか作りしていた鉄パイプの櫓が潰されてしまった。キャメラマンはもみくちゃにされながらも、必死にショーケンたちの動きを狙い続けた。まさに命懸けの撮影であった。

会場が狂おしい盛り上がりを見せると、ショーケンは用意されている高い台の上に登った。なんと、相当強力なホースを握ると、会場の客目がけて勢いよく水をまき散らし始めた。真夏の野外ステージゆえに、客は大喜びで水を浴びるのを楽しんでいる。

ショーケンは、今度は大きなバケツを掴むや、客目がけて水をぶちまけた。

高橋は、そのばらまかれる水にライトをかぶせ、真っ赤な色をつけさせた。その真っ赤な水飛沫を浴びて喜ぶ客にとって、ショーケンはまさに教祖であった。

そのライブビデオのラストシーンは、まるで劇映画のラストシーンであるかのように、ライブとは関わりの無い踏み切りでチンチンと音の鳴っている姿を映した。映画監督高橋らしいラストであった。

ショーケンは、高橋に訊いた。

「なんで、ラストにああいう映画のようなシーンを付け加えたの？」

「いや、気分としか言いようがねぇよ」

ショーケンは、その映画的なラストシーンが気に入ったようだった。

時に「メシでも食おうか」とショーケンから高橋伴明監督に誘いがあって、寿司屋で一緒に酒を飲むこともあった。

高橋も妻の高橋恵子のことは語らず、ショーケンも倍賞について語ることもなかった。

高橋が、今だから打ち明ける。ある夜、その寿司屋で高橋とショーケンの二人が飲んでいた。

突然、ショーケンが寿司屋の大将に頼んだ。

「包丁を貸してくれ」

高橋が、何事かとショーケンに訊いた。

「これから、優作のところに行く」

高橋が止めた。

「アホなことをするな」

が、ショーケンは言うことを聞かなかった。

「まぁ、ちょっと頭冷やしてみるわ」

そう言って、寿司屋から出て行った。

ただし、包丁は背広に隠して持って出た。

高橋は、次の日、さすがに心配だったのでショーケンにいきさつについて訊いた。

するとショーケンは打ち明けた。

「やっぱり、優作のところに行った。優作がきちんと謝ったので、包丁を使うことはなかった……」

高橋によると、ショーケンは血の気が多く、すぐにスイッチが入ってしまう。が、この時は、包丁は持って行っても、初めから使う気はなかったのでは、と思っている。

ショーケンは、『いつかギラギラする日』の奥山和由プロデューサーにも常々こんなことを口にしていた。

「優作は、おれの真似ばかりしている」

奥山は言った。

「先輩の背中を見ながら、ある意味憑依しながら自分を磨いていくというプロセスはあって当然のことじゃないか。スキルというものはリスペクトするもの。それを貰うのが何故悪いんだ」

すると、ショーケンは激高する。

「俺は、誰の背中も見ていない。おれはおれでしかない。あいつはあいつでいりゃいいんだ。それをいろんなやつから盗むんだよ。原田（芳雄）さんだって、迷惑している。スキルでやれる演技というのはC級だ。生まれながらの本能で演じられるものだけが時代を引っ張れる。新しくないといけないんだ。おれは自分で時代を作ったつもりだ」

奥山は、ショーケンには、自分のような二度と出ない不良性感度のスーパーヒーローを誰にも潰されたくないという意識がずっとあったという。

しかし、ショーケンはスーパースターとしての地位を保ちつづける難しさを頭で考えなくても体で感じていた。

ところが、やはりいろいろな若い追っ手が背後から追ってくる。

特に松田優作は、『太陽にほえろ!』を見てもわかるように、ショーケンのすぐ後ろからヒタヒタとついてきている。優作のすぐ後ろとなると、あまりいない。

ショーケンには、背後から優作に追い詰められているという焦燥感のようなものがあった。そう言えば、激怒するであろうが、確かにあった。

ショーケンは、『日本映画「監督・俳優」論』で松田優作について打ち明けている。

《松田優作は、俳優としての方向を定める際に僕がいたことでやりやすかったと思いますよ。僕の家に来てさ、言ってましたね。

「もう原田芳雄は駄目ですよ」

「そう、なぜ? そのうち君、僕にも飽きるよ。だってあなた、原田さんをずいぶん真似したよ、サングラスかけてさ。前は原田芳雄か松田優作か分からなかったし、それで今はおれそっくりじゃないか。そのうちおれにも飽きるよ」って言ったら黙っちゃった。

だけど側にそういったお手本というかあるいは仮想敵みたいな存在があるっていいもんですよ。だから優作は楽だったと思う》

第五章　復活の日

新境地を拓いた『瀬降り物語』への挑戦

昭和六十年（一九八五）五月十一日公開の東映作品『瀬降り物語』は、映画監督・中島貞夫の代表作の一つである。

昭和五十八年のある日、中島は東映社長の岡田茂と企画の打ち合わせをしていた。岡田が突然問いかける。

「おまえ、アレ、どうしてる？」

「アレ」とはサンカもののことだ。

実は、その二十年前、中島はサンカものの映画を企画したが、当時の大川博社長に「よくわからん！」と怒りを買い、流れた。中島は二昔も前にボツになった企画を岡田がまだ気に留めていたのが意外だった。プロデューサーである自分がゴーサインを出しながら、大川の鶴の一声で止められてしまったことをすまなく思っていたのかもしれない。

この年、今村昌平監督の『楢山節考』がカンヌ国際映画祭でパルム・ドールを受賞。ヒットにつながった。岡田は類似の企画を探していたのだ。

「やってみるか？　金は一本しか出さんけどな」

「一本」とは一億円のことだ。こうして東映でサンカものの企画が二十年ぶりに息を吹き返した。異例の事態である。

ただし、前作とは内容が少々違っている。今回は「なぜ、サンカが消えたのか」を描くことにした。昭和十三年（一九三八）四月一日に制定された国家総動員法など、政治的な要素も盛り込んでいる。

当初、主演には渡瀬恒彦を予定していた。だが、折り悪しく渡瀬の体調が思わしくない時期に当たってしまう。中島ははたと困った。いろいろな付き合いを通じ、さまざまな候補を検討していくことになる。そんな中、萩原健一の名前が浮上してきた。

〈まさか、ショーケンはやんねえだろうな〉

当初、中島はまったく期待していなかった。だが、一応こう言っておいた。

「まあ、駄目でもともとだから。話してみてくれ」

後日、間に入った人物から連絡が入る。ショーケンが第一稿の脚本を読み感激し、意外にもOKだった。

「えっ」

中島は耳を疑った。萩原といえば、完全な都会派である。原始的な暮らしをする「山の民」を演じるとは予想だにしなかった。ただ、中島はこうも感じた。

〈確かにショーケンのイメージとサンカには隔たりがある。だが、ショーケンにはある面でギラッとした男らしさもある〉

その点を萩原と話し合い演じてもらえば、いいものになるかもしれない。萩原としても従来の路線とは異なる役柄に対して意欲的だった。

ただ、萩原の起用にはスタッフの誰もが反対した。演技以外の点でさまざまな問題が持ち上がることはわかっている。

ショーケンには確かに泥臭さははない。だが、男っぽさの純粋性は写るだろう。少々欲張りかもしれないが、いけるのではないか。中島はそう考えた。

中島は萩原を口説いた。

「あまり踊らない方が役者としていい線が出る。それなしで、いっぺんやってみようよ」

こうして、萩原の主演が本決まりとなった。

〈一人の俳優として、この映画に携わってもらう。その点は大丈夫だろう〉

『瀬降り物語』は、昭和十年代の末頃まで関東以西の地方に、一般社会の人々と隔絶して、山野を漂泊しながら、生活を送る山の民を描いている。かれらは農村近くの河原に瀬降りという天幕を張り、他を寄せつけず、萩原健一演じる大親分を頂点に、室田日出男演じるクズシリ、野口貴史演じるクズコー、それにムレコの各親分が、各地の瀬降りを取り仕切り、独自の掟によって厳しく規定されていた。

太平洋戦争の最中、山野を漂泊する山の民の一族で、群子の大親分「ヤゾー」と呼ばれる萩原健一演じる木下一と一人息子の太が、殿山泰司演じる亀蔵と藤田弓子演じるクニの一家が住む川原の瀬降りを訪れる。ヤゾーが来たのはその一家の二人の息子カズオがハナという娘を嫁に迎えたためで、その仲立ちをするのであった。

二人の祝言は古式にのっとり行なわれ、二人は山の民の掟に従って翌朝、新天地へ向かって旅立った。

ヤゾーは一年前に妻を亡くしており独り身であった。クニはそんなヤゾーに、カズオの妹で河野美地子演じるヒデを嫁にするようさかんに勧める。が、ヤゾーはとりあわなかった。ヤゾー父子は、しばらくして去って行った。冬になり、ヒデは、ヤゾー父子だけでなく兄も去り、何となく寂しい気分でいた。

そんなある日、亀蔵が死んだ。葬儀には各地から一族の仲間が集まった。

が、何故かカズオと早乙女愛演じるハナの姿がなかった。実は、カズオは村で、小倉一郎演じる巡査に捕まっていた。窃盗と兵役忌避の疑いであった。カズオは、取り調べを受け、縄で手足を縛られている。ハナは、カズオを助け出すため、駐在所の屋根に登り、上から巡査に網をかけ、身動き出来ないようにする。ナイフでカズオの縛られている縄を切る。巡査は網から抜け出し、ハナの太ももをサーベルで刺す。ハナとカズオは巡査に襲いかかり、縛り、どうにか瀬降りに逃げ戻ってきた。

事の仔細をきいたヤゾーは、二人を永久に逃すことを決意する。

夏、ヒデは修理した箕を村へ届けに行き、ジローという東京帰りの若者と知り合う。二人はその後も密会をかさねる。が、これが原因となり、村人との間がギクシャクしてくる。

久しぶりに仕事を手伝いに来たヤゾーは、村人と抱き合ってはならぬ、という掟を破ったヒデを首だけだして土中に埋める。そんなヒデを不憫に思ったクニは、ジローに会いに行き、夫婦になるよう迫るが、逆に村人に追われ殺害されてしまった。

ジローは村人がしたこととはいえ、深く責任を感じ、全てを捨ててヒデと暮す決心をする。ヒデのためなら命を賭けるという言葉を聞いたヤゾーは、ジローの片目を山刀で潰す。

「これで、兵役は回避出来る。片目であれば山で生きていける。おまえたち二人の面倒は、おれが一生みる」

やがて、瀬降りを背負ったヤゾー父子、ヒデ、ジローの四人が山の渓谷をのぼって行く姿があった……。

ショーケンのお守役、室田日出男

中島組、『瀬降り物語』の撮影手法に萩原をはじめ、出演者もだんだんと慣れていった。いっぽう、中島には一つの懸念があった。

撮影は四国の愛媛県と高知県の県境近くの山の中の滑床渓谷(なめとこけいこく)で合宿のような形でおこなった。ロケ地は四万十川の源流に近いあたりだ。松山空港から車で一時間くらいかかる。四季を狙ったので、最低でも四往復。最も長きに渡った夏の撮影では、二往復した。スケジュールは天気の状況を見ながら組まれた。

照明に関しては「自然の光をどこまで使えるか」という方針を取った。基本的にノーライトでいくと決めていた。ライトをたくにしても、せいぜい補助ぐらいのものだ。夕暮れ時のシーンなどは、一回では撮れない。ワンシーンの撮影に三~四日を要することもあった。

この方式を取る以上、俳優には長期間の拘束をかけざるを得ない。主演の萩原にも要請していた。

「出来るだけ現場にいてほしい」

だが、年中出番があるというわけではない。スケジュールの上からいっても、萩原は二十日間以上は続けて現場にはいられない。他の仕事もあるからだ。撮影の合間、夏の期間中に三日ほど東京に戻るようなこともあった。その間、他のキャストは現場に残ったままだ。

ストレスが原因で萩原が爆発するような事態も考えられる。そこで中島は一計を案じた。『前略おふくろ様』で共演して以来、萩原と親しくなっていた室田日出男を起用。室田には、出番がなくても現場に張り付いていてもらうことにした。萩原への緩衝材としての役割を期待してのことだ。

「室さん、頼むわ。出番のないときでも、現場に来てくれ」

ピラニア軍団「村長」直々の頼みごとだ。

「やります、やります」

室田はもともと東映ニューフェイス第四期として入社した。同期には佐久間良子、山口洋子、山城新伍らがいる。だが、なかなか芽が出なかった。京都撮影所にきてから、大きくなっていった俳優だ。ピラニア軍団でも中核的な働きをしていた。中島は室田の成長を側で見守った。

そういう中島の頼みだ。室田は二つ返事で引き受けてくれた。

室田の快諾を受け、中島監督は萩原にも耳打ちした。

「ショーケン、現場には室ちゃんもいるからな。言いたいことがあったら、かれに言ってくれ」

実際にはクズシリー役の室田の出番は非常に少ない。現場では萩原の話し相手として大いに貢献した。私生活の面で萩原のわがままも室田が聞き届け、何とかしていった。

人と接点を持ち、上手に付き合う。細やかな気遣いが出来るという点ではピラニア軍団の中でも室田が飛び抜けていた。したたかに酒を飲んだとしても、乱れることはない。

例えば、同じピラニアでも川谷拓三だと、こうはいかない。ちょっと酒が入ると、こんがらってしまう。妙にとんがって、手がつけられなくなる。人選は重要だ。

昭和五十八年（一九八三）四月二十日、萩原は大麻不法所持で逮捕され、懲役一年、執行猶予三年の有罪判決を受けている。薬の問題も厄介だった。東映の俳優の間でも萩原について「あの人は何をするかわからない」という見方があった。

中島は、室田に命じた。

「薬だけは注意してくれ。目をつぶっちゃうと、もう駄目だぞ」

中島の意を受け、撮影中、室田は監視に努めた。地方の山の中に籠って長期間にわたる撮影だ。少しでも悪い評判が立てば、大変なことになる。

中島には「他の出演者がショーケンの影響を受けてはいけない」という考えもあった。室田の監視下で半ば隔離するような形を取った。

もう一人、同じくピラニア軍団からクズコー役の野口貴史も呼び寄せた。俳優兼料理番としてだ。野口は、包丁を持たせると、なかなかの腕前だった。

野口の性格は誰に対してもとんがることがない。人当たりがいいのだ。ピラニア軍団の中でも最も人望があった。軍団としてまとまっていたのは、野口のおかげとも言える。

室田や野口を投入した「ショーケン対策」は功を奏した。萩原は俳優陣とだんだん親しくなっていった。ピラニア軍団といっても、それぞれに個性や役割がある。『瀬降り物語』には川谷拓三は出演していない。川谷は演技力よりキャラクターで売る俳優だ。演技に癖があるため、この作品には適していないと中島が判断した。

結果的に中島の判断は間違っていなかった。主役に起用する以上、萩原を全面的に信用しなければならない。

この映画で萩原は泥臭くは動けなかったが、演技に土着性が必要だということは十分に理解して取り組んだ。

例えば、こうだ。台本に「谷川の中を走る」シーンがあった。現実問題として、谷川の中など走れたものではない。萩原は密かに自分で試してみたようだ。その結果、走るのは難しいことがわかった。

その上で質問してきた。

「監督、このシーンはどうするんですか?」

この問題は中島の中では解決済みだった。中島も試してみたが、自然な谷川の中は確かに走れるものではない。ならば、走れるように仕掛けや工夫をすればいい。

「谷川の走るコースの底に土嚢を敷いていく。その上を走れば大丈夫だから」

「ああ、なるほど」

萩原はすぐに納得してくれた。こうしたやり取りでは理解は早いほうである。

並みの俳優なら、台本を斜め読みして、「ああ、そうですか」で済ませるだろう。だが、萩原は違う。土嚢の上を走りながら、どうすれば自然の中を走っているように見えるかを懸命に考えていた。

サンカには独特の早足の歩き方がある。アスファルトで舗装された都会の道路をすたすたと歩くのとはわけが違う。

監督の中島貞夫はそのことを萩原に説明した。

「足の踏み締め方に注意してほしい。山の中で生活する人間の歩き方にしてほしいんだ。大地に両足が着いていないといかん。例えば、かれらの収入源である箕や笊を作る材料として孟宗竹を切って、二本ぐらい抱えて山道を歩くとする。そうは早く歩けないだろう」

萩原は即座に理解した。このへんの反射神経は天性のものだろう。

普通の俳優なら、そこから歩き方を考え、スタッフに「これでいいですか?」と確認する。だが、萩原は違った。自分でこうと決めたら、それでよしとしてしまう。

ただ、演技の幅自体は決して広いとは言えない。サンカが用いるウメガイという刃物を研ぐシーンでも、作った動きになってしまった。

萩原と東映のスタッフとの関係は必ずしも良好ではなかった。現場ではキャメラマンらとちょっとした摩擦もあった。萩原は我慢出来ないときはどうしようもないタイプだ。東映のスタッフと衝突した際は、萩原ではなくスタッフに辛抱してもらうしかなかった。

暴走列車、ショーケン

小倉一郎は『瀬降り物語』でも、村の駐在所の巡査役で絡みこそないが、ロケ先で会うことになった。

小倉はつい苦笑した。

〈よくよくショーケンと縁があるんだな……〉

四国の山間部にプレハブを借り、そこでスタッフも役者も泊っていた。

小倉は駐在所での撮影を終え、その夜一晩そのプレハブで泊まり、翌日の朝、東京へ帰る予定になっていた。

ところが、助監督が小倉に言ってきた。

「小倉さん、悪いけど、今夜は別のホテルに泊まってもらえませんか」

あまりに突然のことだったので、小倉は訊いた。

「なんで？」

「今日、ショーケンが来るんで、スタッフと親睦というか、中島監督も交えてここで宴会をやりたいので」

「僕が居ちゃ、いけないのかい？」

「いや、小倉さん宴会には居ていいけど、泊まりだけはホテルに移ってほしい。ショーケンがみんなと一つ屋根の下で過ごすため、今夜からプレハブに泊まるので」

小倉は「いいよ」とホテルに移ることにした。そこでこれまで泊まっていたプレハブの自分の部屋へ上り、助監督に言った。

「おれの布団をそのままショーケンが使うと汗臭くて悪いから、新しい布団に替えてくれ。それと、悪いけど、部屋も掃除しておいてくれ」

まもなくショーケンが「よろしく！」と勢いよくやってきた。

それから、宴会に移った。

実は、中島監督は、野口貴史とピラニア軍団の若い者二人の計三人をコックとしても参加させていた。かれらは合宿で慣れていて料理づくりがうまかった。さらに二人のコック、合わせて五人もコックがいた。中島監督が麺類が好きだから蕎麦やうどんはもちろん、スパゲティも作らせていた。

宴会の席で、ショーケンがアイデアのひとつを口にした。

「サンカの長の象徴として、ピアスをしたい」

小道具の男の子が訊いた。

「ショーケンさん、ピアスというのは、穴開けるやつですか」

「ああ」

「あれは、一回耳たぶに刺して穴を開けるので、化膿したりするといけないんで一週間くらい経ってからはめないといけないんだ。すぐにブスって穴開けてすぐぶら下げるわけにはいかないんです」

「てめえ！」

ショーケンが、自分のアイデアを否定されたことでキレ、いきなりその小道具の男の子を殴ってしまった。

「いいから、買ってこいよ、この野郎！」

この映画にクズシリー役での出演だけでなく、中島貞夫監督にショーケンが暴れないための止め役としての役目もおおせつかっている室田日出夫がショーケンを制しながら、提案した。

「ショーケンちゃん、ショーケンちゃん、耳に穴を開けるんじゃなくて、こういうのはどうかな」

竹を輪切りにして一箇所切れ目を入れて耳に挟んではどうかな、と手真似でやって見せた。

室田は、『前略おふくろ様』で共演し、ショーケンの性格はよく知っている。

中島監督は、腕を組み黙ってその動きを見ていた。

小倉は、つい口を出した。

「監督、いいんですか」

すると、中島監督はボソッと言った。

「ピアスくらいで、おれの映画は壊れねえよ」

ところが、小倉がのち完成した映画を見ると、どういう形にせよピアスらしいものはしていない。その後、何があったのかは小倉にはわからない。

ショーケンが小道具の男の子を殴ったその宴会は、そのままではおさまりそうにはなかった。

中島監督にずっとついているチーフ助監督の藤原敏之のところに、他の助監督がみんな集まった。口々にショーケンを罵った。

「あの野郎！　ぶん殴ってやる」

『股旅』の撮影中にショーケンと喧嘩になったことがある小倉は、助監督らを制した。

「撮影中は止めろ。やるんなら、終わってからやれ」

が、撮影が終わってからもショーケンを殴ることはなかったようだ。

小倉から見ると、ショーケンは気が小さいから、最初に「おれには誰も文句を言わせないぞ」

というところを見せる。

室田も気が優しいところがある。が、酒を飲むと「おれは共産党だ。文句あるか」と粋がり、周りから「誰もそんなこと言ってませんから」となだめられていた。

が、室田はショーケンのようにまわりの仲間に襲いかかるようなことはなかった。

中島監督は、自己主張する俳優自体は嫌いではない。むしろ、そのほうが絶対にいいと考えている。

中には監督の指示通りに演じる俳優もいる。だが、監督としては、得てしてそういう俳優には不満が募ってくるものだ。

いっぽう演出の意図を逆手にとって、「これでどうだ」と挑んでくる。そんな俳優の動きの中から「おお、これいいな」と突破口が見つかったりする。

『瀬降り物語』で中島はこう考えていた。

〈ショーケンの持っているものを、出来るだけ出してもらおう〉

大自然をバックに撮れば小芝居は通じない。中島は、ショーケンを含め役者に頼んだ。

「細かい芝居は、出来るだけしないでくれ」

中島の目論見は大きくは成功していた。例えば、萩原と藤田弓子のセックスシーン。中島は二人に言った。

「ここの体位は二人に任せるから。うんと原始的に行こう。暴力的に行こうよ」

萩原が主導する形で動きを決めていった。このシーンは萩原でないと出来ないものになった。

殿山泰司演じる亀蔵の妻であった藤田弓子演じるクニは、亀蔵が死んだ後、亀蔵との間に孕んでいた子供を産むが、ひそかに殺す。ヤゾーに思いを寄せていたからだ。

クニは、激しい流れの川の中で、ヤゾーを誘い込む。

ヤゾーは、岩にしがみつくクニの背後から、荒々しく襲いかかる。クニの着物の胸に荒々しく手を突っ込み、乳房を激しく揉み、ムッチリした豊かな尻もあらわに剥き出し、自分の褌(ふんどし)を外し、乱暴に突き入り、腰を狂おしく使い続ける。藤田も狂おしく悶え続ける。

藤田の努力もあった。萩原より年齢が上で、「ショーケンはこんな奴だ」と知識が入ってくる中、うまく対応していった。

山の中で暮らす男の野性とはどういうものか。萩原なりにキャラクターの特徴を出そうといろいろな工夫をしていた。

藤田だけでなく、ヒデ役の河野美地子、ハナ役の早乙女愛、村の女役の永島暎子など、女優陣も肉体を大胆にさらし、体当たりの演技を見せてくれた。

中島貞夫をはじめとするスタッフや、室田日出男や野口貴史ら東映俳優陣の細かな気遣いのせいか、『瀬降り物語』の撮影は順調に進んでいった。現場で揉めることはほとんどなかったと言っていい。萩原なりに抑えるべきところは抑えていたのかもしれない。

春夏秋冬、四季の移ろいを撮るため、撮影期間は一年間。山の中に籠って実質的な撮影を行ったのは丸二カ月半ほどだ。

中島にとって、これだけ長期間にわたる撮影は初めてのことだった。それでなくても、普段から二本立てのプログラムピクチャーで短期間の撮影を強いられている。

結果的に昭和六十年に中島が撮った映画は『瀬降り物語』一本だけだった。脚本を手掛けた作品はあるが、監督作としてはこの一本にかかりっきりだった。

　最初に企画したときから数えれば、二十年を超える。ようやく日の目を見たという意味でも中島の思い入れは格別だ。

〈興行的な成否はどうであれ、こういう映画の作り方はほとんどないだろう。誰にでも出来る経験ではない〉

　萩原健一の起用も概ね吉と出たと言っていい。

『瀬降り物語』の撮影中、監督の中島貞夫と主演の萩原健一が酒を酌み交わすことはなかった。これには理由がある。中島と萩原、両方と親交がある室田日出男がこう言ったのだ。

「監督、ショーケンとは飲まないほうがいい」

　中島はこの進言を受け入れた。室田は周囲をよく見ている。かれの存在があったから、『瀬降り物語』はクランクアップにこぎつけた。中島は今でも室田に感謝している。

　萩原健一にとって、『瀬降り物語』に出演した意味はどのへんにあったのだろうか。監督の中島貞夫もその答えはわからない。むしろ、萩原に聞いてみたいくらいだ。

　中島は俳優・萩原健一をこう評価している。

〈ショーケンには独特のこだわりがあり、それを形に出来る男だ。男と女の関係、自分の息子を教育するところ、掟をきちんと守っていこうとするところなどは理解してやっていた。ヤゾーたちが集まって雪の中で会議を開く。そこで黙って話を聞いているときのたたずまい。これはなかなかのものだった。誰でも真似出来るわけではない。

　雪の中で少年を連れて歩くときも、ショーケンならではのよさが出ていた〉

『南へ走れ、海の道を！』で眉を剃り落とす

映画プロデューサーである鍋島壽夫（なべじまひさお）は、昭和二十八年、兵庫県赤穂市に生まれた。絵を描くことが好きだった鍋島は、画家を目指し、昭和四十八年、フランスへ留学し、アカデミーを経てパリ国立美術学校で油絵を学んだ。帰国した鍋島は、昭和五十年に三船プロダクションで、企画部プロデューサーとして働くことになった。

昭和五十四年（一九七九）、三船プロダクションは内輪揉めが原因で分裂した。松竹から映画制作の依頼を受けた鍋島は、独立して制作会社「ライトビジョン」を設立することになった。

その第一作が昭和六十一年（一九八六）八月三十日公開、和泉聖治監督の『南へ走れ、海の道を！』である。

また同時進行で、同年十月二十五日公開、萩原健一主演、倍賞千恵子、倍賞美津子共演、神代辰巳監督の『離婚しない女』の撮影も進めていった。

映画の舞台は『南へ走れ、海の道を！』が沖縄、『離婚しない女』が北海道の根室、釧路である。鍋島は、松竹のプロデューサーの奥山和由とともに、日本の端と端を行ったり来たりした。

萩原は、鍋島が別の映画を沖縄で撮っていると知って提案してくれた。

「せっかくなんで、そっちにもゲストで出るよ」

「それなら、ヤクザの親分か殺し屋みたいな役で出てよ」

そこで急きょ『南へ走れ、海の道を！』のゲスト出演が決まった。萩原は沖縄ロケではなく、大船撮影所のセット撮影の時に出演してもらった。

映画の終盤、クライマックスになだれ込むのに弟の復讐を果たすべく琉球連合会に一人で戦いを仕掛ける主人公の岩城滉一演じる富島亮の背中を押す暴力団幹部の権藤竜二という重要な役で、強烈な印象を求められる役だった。

約束の日の朝、鍋島は萩原が到着するのを待っていた。

「おはようございまーす」

機嫌良くやって来た萩原の印象がいつもと違う。見ると、ヤクザになりきるため自ら眉毛を落として来ているではないか。和泉聖治監督はもちろんそんな指示は出していない。自分でこのほうが良いと判断したのだろう。萩原は、自分の顔を鏡に映しながら「ああ、気持ち悪い」と言っていた。

当日、奥山も沖縄の現場に到着したかれを見て驚いた。その後、奥山は、思わず笑ってしまった。

それが気にくわなかったのか、ショーケンは不機嫌になってしまった。

『黙示録　映画プロデューサー・奥山和由の天国と地獄』によると、ショーケンは、その迫力のある人相で、いきなりギャラの話をし出した。本人がギャラについてプロデューサーと、しかも現場で直接話すことなどあり得なかったのに……。

「出演料、決まってないよね。今、こちらの希望金額言っとくよ。五百ね！」

かれはワンシーンの出演にもかかわらず、なんと五百万円と主張してきた。その時、奥山もうまくかわしておけばいいのに、つい正面から反論してしまった。

「撮影拘束時間は、せいぜい五時間。時給百万とは、とんでもない」

「おれは時間を売っているんじゃない。映画に関わったときの萩原健一の名前の価値だ！」

「予算は、とてもはまらないですよ」

「おれは、眉毛まで剃ったんだぞ！」

「頼んでもいないじゃないですか」

「さらに、生えてこなかったときの場合は、一〇〇〇万だからな！」

「じゃあ、生えてきて元通りになったら半額にします！」

周りのスタッフは怯えるほど、真剣な口論でも、冷静に考えれば内容はほとんど子供のけんかにすぎなかった。

映画の撮影は終わり、奥山は請求してくるかと待っていたが、ショーケンは一向に何も言ってこない。

奥山は、マネージャーに相談した。

「現場でケンカになって決まっていないんだけど……どうしようか？　眉毛、戻ったでしょ。本人に聞いてくれますか」

それで本人から電話があり「あれは奥山さんへの友情だから、いらないよ。それよりさあ、デ・ニーロがカポネの役の特別出演で髪の毛抜いたそうだよ。やっぱ一流はやること同じだわ」

と超ご機嫌。

「そうだよね、萩原さんとデ・ニーロってどこか似てるよね」

奥山がそう持ち上げるると、ショーケンは明るい声で言った。

「今度はデ・ニーロなみの出演料で頼むよ！」

いっぽう鍋島の見るところ、結果として、ショーケンの眉毛のない顔は非常にインパクトがあり、萩原の狙い通りの効果があったという。

「あの奥山をぶっ殺してやる」

鍋島壽夫プロデューサーは、松竹の奥山和由とずっと一緒に仕事をしてきた仲だった。

昭和六十二年（一九八七）八月一日公開の仲代達矢主演、神山征二郎監督の『ハチ公物語』も鍋島、奥山コンビの作品である。この撮影のため、鍋島は高知の土佐電鉄本社に交渉に行き、その横にある本屋で約束の時間まで時間をつぶしていて、ふと一冊の本に目が留まった。早乙女貢の『竜馬を斬った男』だった。

〈ああ、いい題名だな〉

鍋島は、東京に戻ってさっそく奥山に話をした。

「高知で『竜馬を斬った男』という本を見かけた。いいタイトルなんで映画向きなんじゃないか」

奥山も賛同した。

「うん、いいね」

『ハチ公物語』の撮影と同時進行で『竜馬を斬った男』の映画化の話は進められ、主役は萩原健一にしようということになった。

しかし、制作スタッフ陣は「もうショーケンは面倒くさいから、別の人に替えようか」という空気になっていた。ところが、萩原自身は何が何でも主役の佐々木只三郎役をやりたいと思っていた。ある日、鍋島、奥山、美術監督の西岡善信の三人で、京都市内で密談をしていた。

「ともかく、いろいろ決まるまでショーケンは遠ざけておこう」

そんな話をしている時、いきなりバーンと部屋の扉が開いた。立っていたのはなんと萩原健一だった。

奥山も、鍋島もビックリした。

〈うわっ！　なんで、ここがわかったんだ⁉〉

ショーケンは、じーっと奥山らを見ている。トレンチコートにシルクハットをかぶって。その横にマネージャーの昆絹子もいる。

〈なんで、ここが分かったんだろう〉

それは、奥山にはいまだに謎であるという。

その時に、マネージャーの昆がツカツカッと寄ってきて、奥山に訊いた。

「どうしたの？　西岡さんじゃない。奥山さんよ。なに、打ち合わせしてるの？」

どうも奥山が断りに来たんじゃないかと直感したのだろうか。

奥山は覚悟した。

〈ショーケンのことだ。どこでも追いかけてくる。これはやらなければ、家だろうが地の果てまでも追ってくるな……〉

「しょうがない。やるか」という感じになったが決定はしなかった。

奥山は、それから間もない昭和六十二年公開の舛田利雄監督で、つかこうへい原作の『この愛の物語』を八丈島で撮影している現場にいた。

そのスタッフのところに、ショーケンから電話がかかってきた。

「交通手段は何にするかわからねえけど、八丈島に包丁を持って行き、奥山をぶっ殺してやる」

奥山にはショーケンに脅されたという意識はない。かといって、まったくの冗談で言っているとも思われなかった。

「おれは、これだけ真剣に怒っている」

そういうことを伝えたいというボキャブラリーが、そういう表現にいく人なのであろう。

普通の喫茶店のど真ん中で奥山と話していても、大声で「ぶっ殺してやる」なんて平気で言っていた。言葉はすべて萩原健一語で話す。

鍋島、奥山、西岡の三人は、萩原の執念深さに根負けした。

「しゃあねえな」

改めて主役は萩原健一ということで監督を探したところ、西岡善信の口添えもあって最終的に山下耕作監督に依頼することで決まった。

ここまで製作陣が固まれば、あとは山下監督と昵懇（じっこん）の西岡にすべて任せればいい。

映画の資金は松竹が出すことになった。萩原のマネージャーもあちこちに営業をかけ一億円集めてきた。

昭和六十二年（一九八七）十月十七日公開の『竜馬を斬った男』で、萩原健一演じる幕士・佐々木只三郎は、京都見廻組組頭に着任。根津甚八演じる坂本竜馬と再会。初めて会ったときはどういう人物かよく知らなかったがかれは竜馬に不思議な魅力を感じた。しかし、只三郎は薩長連合を企てる首謀者の竜馬を斬るよう命じられる。

只三郎は次第に薩長連合を成立させた時代の窮児ともいうべき竜馬に対し、嫉妬と憎悪の念を燃やしていく。狂ったように竜馬を追い求める只三郎は慶応三年十一月十五日、中岡慎太郎と共に河原町の近江家に逗留している竜馬を斬った。しかし、その直後かれ自身かねてから自分をつけ狙っていた故郷の会津で共に学んだ亀谷喜助に襲われて差し違えてしまう。

只三郎の妻役として出演していた藤谷美和子は、調子が悪くなり、自分が納まらないとなると、言いはじめる。

「奥山さん、ちょっと別のところに行っていいですか」

連れて行かれるのは、いつも樹木希林の家であった。何の約束もせずに突然に樹木のところに連れて行くから、奥山は「すいません」と樹木に頭を下げる。

が、樹木は、

「いいのよいいのよ、あんた本当はいい女優なんだからね」

そう言いながら、藤谷の話を聞いてくれる。

奥山によると、藤谷は、ガラス細工みたいな神経を持っている。ちゃんと環境を整えて、さぁ演じてごらん、とやらせると、感情のストリッパーになり、自分の生々しいものを泳がせれば、天才的な芝居をするという。

樹木は、どんな役者でも、相談に行くと、もう底なしに相手を受け入れていた。「同化の天才」であったという。

山下監督はかって鶴田浩二主演の『総長賭博』などの傑作を撮った優れた監督だが、奥山によると、すでに老い過ぎていたこともあり、映画としては少々大人しかった。悪辣(あくらつ)なアクション映画を作る時には、とにかくエネルギッシュなものを作ってやろうというパワーが必要だという。

この撮影中、新幹線に個室があった時代で。奥山はショーケンのために、新幹線での移動にはわざわざ個室を取った。奥山がショーケンをその個室に案内すると、すぐに嫌な表情になった。

「駄目だ。刑務所を思い出す。個室だけは勘弁してくれ」

ショーケンが奥山の普通の座席に移り、奥山が個室に入った。

奥山がショーケンに招かれて横浜・菊名の自宅に行くと、邸内に茶屋があった。

ショーケンはその茶屋で奥山に説教したりした。瀬戸内寂聴の影響か、人生を達観したようなことも語った。その中には断片的になかなか良い話もあったという。

三田佳子が身構えたラブシーン

平成元年(一九八九)四月八日に公開された降旗康男監督の『極道の妻たち「三代目姐」』は、三田佳子が姐さん役を務め、萩原健一と共演したヒット作である。

関西坂西組・三代目の丹波哲郎演じる坂西武雄が倒れ、三田佳子演じる妻の葉月は一万人以上の組員を従えていたが、組長代行の寺田は四代目を狙っていた。

折しも萩原健一演じる坂西の子分・若頭補佐の赤松徹郎が出所し、赤松を推す幹部がいたことなどから三代目の死に伴い権力闘争が起きる。赤松は葉月に寺田が入れ札で組長に決定したことを報告するが、葉月は赤松に三億の金を渡し、寺田に勝つように言い放つ。赤松は寺田の子分を殺害、吉川十和子演じる松江清美という女を利用しようとするが、健気な清美に次第に心を寄せてしまう。物語は、親分坂西武雄役の丹波哲郎が急死し、急きょ三田佳子が三代目を継ぐことになる。しかし心の中で密かに萩原健一演じる極道の赤松徹郎を愛している。萩原もまた、姐さんを愛しているという設定である。

ショーケンは、三田のことは役柄で「姐さん」として愛している。だから撮影中もその後も冷淡ではなく大人しくしていた。

萩原とのラブシーンの撮影で、三田は用心のためにガードルを履いておいた。萩原の熱演で、下着まで脱がされたら大変である。

キャメラマンの木村大作と、もう一台で撮影が始まった。ロマネコンティを飲んでいた姐さんが、たまりかねて言う。

「徹っちゃん、わて、抱いてくれへんか。あんたかて、好きやろう。わてかて、あんたのこと好きや」

曖昧な態度を取る赤松に、姐さんが怒鳴る。

「どないしたん！　わてかて、女やでぇ！」

赤松が火が点いたように姐さんに激しく抱きつく。二人抱き合う。

「徹ちゃん、わて、あんたしかおらへんのや！」

赤松が激しく抱きしめる。が、赤松がふいに我に返ったように姐さんから離れる。

「すいません」

それから、申し訳ないように言う。

「姐さん、二、三日待ってください。ワシ、話をつけてきますから」

そのシーンで用心のガードルが徒になった。キャメラに真紅の妖しい雰囲気のドレスの裾からのぞくガードルがばっちり映ってしまったのだ。太ももも覆う長めのガードルだったのがいけなかった。

結局、三田はガードルを外し、撮影しなおすことになった。

三田はもともと仕事中に私語はせず、役柄に集中するタイプである。だから萩原を相手に演じる時も、余計な芝居の論戦など一切交わさなかった。監督が何を考えているか、その場はどういう雰囲気なのかだけを考え、自分が納得出来る芝居を演じる。そうしていれば、萩原から文句が出ることもなかった。演技で相手を納得させる。そうした三田のやり方と、ありのままでぶつかって来る萩原のやり方が、ピッタリ合致した。

〈萩原さんとの仕事は、やりやすいわ〉

三田と萩原のセリフのやりとりは、打ち合わせも何もなく、あうんの呼吸で芝居がうまく進む。相性が良い、気が合うとしか言いようがなかった。

本番直前の萩原健一が、隅のほうで何かやっていた。三田が見ると、缶ビールをカッとあおっている。

〈やっぱり大変な気持ちがあっての出演だったのね〉

萩原がよくやるいたずら芝居もなく、お互いに真摯に芝居と向き合うことが出来た。

物語の終盤で、萩原健一演じる赤松が、坂上忍演じる少年ヒットマンに殺される。

報せを聞いた三田演じる三代目姐が、散らかる足元にもかまわず病院の長い長い廊下をすさまじい勢いで赤松の遺体のある部屋に走って行く。降旗監督がそのようなシーンを作ったのだが、演技はすべて三田に任せるという。三田は、何の計算もなく何の約束もないまま、長い廊下を気が狂ったように走っていく。部屋のドアを開けると、コンクリート打ちっぱなしの部屋の奥に、愛しい赤松が、死体となって台車の上に白いシーツに覆われて横たわっている。もちろん人形ではなく、萩原健一が寝ている。

そこへ三田がガッと駆け寄り、「赤松！」と絶叫する。

子分が赤松の顔を覆っている布を取った。なんと、死んでいるはずの萩原の目が半開きになっているではないか。三田はとっさに赤松の顔を両手ではさみこみ、「赤松！」と呼びながら、手のひらで、萩原の目を覆った。相手は死人なのだから、そっと閉じるのではなく、力を入れてしばらく手を瞼に当てた状態を保った。

三田は叫ぶ。

「なんでや、なんでこんなことになったんやぁ！」

赤松の子分が伝える。

「オヤジ、姐さんにすんまへんと言ってくれと、自分はてっぺん高すぎましたと言うとくれと、言っとりました」

ところが、萩原は再び目をうっすらと開くではないか。それは、まるで萩原から演技者三田への挑戦状のようだった。

〈さあ、どうする？〉

三田がここで萩原に文句を言えば、喧嘩になるし、撮り直しになる。三田は、再び手のひらで萩原の目を覆った。

三田の心の中に、萩原に対する怒りはなかった。今、三田は三代目になりきっている。愛しい男を成仏させてやりたい。その気持ちがあればこそ、二度も目をしっかり閉じさせてやる演技に繋がった。

ただし、開けた目を閉じさせることについ集中し、このシーンのリズムが崩れた。降旗監督もカットと言わずにキャメラを回し続けている。

三田は赤松の顔を激しくゆすりながら言う。

「あんた、日本一の大親分になる男が、なんで、こんなアホなことしたんやぁ！」

三田は、とっさにその場で床に転がり、床の上であまりの悲しさと男への愛にもだえ苦しみ泣き叫ぶ演技をして見せた。萩原もその演技に納得したのか、そのまま静かにしていた。さすがに三度も目を開けたら喜劇になってしまう。

三田と萩原は一度もぶつかることなく、いい仕事が出来た。三田は満足だった。

耐え難いコンプレックス

平成元年（一九八九）六月十七日公開の五社英雄監督の『２２６』で、ショーケンは、野中四郎大尉を演じた。野中は、昭和十一年二月二十六日に起こったいわゆる二・二六事件の中心人物の一人だ。約五百名の下士官兵を率いて警視庁と桜田門付近を占拠。二月二十九日山下泰文少将に自決を促され、叛乱（はんらん）の責任を取って、陸相官邸で拳銃自殺した。

奥山和由プロデューサーは、萩原健一は、実は野中のようなインテリを演じたがったという。

「しかし、インテリの血というものが、ショーケンには脳ミソにいくら叩き込もうとなかった。

人間ってインテリジェンスからくる品格みたいなものがある。それがない。ところが、松田優作は苦労から這い上がってきたが、不思議とインテリジェンスがあった。優作は松田優作として大成する前にさんざん勉強して、インテリジェンスというものを積んでから登場してきた。しかしショーケンは、チンピラのまま世の中に出てきた。そこでいきなり成功してしまった。その成功が体に染みついてしまった。はみ出した不良性に勢いもあったから、今さらインテリに転向しようにも、しにくかった」

奥山によると、ショーケンは『恋文』からやはり神代辰巳監督の昭和六十一年公開の『離婚しない女』までの間、ずいぶん理屈っぽくなったなぁ、と思われた。

「人生を、どうやって整理しようか……」

悶々としているようだった。

当時接していた神代辰巳監督をはじめ、あちこちの力量のある人から聞いた話を盗むかのように引っ張り集め、インテリになろうと懸命だった。自分の学の無さというかインテリジェンスに欠けていることに強いコンプレックスを抱いていた。もしそのままなら、そのせいで世間から痛い目にあうのではないかという恐怖感に悩まされていたのではないか。ショーケンは、尊敬される人になりたかったのであろう。例えば、黒澤明監督とかの名前には、メチャメチャ反応していたという。

画面を面白くする

平成二年の東映ビデオによるVシネマの作品『裏切りの明日』で萩原健一は『傷だらけの天

使』以来、久々に工藤栄一監督と組んだ。萩原の役どころは元刑事でありながら大企業に取立屋として飼われ、金、暴力、セックスを漁る男。Vシネマ初登場にして初めての悪役に挑んでいる。

この作品でも悪役として出演していた八名信夫によると、現場で萩原と工藤の会話を聞いていると、二人が相思相愛であることはすぐにわかった。

萩原が生涯にわたって崇拝していた映画監督は二人いる。一人は神代辰巳であり、もう一人は工藤栄一である。

萩原のアイデアはこの作品でも随所に生かされた。その一つがレインコートだ。作中、萩原演じる元刑事は安っぽいビニール製のレンコートを身にまとっている。もちろん、意図してのことだ。

「おしゃれなブランドものではなくて、ビニール製。そんなのを着て人を殺す。そのほうがリアリティーがあるんじゃないですか」

萩原は現場で工藤監督にそう提案した。工藤は即答した。

「ああ、そうか。それはそうかもわからんな」

萩原は細かいアイデアを思いつくのが好きなのだ。

もう一つ、萩原が好きなものがある。小道具だ。自動車にも詳しかった。スタッフが作中で萩原の乗る車を調達してくる。車種や型によってはダメ出しされることもあった。

「新しすぎる」とクレームをつけることも多かった。意外と古風な男である。

「これよりこっちのほうがいいから。〇年型の日産で」

車に関する注文は極めて詳細で具体的だった。

古いといえば、当時、八名が乗っていた車も古かった。休憩時間となると、萩原はときどき駐車場までやってきた。八名の車を眺めるためだ。

「いいなあ、先輩」

心の底からうらやましい。そう言いたげに呟く。

八名の愛車はポルシェ356。ジェームス・ディーンも所有していたことで知られる。電装はわずか六ボルト。ワイパーはちょこちょこしか動かず、エアコンはついていない。

八名の356を飽きるほど眺めると、萩原は一くさり講釈を垂れる。

「先輩、ここはこうだな。もうちょっとこうなりゃいいなあ」

萩原とのポルシェ談議は今でも楽しい思い出として八名の脳裏に刻まれている。こと車に関しては、萩原は「真新しいものより古いもの」という指向性の持ち主だった。

〈ショーケンのそういう感性は衣装選び一つにも表れている。「かっこいいものがかっこいいんじゃねえぞ」と言いたかったんだろう。ショーケンの根本的な狙いは一つ。「画面を面白くする」ってことだけだった〉

脚本家の柏原寛司がショーケンと『傷だらけの天使』の次に組んだのは、平成元年十二月二日から平成二年三月二十四日までフジテレビ系列で放送された全十五話の『あいつがトラブル』であった。ショーケンは、元警視庁新宿署捜査一課のはみだし刑事の沖田淳一役を演じた。

沖田のキャラクターイメージは、萩原が『太陽にほえろ！』で演じた早見淳がもし死なずに年齢を重ねていたら、というもの。そのためか、がむしゃらに走るといったシーンも多かった。

警察署のメンバーは、織田裕二、宍戸開、うじきつよし、伊武雅刀、藤タカシ、橋爪功らが演じ、情報屋として寺田農が加わる。

『あいつがトラブル』の時、柏原によると、ショーケンは『傷だらけの天使』から十五年経ち、三十九歳になっていた。

「あの頃に比べて壊さなくなっていた。もちろんいろんなアイデアを言ってきていじるんだけど、めちゃくちゃにはしなくなっていた。役者としての着地点を考えるようになってきたのかな。『傷だらけの天使』の頃は『とにかく壊したい』みたいなことだったから。若いときはそれでいい。若い頃から収まりを考えちゃいけないから」

全十五話の中では第七話「爆弾かかえて突っ走れ」と第九話「恐怖の白バイ野郎」が、ショーケンの『傷だらけの天使』を想起させる内容となっている。

『あいつがトラブル』の脚本は大川俊道が一人で書く予定だったが、ちょっと疲れてきたので、途中で柏原が入った。

「大川が南野さんの方に話を振ってたから、おれが入るとショーケンの話になるわけよ。だからショーケン本人は喜んだみたい。この作品のその前までは映画にしてもリアルな芝居の方に行っていたんだよね。またちょっとエンタメの方に戻ってきたと思ったので、いろいろ面白いことが出来るなと思った。『あいつがトラブル』のオンエアを見て、おれは萩原さんをスティーブ・マックィーンで書こうと思った。マックィーンに似てるんだよ、不良性も含めてね。今ならスティーブ・マックィーンが出来るなと思った。だいぶ後に本人に言ったら『おれはスティーブ・マックィーンじゃない。ポール・ニューマンだ』って言ってましたよ。ポール・ニューマンが好きだったみたいで。おれはショーケンは生い立ちも含めてスティーブ・マックィーンだと思ってるから。でもかれはインテリの方に行くんだよ。マックィーンとポール・ニューマンは似てるところがあるけど、ポール・ニューマンの方がちょっとインテリ。やっぱり役者さんっていろんな映画見てるから『こういうふうになりたい』とかあるじゃないですか。たしかにショーケンは、『あいつがトラブル』ではポール・ニューマンをやってたよ。顔を洗うときに署のバケツの中に氷を入れて洗ってたりとか、それは『動く標的』の頭のところだから。だいたいわかるわけよ」

スティーブ・マックィーンは、一九五六年に『傷だらけの栄光』で映画デビューし、一九五八年テレビ・シリーズ『拳銃無宿』で大成功し、ＣＢＳのドル箱となる。一九六〇年『荒野の七人』で強烈な印象を与え、人気を決定的にし、その後『大脱走』や、『栄光のル・マン』、『ゲッタウェイ』などに出演した。

いっぽうポール・ニューマンは、一九五六年の『傷だらけの栄光』で認められる。確実な演技とクールで知的な個性で人気を博し、『ハスラー』、『明日に向かって撃て！』、『スティング』などに出演したほか、監督も手がけ、スター監督として着実な評価を得た。

同じ署の刑事役で織田裕二も出ている。

柏原が打ち明ける。

「これは聞いた話だから本当かどうかはわからないけど、城野剛役の織田さん、撮影に遅刻した。萩原さん、そういうのが許せない。で、織田さんにこっぴどく怒った」

また、柏原によると、ショーケンの場合は、かならず萩原番じゃないが、プロデューサーを一人付けておかなくてはならない。『あいつがトラブル』の時は、セントラルアーツの山本勉プロデューサーがずっとついていたという。元日活のプロデューサーだが、何かがあると山本プロデューサーがうまく収めていた。

関西ヤクザは似合わなかった

中島貞夫監督は平成二年（一九九〇）九月十五日公開の『激動の１７５０日』でも萩原健一と仕事をしている。だが、その現場で前回組んだ『瀬降り物語』が話題になることはなかった。

山一抗争をモデルとし、構成員一万二〇〇〇人の神岡組の四代目争いに端を発し、分裂した神岡組と八矢会の抗争事件を描いた作品である。主演は中井貴一で、中井は、五代目山口組組長の渡辺芳則をモデルにした四代目神岡組若頭で二代目山辰組組長の若竹正則役を演じた。

萩原は、四代目山口組組長の竹中正久をモデルにした四代目神岡組組長の時津忠久役であった。

そもそも、『激動の１７５０日』は萩原健一の名前が欲しいだけの出演である。撮影現場でも多忙を極めていた。

萩原の配役自体はプロデューサーの意向で決まった。俊藤浩滋プロデューサーがこう言った。

「ショーケンを、ここに入れようか？」

中島には断る理由がなかった。出てもらえるのなら、そうしたほうがいい。

俳優としての格を考えれば、厚みが増す。観客動員にすぐ結びつくわけではないが、プロデューサーが「欲しい」と考えるのは無理もない。

「それはもう、入ってもらったほうがいい」

そう答え、とんとん拍子で出演が決まった。

出演を了承したということは『瀬降り物語』で組んだ萩原の側でも中島の演出を認めていたのだろう。そうでなければ、出るはずがない。

だが、この映画で萩原が演じた四代目山口組組長・竹中正久をモデルとした四代目神岡組組長・時津忠久が柄に合っていたかどうかはまた別の話だ。

中島は思う。

〈ショーケンは、どうしてもスマートさが先立ってしまう〉

本人は泥臭く演じているつもりなんだろうが、それが出来ているとは言えない。「泥臭くやってくれ」と指示しても、恐らく無理だろう。無理に泥臭さを志向すれば、中途半端なものになる。それを承知の上で配役したんだから、仕方がない。

萩原健一に体制側は似合わない。常に「アウトロー」を演じてきた。だが、ヤクザ役はしっくりこない。ことに関西ヤクザは向いていないようだ。経済ヤクザでも違和感がある。

中島はこう分析している。ショーケンは、典型的な東男。関西という地場から生まれてくるエネルギーは感じられない。それが俳優としてのかれの特徴なんだろう。ヤクザ映画ではショーケンの面白さはほとんど出ていない。素質が違うのだろう。ヤクザにはもっとベタッとした部分がないといけない。

同じく東映の外から来たスターであっても、すんなりはまる俳優もいる。小林旭もその一人だ。中島がメガホンを取った『実録外伝　大阪電撃作戦』などの実録作品で堂々と関西ヤクザを演じた。

小林に出来て、萩原に出来ないのはなぜか。明快な答えはない。芸能界における育ちが違うとでも表現するしかないだろう。小林旭は高倉健、菅原文太らと同様、フィルムを通じてスターの階段を上り詰めていった。それに対し、萩原は音楽とテレビドラマによってお茶の間の人気者となった。いわば撮影所とテレビ局の違いがある。映画には独特の美学がある。全身を撮り、観客にフルショットで見せる。一方、テレビはバストアップの世界だ。上半身での細やかな芝居が求められる。上半身の存在感とフルショットの存在感。両者はまるで違うものだ。

戦後、スターと呼ばれた俳優たちは大きく映画、新劇、テレビ出身に分けられる。新劇出身者は映画とテレビの両方を使い分けながら、生き延びてきた。テレビ出身で映画もじっくり手掛けた俳優はほとんどいない。銀幕のスターの一人、菅原文太は技術的な意味では決してうまい俳優ではない。だが、フルショットの存在感に関しては他の追随を許さないものを持っている。むしろ、その一点で生きてきたと言ってもいいだろう。菅原にテレビ的な「部分の芝居」を求めてもうまくいかない。全身を使った泥臭い芝居が出来ても、テレビでは違う筋肉を使うことが要求される。

中島は思う。

〈ショーケンは映画育ちの俳優とは違う。いろいろな意味で自分をスマートに動かす術を心得ている。ただ、どんな役でもこなせるかというと、そこは難しい。映画俳優は何でも出来ないといけない〉

萩原はテレビ俳優として「個性派」と言われる。だが、映画の世界で個性を発揮出来たかどうかは疑わしい。何より代表作といえる映画が見当たらない。

深作欣二監督と組んだ『いつかギラギラする日』は傑作だが、「これこそがショーケンの映画だ」と言われると、首をかしげざるを得ない。実質的なデビュー作といえる『約束』も違う。かろうじて代表作の名に値するのは神代辰巳と組んだ『青春の蹉跌』や『もどり川』くらいだろうか。

中島は思う。

〈俳優という職業は、本当に難しい。時代に遅れてはいけないし、どんな企画と出くわすかは運でしかない〉

映画育ちのスターは一様に大人だった。お互いの立場をわかり合い、立てるべきところでは譲る。渡瀬恒彦とピラニア軍団の関係などはまさにそうだ。その点、萩原にはいつも少年のような風情がつきまとっていた。中島は思う。

〈それは本当はよくないことなんだが〉

萩原を見ていて、中島は時折鼻につくことがあった。俳優としての「格上意識」がチラつくことがあるのだ。他の役者に対する差別感覚と言ってもいい。

〈まあ、そういう意識があればこそ、ショーケンは地位を保つことが出来たのかもしれない。反対にかれがさらに高みを目指し、一頭地抜きん出るには、そういう意識が邪魔になったところもあるだろう〉

萩原が関西弁でむちゃくちゃのことをいう「ヤタケタ」になることはなかった。裸にならないし、なれない。中島がかつて伴走していた渡瀬恒彦はまったく異なる。東映でデビューして以降、がむしゃらに文字通り体当たりの芝居を通してきた。スタントマンの手を借りることを嫌い、危険なシーンでも自ら演じた。『北陸代理戦争』の現場で大怪我を負い、降板を余儀なくされたこともある。

萩原健一は生前、「いずれは監督をやってみたい」と考えていた。中島は思う。

〈一回やってみたらよかった。そうすれば、俳優としての自分がスタッフにどう思われているか、よくわかったんじゃないか。監督がどれだけやりたいことを我慢しているか。大方の俳優はまるで分かっていない〉

ただ、映画を一本監督するのは並大抵のことではない。莫大な資金が必要となるからだ。そう簡単に声がかかることはない。萩原は何度か監督を務めようとしたが、実現には至らなかった。

中島は、萩原ともう一本やってみたいとは正直思わなかった。

〈ショーケンには、埋もれている個性、力はほとんど感じられなかった。俳優としての潜在的な能力はいろんなところで小出しにしながら、全部出し切ったんじゃないか〉

大河ドラマ降板劇

佐藤幹夫監督は、ＮＨＫ、ＮＨＫエンタープライズのディレクターとして大河ドラマ『太平記』、土曜ドラマ『幸福の条件』、ショーケンの連続ドラマの最後の主演作となった『鴨川食堂』の三作品で演出を担当している。佐藤が最初にショーケンと仕事をしたのは、平成三年（一九九一）一月から十二月まで、一年かけて放送された大河ドラマ『太平記』であった。

『太平記』は、鎌倉時代末期から南北朝時代の動乱期を、室町幕府初代将軍の足利尊氏を主人公に描いた物語である。吉川英治の『私本太平記』を原作として、脚本はＮＨＫの大河ドラマ『麒麟がくる』の池端俊策が担当した。真田広之演じる足利尊氏が主役となる『太平記』において、ショーケンは、新田義貞を演じることになった。義貞は、主人公の尊氏の盟友で宿敵。鎌倉幕府の御家人であったが、少年の頃より鎌倉幕府を支配する北条氏に反感を抱いていた。倒幕戦争では尊氏と行動を共にしたものの、尊氏が後醍醐天皇に背くと、朝廷側の総大将として尊氏と敵対することになるが、尊氏個人には友、好敵手としての感情も最後まで持っていた。

このドラマを演出した佐藤幹夫によると、新田義貞役を考えたときに、主演の真田広之と並んでもひけをとらないくらい「乗馬が上手い人」というのが条件であった。ショーケンは黒澤明監督の『影武者』に出演したこともあって、めちゃくちゃ上手い。それもただの乗馬でなく、荒々しい坂東武者としての乗馬が出来る。

ショーケンは、黒澤明監督の『影武者』で、武田信玄の息子である諏訪勝頼、のちの武田勝頼を演じていた。

「一番惚れたのは影武者の時なんです。おそらく諏訪湖のシーンかな。波がパーっと来るなかで、危ない乗り方をしていて。真田さんはすごく馬の乗り方がキレイなんです。千葉真一さんのＪＡＣ（ジャパン・アクション・クラブ）仕込みですからね。とんでもないスピードで走る。それに対抗するのはショーケンのあの荒々しい感じしかないと思いました。太平記の一回目でも、最後の方に義貞が出てきて、馬をうまく切り返してパーンと走っていく。ああいうシーンが欲しかったんです。ショーケンは、運動神経というか、わざと荒くやるっていうのが上手くて。演技も、計算しながら、壊していくのはうまい。真田さんが演じる尊氏はもっと上手いというか、スマートに馬に乗っている。ショーケン演じる荒々しい義貞とは好対照でした。でも、ドラマが盛り上がってきたかなというタイミングで、ショーケンが中耳炎になってしまい、降板することになった。根津甚八さんと交代することになって……。残念でしたね」

この時は、中耳炎ということだったが、のちに佐藤は、『鴨川食堂』の撮影時に、ショーケンから「実は軽い脳梗塞だった」と明かされたという。

「どこまで本当かはわかりません。でも、鴨川食堂の撮影の途中で、話してくれました」

『太平記』は途中降板となったが、この一作で、佐藤と萩原の交流は途絶えることはなかった。

「『太平記』を降板されたあと、申し訳ないという気持ちがあったのか、ショーケンに数回ごちそうしてもらったことがあります。目黒のショーケンの事務所近くの飲み屋でもてなしてもらいました。『佐藤さん、飲みませんか』と誘われて。お蕎麦屋さんみたいなところでしたね。降板したこともあったから、気を遣ってくれました。『佐藤さんが、いい監督か悪い監督なのかわからないなあ』なんて言われながら。ショーケンは、相手の反応をすごく見ているんです。かれは、偉そうに振る舞う人間が嫌いで、自分では姿勢を低くして生きているつもりなんですよね。時々、キレたりすることもあるけれど、かれのなかでは目線を低くして、相手をちゃんと見ているんです。だから、共演相手の女優や監督に対しても、すごくその姿勢を見ていると思います。ちょっと逸脱するときもあるけれど、基本はかれは礼儀正しいし、すごく相手を見てます。相手をよく見て、観察して、それも自分の演技のものにしていくんですね」

ショーケンは、気難しい人物と思われがちだが、一度胸襟を開いてくれるとすごくいい人だという。

「気取った人や威張った人が嫌いなので、こちら側の人間性を試されるというか、相手がどういう人物か見極めて付き合うところがありました。ショーケンの思い出というと、僕自身はあまり変なことをされたことがないし、嫌なことをされたこともない。他の人とのトラブルもなかった」

佐藤によると、ショーケンは、役者としての仕事に対して非常に熱心だったという。

「脚本はとにかくよく読みこんでいて、本当によく読んで解釈していました。だからアイデアもすごく出る」

深作欣二が褒めるショーケンの狂気

深作欣二監督は、ショーケンについて言っていた。

「あの狂気がいいんだ」

『黙示録　映画プロデューサー・奥山和由の天国と地獄』によると、ショーケンがかれ自身のフリーダムの限界というものとぶつかっていた時期だった。そういう中で、奥山和由プロデューサーには、かれの演技の上での表情も変わっていった。単純に硬くなっていった。『約束』のころのパーフェクトフリーから、限定的、または作られたフリーになっていく。かれにもう一度、完全なる自由っていうものを表現出来る場を提供して、時代の閉塞感と拮抗するパワーを見たい。それが、奥山を深作欣二とショーケンとの組み合わせというところに向かっていかせたという。

平成四年（一九九二）九月十二日公開の『いつかギラギラする日』は、企画自体は企画書も企画概要も存在しないままで始まった。まず深作監督が決まり、次にショーケンが決まった。奥山と、ショーケンとはそこまでに培った信頼関係があったので、「どういう話になる」ということに関係なく、まず参加だけを決めてくれていた。だからこそ萩原健一のイメージで当て書きが出来たという。

奥山は、脚本家の野沢尚に依頼して『いつかギラギラする日』の原点となる物語を書いてもらった。

そこで深作、奥山、野沢、鍋島壽夫プロデューサーらメインスタッフは都内新宿区神楽坂の旅館和可菜に集まって侃々諤々(かんかんがくがく)と意見を出し合い、脚本に磨きをかけていった。

が、どうしても監督と脚本家の意見が合わない。そこで脚本家の丸山昇一が加わり、野沢が少し引く形となって『いつかギラギラする日』の脚本が完成した。

鍋島は、脚本を作っている最中に、息抜きのために神楽坂のカラオケ屋にみんなを連れて行った。鍋島は、深作の意向で女優の荻野目慶子と清水美沙を呼んだ。

深作としては、オーディションのつもりだったのだろう。奥山は荻野目を起用したいため、脚本の段階で深作に荻野目を引き合わせたかったらしい。

物語は、うらぶれた産婦人科から出て来た女・多岐川裕美演じる美里の肩を抱いた萩原健一演じる神崎が、十年来の愛人である美里につぶやくところから始まる。

「また仕事を始める」

昔の仲間で現在うつ病で入院中の石橋蓮司演じる井村に話を持ちかけ、二人そろってこれも昔の仲間である北海道の千葉真一演じる柴のもとへ飛んだ。

待ち受けていた柴は、三十歳年下の荻野目慶子演じる麻衣と同棲しており、二人がよく出かけるディスコのマネージャー角町が、今度の仕事の仕掛け人だった。

木村一八演じる角町は、自分のライブハウスを持つために五千万円を必要としていたのだ。計画は洞爺湖の温泉ホテルの売上金二億円を運ぶ現金輸送車を襲うというものだ。角町が加わることに神崎は難色を示したが、計画は実行され成功、四人は廃屋になっているレストラン跡にたどり着いた。

しかし二億円入っているはずのジュラルミンケースにあったのは、たった五千万の現金だけだった。イラつく角町、失望の井村をよそに神崎がそれを四等分し始める。そのとき、切羽詰まった井村が血迷い、銃を片手に狂ったように札束をかき集め始めた。

そんな井村を神崎が諭した瞬間、角町が銃を発射、井村は即死。柴も重傷を負った。柴を背負いからくも逃れた神崎は、身を案じて廃屋へやってきた美里の車で現場を離れた。柴は計画を知る麻衣を角町が襲うのではないかと案じたが、実は麻衣は柴を裏切り角町と組んでいたのだった。麻衣は角町が現金を独り占めするため彼女を襲いに来るのを察知し、逆に角町から現金を奪う。その頃札幌に戻った神崎は、角町の周辺を調べるうち、角町が室蘭のヤミ金融から多額の借金があることもわかった。

突然神崎のもとに麻衣から五千万を返すとの電話があり、指定の場所に出かけた。が、麻衣はショットガンを向けてきた。角町までもが銃を乱射しながら車で襲って来る。罠にはまった神崎は海中へ沈み、なんとか一命だけは取りとめアジトへ戻る。しかし、重傷だった柴はついに帰らぬ人となった。

そして函館のライブハウスのオープンの日、怒りを押し殺した表情の神崎、ヤミ金融のヤクザ連中と殺し屋の野地が見つめる中、浮かれる角町と麻衣が現れた。神崎はライブハウス前の路上に爆発物を仕掛け、付近を混乱に陥れる。警察をも巻き込み、神崎、角町、麻衣、野地らのカーチェイスが始まった。

　途中、角町はバスをジャックするなどエスカレート、麻衣はマシンガンを乱射するが、野地の凶弾に倒れ、野地も角町に倒される。

　ついに神崎と角町の一騎打ちとなり、夜の波止場で角町の車が横転、観念するふりをして神崎を倒そうとするが、逆に神崎の逆襲に遭いその若き命を散らした。

　そして取り囲むパトカーの群を乗り越えようとした神崎も、車もろとも海に沈んだ。

　後日、金融街を走るバスの中には次の標的をさぐる神崎と美里の姿があるのだった。

　萩原にとっては敬愛する深作監督と組んだ初の映画作品となった。

　深作監督は昭和五十年代後半から文芸大作や女性映画を手掛け始める。主戦場だったアクションものからは遠ざかっていった。『いつかギラギラする日』は久々の活劇である。

　映画の冒頭にはフランスの革命作家ポール・ニザンの言葉が引かれている。

『人間は完全に自由でない限り、夜ごと夢を見続けるだろう』

　これはプロデューサーの奥山和由が高校を卒業したばかりのころ、憧れの深作に会うことが出来、飲んだ時、深作が「君を見ていると思い出すよ」といって、ウイスキーのコースターに書いてくれたものでもある。奥山は念願が叶って深作と組んだ作品にこの言葉を刻んだ。

　撮影開始は、平成四年（一九九二）六月の梅雨のシーズンだった。鍋島壽夫プロデューサーが深作に言った。

「監督、天気がヤバいですね。雨が降ると困ります」

「そうやな、ナベちゃん。どうしようか」

「梅雨がない北海道へ、行きませんか」

「あ、それいいね」

そこで鍋島は、室蘭や洞爺湖あたりをロケハンしてロケ地を決めた。制作会社として、ありとあらゆることを仕切らねばならない。

萩原は、役に没頭して良い演技を見せてくれていた。萩原演じるギャングのボス神崎は、現金輸送車の襲撃に成功して大金を得る。ところが仲間割れをして壮絶なバトルを展開する。神崎は満身創痍となり、絆創膏を鼻と左眉の上に貼った顔で、さらに死闘を繰り広げる。

この絆創膏のアイデアも、萩原自身のアイデアだったらしい。

「監督、どうですか？」

「ああ、いいじゃないか」

そんな感じで決まったのだろう。不格好に貼られた絆創膏だらけの顔でさえ、萩原は男の色気を放っていた。

萩原健一が主役の派手なアクションということで、現場は常にピリピリしていた。鍋島は、北海道室蘭のロケにほとんど立ち会うことになった。

萩原は、深作監督と組むことが出来、俳優冥利に尽きると満足している様子だった。

昭和六十二年（一九八七）公開の『竜馬を斬った男』の監督を務めた山下耕作は「将軍」と呼ばれるほどの名監督だった。その山下以上に、深作欣二にはカリスマ性がある。深作と一緒に仕事をしていることが、萩原にとってはことのほか嬉しかったのだろう。

良いことばかりではなかった。梅雨を避けるためにわざわざ北海道をロケ地に選んだというのに、この年に限って北海道は数十年ぶりの「えぞ梅雨」に見舞われた。

結局、北海道ではえぞ梅雨のせいで予定していた三分の一しか撮影が出来ず、やむなく東京に戻ることになった。東京に戻り、今度は三浦半島でロケを行うことにした。が、今度は台風が一週間ごとにやってきた。

木村一八など他の俳優たちは深作と萩原のカリスマ性に圧倒され、現場の空気は常にピーンと張っていた。井村の女房役の樹木希林でさえ、二人のカリスマに引っ張られている様子だった。

鍋島は思った。

〈やっぱり俳優さんたちは、緊張感のある現場が好きなんだな〉

現場には「久々に本格的な映画を撮っている」という空気があり、萩原の持つ狂気に何とかついていこうと張り切っているように見えた。

深作監督も張り切っていた。深作監督は、「深夜作業組」と言われるほど夜の撮影が多いことで知られていた。

いい役者として認められたい

『黙示録　映画プロデューサー・奥山和由の天国と地獄』によると、ショーケンは常に奥山に「深作欣二はおれを主役で考えてるんだよね」ということを確認してくる。

「今どうなってる?」

そう執拗に訊いてくる。

「深作さんは、おれのことをどう言ってんだ、どう思ってんだ」

そういうことをしょっちゅう気にしていた。

ショーケンは、段々イライラしてきて、奥山に食ってかかる。

「おれのために深作欣二が映画を撮るっていうことで、何でもいいよと言ってんだぞ」

奥山は、ショーケンを懸命になだめた。

「いや、それは分かってますよ。もうちょっとだけ、待ってください」

いっぽうで深作監督は荻野目慶子の作り込みに一生懸命である。

そうするとやっぱり役者だなと思うのは、ショーケンは嫉妬に狂ってしまう。

「何だ、あいつは。荻野目慶子の化粧を、見たか？　ヘアースタイルを、見たか？　あんな孔雀じゃあるまいし、極彩色に頭を塗って、何が嬉しいんだろう」

それで、ついにはある晩に、ショーケンは、コカインの話になる。

「深作欣二は寝ない。ヤクを吸っているから逮捕される。これは、きっと上映中止だ」

奥山は、懸命にショーケンをなだめた。

「監督は、あんたに言われたくないって言うよ、きっと」

奥山は、そのことを深作監督に伝えた。

やはり、深作監督は笑った。

「ショーケンに言われるなんて、光栄だね」

いっぽう深作監督は、ショーケンをどう思っていたのか。奥山和由は語る。

「深作さんは、ショーケンを普通に華のある役者さんとして扱っていましたね。ちゃんと認めていたし、おもしろがっていました。おれが感じていたようなショーケンに対するファン心理みたいなものはないから、不満みたいなものは全然ない。主演を張れるよい役者だと見てましたよ。だから、おれが、『もうちょいショーケンらしいほうが』と言っても、『いやいや、主演というのはあんまりキャラクターが前に立って、スター映画になっても違うし』みたいなことを言って、全面的に認めてましたね。あの人の品性でしょうね。主演として呼んだ以上は、自分が認めて、よい役者にしなきゃいけないという」

奥山は深作監督の『仁義なき戦い』のような、ある意味泥臭い東映映画的な作風を期待していた。『仁義なき戦い』でいい味を出していた千葉真一も出演していたので、思い切って泥臭くやってほしいと思っていた。

ところが、奥山が要求もしていないのに、深作監督は勝手に洒落たものにしなければいけないくらいに、思っていたようだという。

奥山によると、深作監督はこの作品で荻野目慶子に役者として惚れ込んでいたという。キャピキャピと跳ねまわる存在感そのものが実に新鮮で、深作監督がそれまで扱っていた女優とは違うな、という思いがあった。

いっぽう深作監督が荻野目に入れ込むのを見て「おれのことだけを見てくれ」という思いの強いショーケンは、やはり荻野目を気にしていたという。

ショーケンは、『日本映画「監督・俳優」論』で荻野目慶子について打ち明けている。

《彼女は、撮影の間、不眠症みたいだった。そりゃ寝られないから、おかしくなるよ。眠らないでやっているということは、撮る側からしたら面白いんですよ。リミッターを切ってるから。でも、そういう下品なことをしないで、素の状態でリミッターを切るのが本当の「美」というものなんですよ。深作さんが面白がっているので、「言っとくけど、サクさん、今村昌平は沖山秀子とちょっと遊びすぎておかしくしたけど、あなたは責任とれよ」と忠告したんです。ちゃんと、それは脅かしましたよ。まさか出来ろとは言わなかったけど》

奥山は、深作監督は、荻野目に入れ込んでいる分、ショーケンと正面から組むことが少なく、結果的にショーケンと揉めなくてちょうどよかったともいえるという。

ショーケンも、陰ではいろいろと不満を口にしてはいたが、深作監督に対してはリスペクトがあったから、不満を露わにすることはなかったという。ショーケンは、深作監督や黒澤明のように監督として立派な人には、いい役者として認められたいという思いが強かった。

「ショーケンは最後まで俳優になり切れなかった」千葉真一

千葉真一が萩原健一と共演したのは、この映画が初めてだった。

千葉は、この映画で、萩原健一演じる神崎らとともに、銀行強盗をおこなうギャングチームの一員の柴を演じた。

千葉は、出演オファーが来たときのことについて語る。

「わたしはサクさん（深作の愛称）が撮るものに関しては、しっかりした作品ばかりですから、話が来たら、否応なく『やります』と言ってました。サクさんは、中途半端なことは絶対にやらない人でしたから。深作欣二という監督の作品ならば、安心して出演していました。もうすべてを委ねて、まな板の上の鯉になったような気持ちです。『どう演じればいいんですか？』、『どう演じたら、喜んでくれますか？』、『監督、今日はどうしましょうか？』と。もちろん、自分の演技プランを持っていきますから、『監督、このシーンでは、こういうのもあるんですけど、どうですか』と提案することもありました。サクさんは、そういう時、『おお、それもいいなあ』なんて応じてくれた。だから、わたしにとっては、一番緊張しない監督なんです。お互いに気心がわかっているし、何よりも、わたしは、深作監督のリズムがわかっているから」

千葉によると、深作の映画には、独特のリズムがあるという。

「サクさんの映画のリズムは、ジャズです。あの人は演歌じゃない。演歌っぽい人だけれど、あの人の映画はあくまでジャズ。脚本の段階で、もうジャズになっている」

千葉は、過去に多くのクセのある俳優たちと共演してきた。そのため、様々な評価のある萩原に対しても、特別な印象は抱かなかったという。

「ショーケンとは初めての共演でしたが、それまでにかれが出演した『傷だらけの天使』をはじめとする様々な作品を見ていました。ショーケンは役者というよりも、歌手でした。いろんな作品を見ましたが、結局、ショーケンはショーケンのままで変わらない。ただ、あの人自身が持つキャラクターがちょっと特異なところがあったので『面白いなあ』と思われたのでしょう。だから、映画は最初に出てきた『約束』などが一番面白くて、僕は最後まで俳優にはなり切れなかったと見ている。『いつかギラギラする日』でも、ショーケンが光ったのはサクさんの演出があってですよ」

この映画では、麻衣役をハイテンションで演じた荻野目慶子の怪演も目立った。

「あの映画では、荻野目君こそ、今までにない荻野目君を出していたね。やっぱりあれこそ女優。サクさんが、荻野目君をあそこまで演出した。傍らで見ていて、荻野目君凄いよなあ、あんな役がやれるんだなあって思って見ていた」

千葉は、深作から脚本の書き方も教わったという。

「僕は、サクさんに脚本をどう書くかも仕込まれました。例えば、一から十までシーンがあるとして、一のシーンの芝居が落ち着いていたら、次のシーンは同じリズムにはしない。静かなシーンと静かなシーン、激しいシーンと激しいシーンは、繋げずに、その三つくらいあとのシーンに持っていって繋げる。そうやってサクさんは脚本の段階から、シーンごとに緩急をつけて、作品全体のリズムを意識して書いていていました」

千葉が深作の映画の魅力について語る。

「サクさんの映画には、人間が丁寧に描かれています。チョイ役でも、しっかりと人間が描かれている。セリフが一つあるかないかのような役柄でも、演じている役者に『ちょっと、おまえ、役になっていないよ。おまえはこの役を、どう考えているんだ？』と監督自ら声をかける。怒ったりせずに役者の考えを聞いて、どういう人物を演じるかについての理解を深めていく。そういう作業をする監督は、滅多にいません。サクさんには、もっと長く生きて、もっと映画を撮って欲しかった、と今でも悔しく思っています」

八名信夫によるとショーケンは、

この映画には、原田芳雄も「タッちゃん」と呼ばれる神崎を狙う殺し屋の役で出ている。奥山は原田芳雄について語る。

「芳雄さんは、憧れたスターだったから、しょっちゅう会って話していました。役者としては、テレビだろうが、映画だろうが魅力がありました。一番感心したきっかけは、テレビでやっていたヒモの役で、ヒモっていうのは三十秒で泣かなきゃダメなんだって。サングラスを外して、見てろっていって泣くシーンがあったんですよ。なんてこんなバカなオヤジを魅力的に演じられるんだろう、と感心した。最高でした。芳雄さんは距離をもってみていると、特別な光を放つ人なんだけれど、本当に人間として話しちゃうと、可愛いおやじでしかなかったね」

八名信夫の出演は、深作直々の指名で決まった。

「八名、おまえは敵方の親分をやれ」

八名が演じるヤクザの親分の元をギャングのボスである萩原が訪れる。銀行強盗で得たものの仲間の裏切りで持ち去られた五千万円を奪還するためだ。だが、八名のところにはまだ金が届いていなかった。萩原に金庫の中身を見せる。中に入っていたのは札束が一つだけ。誠に締まらない。

八名は親分を時に狂気じみた風に、時にコミカルに演じてみせた。硬軟の使い分けはさすがだ。

萩原健一は撮影現場で自分のアイデアを次々に披露する。類まれな才能を持った俳優だった。そんな萩原の才を誰よりも愛していたのが深作欣二である。監督そっちのけで役者に芝居をつけていく萩原を面白がって眺めていた。萩原と深作監督の絶妙なコンビネーションはこの映画でも健在。映画の隅々にまで萩原のこだわりが写っている。

この作品の目玉は爆破とカーチェイス。北海道ロケでは深作アクションの本領が存分に発揮されている。だが、読み違いもあった。北海道を舞台に選んだのは天気が理由。内地に比べて雨が少ないと見込んでのことだった。ところが、実際にカメラを回してみると、季節外れの台風が襲来。撮影は予想外に延び、神奈川県の三崎漁港や千葉県の木更津市でも続けられた。

終盤のカーチェイスは木更津市で撮っている。バスが横転し、萩原の車がパトカーの天井伝いに激走。一言で言えば、めちゃくちゃな場面だ。

この映画で萩原が乗ったのはトヨタの四輪駆動車。相当に頑丈な車だった。どこへぶつかろうと、止まるようなことは滅多にない。その車が、ぶつかりにぶつかり、最終的にはオシャカになってしまった。

数え切れないほどのパトカーに追われる萩原。函館ベイエリアの煉瓦倉庫群を過ぎたところで、さらに無数のパトカーに行手を遮られる。そこから萩原は、車に乗ったまま海に飛び込む。絶体絶命の危機。果たして萩原の運命はいかに――。クライマックスだ。この手の演出となると、深作監督は俄然力が入る。

〈サクさんらしい演出方法だな〉

いつものことながら、八名はそう感じずにはいられなかった。

「もっと飛び込めーっ」

深作監督がメガホンで叫ぶ。車を運転したまま海の中に飛び込ませるのだ。もちろん、こんなシーンをスターである萩原に演じさせるわけにはいかない。スタントマンを起用した。

〈東映時代、川谷拓三なら、本人にやらせたかもしれない〉

八名の頭をふとそんな思いがよぎった。岸壁には潜水服を着た救助員がへばりついて待っている。スタントマンを車からすぐに引っ張り出すためだ。言うまでもなく、相当に危険な撮影である。下手を打てば、死亡事故が起きかねない。キャストやスタッフも恐怖に駆られながらの仕事だ。ただ一人、平気でいるのが監督の深作。むしろ、面白がっているようにさえ見える。

『黙示録　映画プロデューサー・奥山和由の天国と地獄』によると、深作監督のアクションに対する執着は凄かったという。

北海道で撮影していたりすると、台風が記録的な数押し寄せて来て、スケジュールが消化出来ない。それでも、ワンカットたりとも深作監督は譲らない。奥山に言う。

「あんたは、おれにアクションシーンから入れ、ストーリーなんか後でいいって、言ったじゃないか」

さらに言う。

「こういう画を撮りたいって言ったら、あんたは、『いいですね、凄いですね。画が見えます』って言っていたよな。それを撮らんのか」

「分かりました。じゃあ、撮ってください」

そのうちに、どんどん予算はオーバーする。

レンタルで借りている撮影用のパトカーが並ぶ上を、四駆がジャンプするシーン。

奥山は、深作監督に念を押した。

「ジャンプするから、このレンタルのピコピコは壊さないですよね」

壊されたらたまらない。

「ちゃんと飛んで、跨ぎますよね」

深作監督は、落ち着きはらって言う。

「大丈夫、安心しろ、スタントマンにきっちり打ち合わせした」

だが、深作監督は、実はスタントマンにこっそり、「あの車の屋根の上を走れ」と言っていた。

深作監督には、そうやってつくらないとアクションは当たる映画がつくれないという信念もあった。そこを譲っていって、「収めました」「これ、アクションです」と言っても誰も観ない。

「やっちゃったの？　そこまで？」

そのくらいやらないと、と意気込んでいた。

が、予算超過だけど、そんなにいばれるほどは当たらなかったという。

しかし、奥山は、やり切ったという思いが強かったので、何の後悔もなかったという。

「頭蓋骨まで熱くなる」

このコピーは、『仁義なき戦い』のコピーをつくった名宣伝マンの関根忠郎が作った。

「ショーケンは人を信じるという力をどこかで失っていた」奥山和由

奥山和由には、ショーケンに萩原健一をショーケンたらしめる最後のチャンスとして、深作欣二という最強の監督と組ませたいという気持ちがあった。

しかし、その一点に関しては大失敗したという。ショーケンは萩原健一でしかなかった。

それは共演した石橋蓮次も、「若干かつてのショーケンとは違った」と言っていた。やっぱり、かってのショーケンに戻らなかった。普通の萩原健一だったな、という印象であったという。

「やっぱりムショに入るとか、人からの非難とか、マスコミにひきずりまわされるとかが続き、かれのなかで、身体の強さというのを保ち続けることが出来なかったのであろうと思っている。

高倉健のように、考えに考えて、高倉健という虚像を守っていくのにはこうしないと守れないという結論が、高倉健のなかには確固たるものがあったといえよう」

ショーケンには、相談相手もいなかったであろう、人を信じるという力を、どこかで失っているようであったという。奥山は言う。

「おれの勝手な解釈だけれども、人を信じきれるっていうのは、そこまで要求すること自体が間違いじゃないですか。やっぱり人間の相手の立ち位置というものも含めて、どこまで信じられるかという勘みたいなものが必要だ。柔軟に動けばいいが、ショーケンは信じるという時に百信じられないとダメだった。九十九が信じられても、一信じられなかったら、百信じられないことになる。おれなんかは、ショーケンとずっと一緒にいなかったからいいんだと思う。おれがマネージャーだったら、すぐダメになってますよ。要するにおれは、これ以上ショーケンといると、ショーケンはおれのうちの一を信じられないと、すぐ裏切られたと思ってしまう。だから、おれはそういう一面が出てきたら、本能的にスーッと自分から引いていた。その距離感はいつも調整していた。ショーケンが会いたいと言ってきても、会わなかったときもある」

深作監督は、ショーケンと次に組んでやりたい、とは奥山に言ってこなかった。

いっぽう荻野目とは、『忠臣蔵外伝四谷怪談』で立て続けに組んでいる。

奥山の見るところ、荻野目にとって『いつかギラギラする日』と『忠臣蔵外伝四谷怪談』の二作は、女優としての演技力をもっともみせた作品だと評価する。

奥山和由プロデューサーは、自分が手掛けたショーケンの映画について振り返る。

「結局、おれは、萩原健一の一番好きな面をひっぱりだそうと努力しながら、結局、一本たりとも満足出来る作品を作りえなかった。『約束』のショーケンを再び引っ張り出そうと努めたものの、結局、ショーケンの残り香みたいなものに過ぎなかった。成立したのは『恋文』一本なんですよ。あとは全部失敗。『いつかギラギラする日』だって、ショーケンじゃなくても成立したかもしれない。『226』もそうだ。ショーケンじゃないとダメだったっていう映画は、ぎりぎり『恋文』かな」

「ショーケンがすごく安定していた時期のドラマ」脚本家柏原寛司

朝日放送テレビ（ABC）のプロデューサーだった山内久司からシナリオライターの柏原寛司のところに話がきた。

「ショーケンで、二時間物をやってほしい」

山内は、『必殺』シリーズや、『ザ・ハングマン』を始めたプロデューサーである。まさに裏物稼業が得意だった。

柏原は、スティーブ・マックィーンとショーケンのイメージがダブった。そこで、マックィーン主演、サム・ペキンパー監督の『ゲッタウェイ』をベースに考えることにした。テキサスのサンダースン刑務所からスティーブ・マックィーン演じるドク・マッコイが出所した。この釈放はドクにとって一つの取引でもあった。かれは、ベン・ジョンソン演じる地方政界の実力者ベニヨンを相手取り、出所と引き換えに町銀行を襲い、奪った金を山分けして保釈金代わりに払おうというのだ。柏原は、この映画からヒントを得ることにした。

「『ゲッタウェイ』は強盗なわけだけど、テレビだからストレートに強盗にするわけにはいかない。いまは豆腐屋をやっているが、実は昔は強盗をやっていた、という設定にした。

朝日放送の『豆腐屋直次郎の裏の顔』は、昼は下町の小市民の豆腐屋の店主だが、夜には凄腕のプロの強盗に変身する男の活躍をハードボイルドタッチで描くドラマ。

萩原健一演じる花井直次郎は、東京都月島の花井豆腐店店主。妻子を愛し、近所の仲間たちを愛する、下町の豆腐職人。しかし、妻子や仲間にも見せていない裏の顔は、かつて加藤直次郎と名乗る凄腕のプロの強盗だったということである。数々の強盗を成功させてきたが、十三年前名古屋での強盗で失敗して逮捕され、刑務所に服役する。出所後に足を洗い、月島の豆腐職人の花井家で豆腐の修行を積む。そして店主の娘の真知子と結婚、花井家の婿養子になり、花井直次郎を名乗る。

渡辺えり子演じる花井真知子は、直次郎の愛妻。普段は直次郎を「ダーリン」と呼んでいる。

佐藤B作演じる常山和之、通称ツネは、裏稼業での直次郎の相棒。

柏原は、豆腐屋という設定もハマっていたという。

「ショーケンは、なにより愛嬌がある。背広が似合う。ギャング役も成立する。下町のああいう格好もまた、似合うんだよね。だから豆腐屋のジャンパーを着て。庶民的な感じ。『前略おふくろ様』もすごく良かった。実は、はじめは直次郎は、普通の下町の商店で米屋という設定だった。ところが『豆腐屋がいい』と言い出したのは萩原さんだ。「トーフー」という、豆腐屋独特のあの笛ラッパを吹いて自転車で走り回る芝居を考えていたんでしょうね。役名も、わたしは初めは秀次郎にしてたんだけど、萩原さんが言う。『秀次郎は、やっぱり健さんの「昭和残侠伝」の主役花田秀次郎の役名があるから、直次郎にしよう』。下町だからね、ちょっとそういう雰囲気も」

まず朝日放送の二時間ドラマ枠『火曜ミステリー劇場』の単発ドラマとして平成二年（一九九

○）八月二十一日に、第一作の杉村六郎監督の『謎の女が仕掛けたワナ！　東北へ逃げろ!!』が放送された。

柏原によると、ショーケンの演技は、すごくメリハリが効いていたという。

「いわゆる下町の庶民的な面と悪党の面と、そのメリハリが効いてて実に良かった。萩原はどっちかに偏るんじゃなく両方出来るから。『傷だらけの天使』の時はそういう裏表よりも一気に突っ走る方だったけど、年を経て役者としてそういうところがどんどん良くなってきた。すごくいい味が出せるようになったね。すごく安定した、いい時期だった。本人も直次郎のキャラが気に入ってたみたいだ。

『豆腐屋直次郎の裏の顔』で佐藤Ｂ作さんとめちゃくちゃ合っていた。Ｂ作さんは芝居も上手いし、いいコンビだったね。中年の『傷だらけの天使』をやった。萩原さんは、誰かをいじると面白くなるというのがあると思う。単独でやるよりも、誰かがついていた方がいい。『傷だらけの天使』だったら、水谷豊さん。『豆腐屋直次郎の裏の顔』だったら、Ｂ作さん。誰かとコンビを組ませてやると、萩原が相手をいじって、それが面白くなる。だから萩原さんの相手は、Ｂ作さんのように芸達者じゃないと務まらないんですよ」

柏原によると、キャスティングには、ショーケンも口に出しているという。ショーケンの愛妻の花井真知子に渡辺えり子を選んだのも、ショーケンだろうという。

「美人でなく、普通の下町の太目のおかみさんみたいな人を選んでいるところがうまいところですね。あれが八千草薫のような美人だと、ユーモラスな味が出ない。太目の渡辺えり子さんは、実に可愛い。だから直次郎が惚れたというのがわかる」

第六章　熟年時代

『課長サンの厄年』布袋寅泰と組む

平成五年（一九九三）、TBSは萩原健一を主役に起用し、ドラマを製作することを決定。戸高正啓もディレクターとして参加することになった。戸高の耳にも萩原にまつわる噂はいろいろと入ってきた。

〈おれも殴られるんじゃないか〉

そんな不安が頭をもたげてきた。戸高は眼鏡屋に向かった。人生で初のコンタクトレンズを購入するためだ。

眼鏡をかけたまま、萩原のハードパンチを受けると、思わぬ怪我につながりかねない。戸高は大真面目だった。だが、結果的にはその危惧はまったくの杞憂に終わる。

かんべむさし原作のドラマのタイトルは『課長サンの厄年』に決まった。プロデューサーが市川哲夫、チーフディレクターに桑波田景信、セカンドが森山享、サードに戸高という座組みだ。

平成五年七月四日から十月三日に東芝日曜劇場枠で放送されることになった。萩原健一は、寺田喬役。京大卒で、厄年を迎える四十二歳の販売二課長。妻の仁美役は石田えり。

戸高は本編では第九話「夫婦の根くらべ」、第十話「走れ、故郷へ」の二本で演出を担当。加えてタイトルバックを作っている。

タイトルバックの制作に当たって、戸高は考えた。萩原といえば、以前は「反逆のカリスマ」そのものだった。平成四年には深作欣二監督の映画『いつかギラギラする日』で強盗を生業とするギャングを痛快に演じたばかりだ。ところが、その翌年あたりから少々立ち位置が変わってくる。

平成五年に流れたサントリーのビール「モルツ」のテレビコマーシャルが転機となった。短髪でサラリーマン然とした中年男・萩原健一がビールをあおり、「うまいんだな、これがっ。」とのキャッチコピーが入る。このＣＭが評判を取ったことを受け、市川哲夫プロデューサーが企画したのが『課長サンの厄年』だった。それまでダークヒーローのイメージが強かった萩原が市井の一市民を演じる。ＣＭの延長線上にあるサラリーマンとして日常生活で直面する難題に七転八倒する筋立てだった。

〈「普通の人」として立ち回る萩原さんのイメージを、形に出来ないだろうか〉

そんな思いを胸に戸高はタイトルバックのコンセプトを固めた。

まずは主題歌を依頼しなければならない。『課長サンの厄年』はＴＢＳ伝統の「東芝日曜劇場」枠内で放送される。戸高は東芝と契約するアーティストの曲を片っ端から聴いていった。

「これだ、布袋だ！」

戸高が白羽の矢を立てたのは布袋寅泰だった。もともとロックは好きだったが、布袋のファンというわけではない。当時の布袋にはシングルヒットの実績はまだなかった。かつて在籍したバンド「ＢＯØＷＹ」や吉川晃司とのユニット「コンプレックス」ではギタリスト、ソングライターとして人気を誇った。だが、ソロシンガーとしては無冠である。

市川と戸高は布袋に会い、こう切り出した。

「萩原健一さん主演でドラマをやります。サラリーマン役です。その主題歌を、お願い出来ないでしょうか」

布袋への説明用に戸高はタイトルバックのパイロット版を自分で作った。現在のように便利な機器が揃っている時代ではない。八ミリビデオで撮影した手作り感あふれるものだ。

戸高は達磨を買ってきた。顔の部分に萩原の顔写真をコピーして貼り付ける。その「ショーケン達磨」を戸高は赤坂の街に持ち出した。いろいろな場所に置いて蹴られたり、階段を転がっていったりする様子を撮る。それを戸高が自分で描いた絵でつないでいった。

こうして撮影した映像に布袋の曲「ＹＯＵ」を当てた。布袋にパイロット版を見せながら、戸高は言った。

「こんなイメージのタイトルバックです」

布袋の反応は微妙だった。

「ああ、キッチュイですねえ」

褒めているとも、冗談とも取れるような感想を漏らした。

戸高の力作が功を奏したのかどうかはわからない。だが、布袋は最終的に明言した。

「萩原さんには憧れていています。ぜひやりたいです」

布袋はこの時期、充電期間としてロンドンに行く算段をしていた。だが、萩原主演作ということで予定を変更。依頼を引き受けた。ディレクターとして戸高は布袋にいくつかの注文を出した。自分の中に「これだ」という確たる思いがあった。タイトルバックにも使った『ＹＯＵ』は布袋がかつて歌ったラブソングだ。ロックではあるが、メロディアスな佳品だった。ギターの聴かせどころもあり、歌い手・作り手の熱情も感じられる。時期的に考えると、布袋の前妻・山下久美子に向けて書かれた曲なのだろう。

「『ＹＯＵ』のような曲を、お願いしたいんです」

戸高は布袋にそう頼んだ。さらに「ギターのイントロがこのくらいの尺で」「歌詞はこういう内容で」と細かな指示も出した。その上、上がってきた曲に対し、注文もつけた。布袋が書いてきた歌詞も一部書き直し、「例えば、こんな言葉で」と送り返している。今や「世界のホテイ」にまで登り詰めたことを考えれば、冷や汗ものではある。こうしたやり取りを経て、布袋は主題歌「さらば青春の光」を仕上げていった。タイトルはロックバンド「ザ・フー」の映画についた邦題から借りたものだ。イントロには『傷だらけの天使』のイメージが隠れている。

戸高はレコーディングにも一部立ち会った。歌入れのとき、布袋は上半身裸になり、マイクの前に立った。

〈半裸でシャウト、気合満々だ！〉

戸高は嬉しくなった。レコーディングの合間に布袋がこぼした一言を今も忘れられずにいる。

「いつか、萩原さんに会いたいです」

布袋は戸高よりもずっと熱心なショーケンファンだった。確かに高校時代から戸高は萩原の音楽に親しんできた。だが、布袋は違う。人間・萩原健一に憧憬の念を抱いている。

撮影が始まってから、布袋は横浜市青葉区のTBS緑山スタジオを一度だけ訪れている。ギターを携え、自身のCDやレーザーディスクなど、いろいろな作品を萩原にプレゼント。身長一八七センチの大男があからさまに緊張している。微笑ましかった。

「さらば青春の光」はオリコンで週間八位を獲得。ソロシンガー布袋寅泰にとっては初のシングルヒットとなった。

〈パイロット版では、実物の達磨を使ったが、本番では絵で行こう〉

「おれは四十二歳だ。おまえのお父さん、いや、爺さんだと思って扱えっ」

タイトルバックを作っている最中、写真を撮るために戸高は現場にいた。

当然、萩原健一とずっと一緒にいた。萩原がどんな人間、俳優なのか知らぬまま、現場に足を運んだ。

〈萩原さん、こんなに面白い人だったんだ〉

見ると聞くとでは大違いだった。撮影中、萩原は面白い話をずっとし続ける。外れなしだった。

「ロックに夢中でさ、意識がフッ飛んでさ、気づいたら（アメリカの）ウッドストックにいてさ、目の前でジミヘンがギター弾いてんだよ、ぎゃははは」

中には嘘とも本当とも取れない類の話もあった。だが、面白いのは間違いない。

一番印象に残っている話がある。恐らくこれまでどこにも出ていないはずだ。

「戸高さんさ、あの、おれ、捕まったじゃん、薬、ドラッグで。麻薬捜査官、何つったと思う？」

萩原が戸高に水を向けてきた。戸高は宮崎県警でたたき上げの厳格な警察官戸高篤雄の息子で、ドラッグとはまったく縁のない人生を送ってきた。見当もつかない。

「えっ？　いや、分からないですね」

正直に答えた。萩原は間髪入れずに続ける。

「うちにはさ、貧乏人がやる覚醒剤以外は全部あったんだよ。大麻、コカイン、ＬＳＤ……」

萩原は延々と薬の名前を挙げていった。戸高は二度驚いた。まずは自分の知らない麻薬が世の中にたくさんあること。二度目はそのほとんどが萩原の家にはあったことに、だ。

「それでさ、捜査官が入ってきて。言ったんだよ……『何だ、おまえんちは！　何でも揃ってんじゃねーか……ドラッグストアか？』」

見事な落ちだった。そして人の眼をじっと見て高笑いを続ける。笑わずにはいられない。

萩原の話はどれも面白い。目に入ったものなら何でもちょっとした小咄に仕立て上げてしまう。

萩原には常人離れしたセンスが備わっていた。

萩原は隠し事が出来ない性質のようだった。仕事からプライベートまで、丸出しなのだ。

面白い話を聞けるのは悪くない。だが、戸高には一つだけ困ったことがあった。萩原は自分の話に落ちをつけると、戸高の目を凝視したまま一～二分もの間、「ギャハハハハハッ」と笑い続ける。これに慣れるまではなかなか大変だった。

当人は普通に笑っているつもりらしい。だが、戸高の知る限り、普通の人間はそんな笑い方はしない。目線は自然に合ったり外れたりするだろう。「メンチ切ったら自分からは目を逸らさない」という培ってきた習性なのかもしれない。戸高は萩原と外で酒席を共にしたことは一度もない。話をしたのはすべて撮影現場だ。出演者の中では石倉三郎がよく萩原と飲みに出かけていた。

萩原健一の中にはある自負が強くあった。

〈おれは黒澤明組の一員だ〉

実際に出演したのは『影武者』のみだ。だが、萩原の意識下では「俳優としての心得は黒澤監督に教わった」と規定されている。市川プロデューサーは、それゆえ主演の萩原以下、黒澤組を結集させることに心を砕いた。父親役の松村達雄をはじめ、母親役の久我美子、姉役の二木てるみなど、錚々たる顔ぶれがそろった。ここまで入念な配役が実現出来た以上、萩原もより気合を入れて芝居が出来たことだろう。ただ、一つだけ問題が残った。演出家が物足りなかったのだ。

〈ディレクターが、こいつか？〉

〈本当に、わかっているのか？〉

そう思っていたとしても不思議はない。そのディレクターとは誰あろう戸高その人だった。

では、当の戸高自身はどう感じていたのだろうか。実はまったく緊張はしていなかった。普通であれば、松村、久我、二木ら、往年の名優がそろえば、硬くなっても不思議はない。だが、戸高にそんな余裕はまったくなかった。なぜなら、萩原健一にひたすら揺さぶられていたからだ。このことは出演者、スタッフのみんなにも伝わっていた。「萩原シフト」とでも呼ぶべき協力体制が出来上がっていた。

戸高が演出した第九話「夫婦の根くらべ」、第十話「走れ故郷へ」の撮影期間は三〜四週間ほどだった。九、十の順番で、心情に沿うよう極力「順撮り」にした。

いよいよ長野県中部の安曇野（あずみの）での撮影本番。前の晩にはスタッフ、キャストは全員現地に入った。夕食はそろって取る。萩原は手作りの日本料理でみんなをもてなしてくれた。

「『前略（おふくろ様）』でやってたからなあ」

そんな軽口を叩きながら、器用な包丁さばきを見せる。てきぱきとした動きで旅館の厨房を立ち回っていた。食事中はまた萩原の愉快な話が延々と続いた。見事な座長ぶりだと言っていいだろう。

「じゃあ、明日よろしくお願いします」

いい頃合いでお開きとなった。少々酒も入り、ご機嫌の萩原がにこやかに応える。

「じゃあ、明日。いやあ、楽しみ」

部屋に戻り、戸高は床についた。だが、眠れない。翌日の撮影のことを考えると、ますます目が冴えてくる。

思い切って、部屋の明かりをつけた。

「まあ、明日は初日だからな」

独り言を言いながら、髭を剃った。それからしばらく気分転換のためにいろいろやってみたが、一向に眠気は訪れない。自分でも興奮しているのがわかる。戸高は諦めた。結局、そのまんじりともせずに夜明けを迎えた。

翌朝、現場に向かう。撮影するのはこんな場面だ。

単線の電車に乗り、寺田喬役の萩原が故郷に朝早く駆けつける。無人の駅を駆け抜け、駅前のタクシー会社に入るが、誰もいない。やむなく走り出す寺田。実家に向かう道すがら軽トラを運転するおばちゃんと出会う。事情を話し、乗せてもらうことになる——。

アシスタントディレクターと共に始発電車に乗り込んだ萩原は、有明駅に降り立った。戸高たち撮影部隊は駅で待ち構えていた。キャメラに向かって萩原が走ってくる。

ここでワンカットが撮れた。ＯＫ。萩原はきっちり走って見せてくれた。

改札を駆け抜けるカット、駅前のタクシー会社に駆け込むカットと撮影は続く。ここまでで都合三カットを撮った。萩原の走りには感情がこもっている。

続いてロケ隊は乳房橋に移動。ここでは並走のカットを撮る。やはり走っている萩原を車に乗ったキャメラが横から押さえるのだ。ここで異変が起こった。走っている萩原が、突然カメラに向かって叫んだ。

「バカ！　いつまで走らせんだ！」

一瞬、耳を疑った。しかし、萩原はカメラ目線でシャウトし、明らかに激昂している。初めて見る姿だ。スタッフは凍りつき、ドライバーの手はブルブル震えていた。萩原の噂を知らない者はいない。ついに始まった。

間の悪いことに、萩原の走りと車のスピードが合わない。何度やっても駄目だった。これが萩原の苛立ちを増幅させる。

戸高たちが車を回している間、萩原は反対側に先回りして川に石を投げながら、激昂していた。

〈子供みたいなところがある人だな〉

初めて見る萩原の怒りを戸高はどこか他人事のように捉えていた。いつまでもこうしていては埒が明かない。戸高は一計を案じた。カースタントチーム「高橋レーシング」の女性スタッフにモンペを着て機材車を運転してもらい、萩原の走りとタイミングを合わせることにした。一発でOKとなった。

次の準備をしているときのことだ。あと三~四カット残っている。

冷静になって考えてみると、戸高は萩原が爆発している原因に思い当たった。

撮影前夜、翌日撮るカットについて戸高はほとんど萩原に説明が出来ていなかった。嬉しさのあまり、頭から飛んでいたのだ。

何も聞かされていない萩原は早朝から全力疾走を続けた。根が真面目なだけに、手抜きなど一切しない。

戸高と組むのは初めてだから、「こいつがやりたいように、やってやりたい」という思いもあったのかもしれない。その思いがかえって仇になっていた。

前日まであんなににこにこして楽しい話をたくさんしてくれた萩原。一緒に腹を抱えて笑った萩原。今日はまるで別人に見える。

準備を続ける戸高の側に、萩原が歩み寄ってきた。

「おまえ、何歳だーっ」

高校一年生のころ、スピーカーから流れてきたあの声。少々裏返っている。こんな形で聞くことになろうとは。

「三十三です」

「おまえ、昨日寝ただろーっ」

萩原は勘違いをしている。戸高は前夜一睡もしていなかった。だが、撮影初日に備えて髭は剃っている。それを目にした萩原は「温泉でも入って、いい気分で熟睡したんだろう」と思ったに違いない。

「寝たなッ」

戸高は否定も肯定もしなかった。すると、萩原は思いもしない説教を口走り始めた。

「三十代は、寝るなッ」

「おれは四十二歳だ。おれをおまえのお父さん、いや、爺さんだと思って、扱えっ」

その後もいろいろなことをいろいろと例え、それも絶妙な言葉のチョイスで叫んだ。細かいところはもう忘れてしまった。

突き詰めて考えれば、笑えるところもある。だが、とにかく尋常ではない剣幕だ。スタッフはピリピリしながら次の準備を進めている。

その後、寺田が田んぼの中を走っていき軽トラに乗り込むカットと、軽トラを降り、実家に走りこむカットまで撮った。続いて蕎麦屋に移動。車で二十分ほどの距離だ。いかにも「安曇野の蕎麦屋」という雰囲気のいい店だった。

「あの蕎麦屋はいいシーンだったな」

萩原は、しばしばそう振り返った。戸高にしてみれば、演出家冥利に尽きるというものだ。

撮影に当たって貸し切ったこの店は、主人公・寺田喬にとって思い出の場所。松村達雄演じる父・久夫と一緒にたびたび訪れた思い出深い店だった。

葬儀が終わったあと、年上だが、課長補佐で部下に当たる石倉三郎演じる服部金次を「服部さん、ちょっと」と寺田が誘う。

二人は黙ってあぜ道を歩き、蕎麦屋に着く。寺田は酒と盛り蕎麦を頼む。「さて、何を食べようか」となる服部に寺田は「すみませんが、今日はちょっと盛り蕎麦をつき合ってくれませんか?」と頼む。服部もそれに付き合う。

寺田が、「一本の酒と盛りをこの席で食べるのが父の唯一の楽しみだったんです」と話すと、服部が涙ぐんだ。貧乏だった子供の頃、なぜか父親が浅草の天ぷら屋に連れていってくれたと、父との思い出をぽつりぽつりと語り出す。ガツガツ天丼を食べる服部を嬉しそうに眺める父が「どうだうめえか?」と聞き「うめえ」と答えたら「自分の丼から海老を一匹くれましてね」と話し「あんなに旨い天丼は食べたことがありません」と涙を拭った。

これといって何かが起こるような場面ではない。だが、戸高が五十九歳になった今、あらためて見返してみると、胸に迫るものがあった。演出をしていた三十代の自分では気づけなかった心情を、萩原と石倉は表現していた。「いい場面だ」と素直に思えた。

撮影時、一つだけハプニングがあった。六十人近いロケ隊の中で一人だけ蜂に刺された男がいたのだ。誰あろう戸高その人であった。

スズメバチに刺された患部はぷっくり腫れ上がった。額を押さえながら台本を手にして萩原と話をしている写真がある。TBSの宣伝部が撮影したものだ。どこでどう話がねじ曲がったのか、後々「戸高が萩原に殴られたあと、撮った写真だ」という根も葉もない噂が広まった。戸高は「いや、蜂に刺されたんだよ」と弁解に回る羽目となった。

戸高がロケハンの時にようやく見つけた木での撮影。ここは寺田と父・久夫の二人だけの場面だ。

第九話で寺田は里帰りする。そのとき、父親の久夫と二人でこの木のある場所まで出かける。二人にとっての思い出の場所だ。問わず語りに久夫がふと漏らす。

「僕には何もないけど、『おまえの自慢は何だ?』って聞かれたら、『息子』って答えるね」

そして、寺田に問いかける。

「おまえ、まだあの山の名前言えるか?」

寺田は即座に答える。

「燕(岳)、大天井(岳)、東天井(岳)、横通し(岳)、常念(岳)、蝶ヶ岳、大滝。おれはここで生まれて育ったんだ」

ここでも戸高は満足のいくものが撮れた。このころ、連続ドラマの演出はまだ二~三本しか経験がなかった。演出家としては駆け出しである。

第九話が放映されたあと、局内で敬愛する高橋一郎ディレクターから声をかけられた。

「萩原さんと松村さんのあの木のシーン、とてもよかったよ」

演出を褒められたのは初めてのことだった。何とも言えず嬉しかったことを覚えている。

戸高の見つけた木は、もう一度だけドラマに登場する。第十話の冒頭、久夫が死去する。その後、葬式をはじめ、さまざまなことを終えた寺田は「ちょっと出かけてくるわ」と言い残し、この木と再会し、山を眺めながら父の言葉を思い出す。

予想だにしない演技に鳥肌が立った

ロケーションでは戸高にとって忘れられないものがある。東京・柳橋での撮影だ。柳橋は台東区の南端に位置する。東西南北をそれぞれ両国、浅草橋、日本橋馬喰町、蔵前に囲まれている。かつては江戸時代から続く花街として栄えた歴史も持つ古い街だ。

寺田はこの街で「父、危篤」の知らせを受ける。その瞬間、飛び出し、柳橋の街を走る。タクシーを捕まえ、東京駅に向かう。

この場面を撮るのに、戸高は望遠レンズ、いわゆる「長玉」を使った。タクシーを捕まえようとする萩原を数十メートル離れた位置から狙う。長玉は遠くにあるものを撮るためだけにあるのではない。ボケた画の効果を狙ってあえて使う場合もある。戸高も意図して長玉を選んだ。

萩原ははるか遠くでスタンバイしている。スタッフにとっては少しほっと出来るひとときだった。いつ何時(なんどき)、何が原因で沸騰するかわからない主演男優と距離をおける。安全地帯から「用意」「スタート」とさえ言っていればいい。

いよいよ本番だ。戸高がトランシーバーを通して指示する。

「萩原さん、そこ。はい、オッケーです。回ったーっ」

次の瞬間、思いもかけない事態が襲った。萩原の背後から超大型トラックが突然姿を表したのだ。

〈え！……ヤバい〉

戸高をはじめ、スタッフの誰もが息を飲んだ。だが、萩原はやはりショーケンだった。トラックの運転席に向き直ると、何か怒鳴っている。えらい剣幕だ。そこから信じられない展開が待っていた。そのトラックが後退りでフレームアウトしていったのだ。戸高は、まるでコントみたいな出来事につい笑ってしまった。「笑いは緊張と緩和や」明石家さんまの言葉が脳裏をよぎった。

萩原の怒りを前にすると、規格外の威容を誇るトラックでさえすごすごと引き下がるしかないのか。一部始終は撮影していた。素材としては残っているが、もちろん、実際に使ってはいない。

「はい、回ってます。本番行きましょう」

戸高が再び指示し、この場面の撮影は終わった。

ストーリーはタクシーに乗り込んだあとも続いていく。ここでの芝居も萩原ならではの工夫があった。

タクシーを捕まえ、乗り込む寺田。シートに身を任せ、しばらく放心したような様子だ。ひとまずタクシーに乗れたことで安心しているのだろうか。運転手にうながされ、ようやく正気に戻る。「ああ、そうか」と思い直す。そこで「あ、東京駅」と目的地を告げる。

戸高が想定していた演技とはまるで違っていた。父親が危篤と聞かされた寺田はとにかく急いでいる。タクシーに乗り込むなり、行き先を告げるに違いない。そう思い込んでいた。

萩原が本番で見せたものは予想だにしていない演技だった。こんなふうにひと味違うリアリティーを出すことは容易ではない。並みの役者では出来ない芸当だ。

〈すごいな、この人〉

萩原健一という俳優の技量にあらためて驚き鳥肌が立った。

セリフを言うまでの間尺や脚本の行間を埋める作業は俳優にとっての醍醐味だ。演出家との勝負どころでもある。戸高の側から指示を出すこともあれば、俳優の意思を尊重することもある。これは萩原に限った話ではない。

ラストカットの走り去るタクシーのバックショットでは代役がタクシーに乗り撮影した。萩原の出番を1カット減らしたのだ。そこで一言、「ありがとう」と言い残し、萩原は帰っていった。『課長サンの厄年』の現場で萩原が示した唯一の感謝の意だった。

石田えりへの愛、倍賞美津子との破局

この作品は、萩原健一のプライベートにも変化をもたらした作品となった。妻役で共演した女優・石田えりと私生活においても交際したからだ。

サードディレクターの戸高正啓にとって石田は安心出来るオアシス的存在だった。萩原を取り巻く撮影現場は、どうしても緊張感でピリピリしてしまう。そんな空気をほぐしてくれるのが石田だった。

萩原は、『ショーケン』で石田えりと倍賞美津子について打ち明けている。

《愛し合った女のなかでも、倍賞美津子さんは最高でした。ぼくと一番気が合って、ぼくに一番よくしてくれて、兄や姉もみんな倍賞さんのファンになっています》

ショーケンが倍賞と別れたことについても語っている。

《別れた理由は、大したことじゃなかった。男と女の間は、ちょっとした意地の張り合いで壊れてしまう場合もある。ぼくと倍賞さんとの関係もそうでした。倍賞さんは、ぼくと石田えりさんがデキていると思い込んでいたらしい。石田さんのことがきっかけでぼくと別れたとは、口が裂けても言わないでしょうが》

《倍賞さんのマンションからは、たたき出されてしまった。ぼくの荷物もたくさん置いてあったが、全部放り出されている。

『みんな持ってけ！』

何を言おうとしても、聞く耳を持ってくれない。やり直そうと努力してみたけれど、最後はぼくも、別れるしかないと思った》

石田自身、萩原を振り返ってこう言っている。

「わたし、怖くもなんともないから」

実にあっけらかんとしたものだ。萩原のライバルでもあった松田優作とも石田は親交があった。強面で強烈な個性の俳優の扱いは心得ている。

令和元年（二〇一九）十二月に放送された追悼番組「ショーケンFOREVER 追悼・ボクらが知ってる萩原健一さん」。その取材のため、戸高は久しぶりに石田と再会した。

「一番、印象に残っているシーンはありますか?」との問いかけに石田は「テレビでは使えないと思うけど」と断った上でこんなことを話していた。

「リハ中にいきなり「アチョー！」って叫び声がして、見ると萩原さんが仁王立ちしててね、現場が凍りついたの。きっと気に障ることを見つけたんでしょうね。本当は「何やってんだ！」って言葉が、あまりにも憤慨して自分の中で昂(たかぶ)ってきて甲高い声で「アチョー！」って声に変換されて出ちゃったんでしょうね。あんな緊張感のある現場は後にも先にも無かったです。今はもう和気あいあいだからね。あれはビックリしたなあ。別の時は「アチョー！」みたいな凄ーく高い声で「いい加減にしろよォーッ」って叫んだり。繊細で素直でくそ真面目な人だからね。怒る時も笑う時も全身全霊だから。床の上を転げ回って大笑いするし。滅茶苦茶怒って座った時に、肩をトントントンって叩くと「へへへへっ」って笑うし。赤ちゃんみたいに気持ちもすぐ切りかわるの。周りに合わせられない人っていますよね、そっちの方が見てて楽しいし魅力的だったりする。あまりにも早い死が残念でならないです。爺さんになって若者とやんちゃして欲しかった。きっとそうしたと思う。本当にもったいない……」

萩原と石田の交際は決して長続きはしなかった。石田は萩原の死を悼みながらも懐かしそうに語った。

恨みも痛みもない。大人の関係だった。

萩原健一は入り時間の早さでも際立っていた。異常なまでに早い。九時の予定でも平気で八時に来る。

萩原に合わせて他の出演者やスタッフの入りもどんどん早くなっていった。通常、朝十時スタートのドライリハーサル（キャメラを通さず演技を見て各セクションの最終確認を行う）が、第四話「父が来た日」を収録するころには、十時にはドライが終了する事態となっていた。

予定よりも早く進行している。

業界用語で言う「巻いている」状態だ。そんなとき、萩原は周囲のM1スタジオやM2スタジオに行っては「うちは何時間巻いてるよ」と自慢していた。

萩原はミュージシャンだけあって敏感な耳の持ち主だった。

「音があると、集中出来ない」

あるとき、現場で萩原が言い出した。スタッフが台本のページをめくる音が気になるという。『課長サンの厄年』の現場ではキャメラマンと音声スタッフは皆、台本八ページを一枚に縮小コピーし、霧吹きで湿らせた。音を立てずにページをめくるためだ。有名な実話である。

ショーケンの才能

戸高が演出した第九話、第十話で最も苦労したのが寺田の父・久夫の葬儀にまつわる場面だ。長野県の実家に駆け込んでくる寺田。先に着いていた石田えり演じる妻・仁美が出てくる。床の間に上がる。横たわる久夫の顔には白い布がかかっており、親戚一同が集まっている。久夫の顔を見つめる寺田。ここでタイトルバックに入る。この場面でも戸高の裏テーマである「祖父の弔い」は生かされている。

自らの記憶の中にある宮崎の祖父の家を思い起こし、セットに組んだ。冒頭の寺田が駆け込んでくるところから通夜、告別式と葬儀に関わるさまざまな場面を一日がかりで稽古した。

その日、葬儀関連の稽古は夕方、まだ明るいうちに終わった。戸高はTBSのそばにあった中華ラーメン店「天宝」でパーコー麺を食べていたのだ。まだ携帯電話が普及していない時代。店の電話が鳴った。店員の声がする。

「戸高さんって方、いますか?」

嫌な予感がした。

「えっ、はい」

「お電話です」

受話器を取ると、アシスタントプロデューサー(AP)の困り声がした。

「戸高さん、すみません。萩原さんが『Fリハに来い』って言ってます」

予感的中である。

〈マジかーッ。ああ〉

主演俳優直々の呼び出しだ。行かないわけにはいかない。戸高は腹を決めて箸を置いた。パーコー麺は半分ほど残っている。食べる気は失せていた。

「稽古棟」に着いた。長くなりそうな予感がしたので、まず洗面所に入った。間の悪いことに萩原がいる。連れションになった。

「あ……戻りました」

「ああ」

あらためてFリハに入る。稽古が終わったあとで閑散としていた。次の準備があるため、ADらもいない。一人、これも呼び出しの件を聞いた市川プロデューサーが所在なさげに立っていた。

稽古が終わると、市川は一杯やることが多い。その夜もどこかの酒場から駆けつけたのだろう。ほんのり赤ら顔だった。萩原が呼び出したのは、戸高と二人だけでもう一度稽古をするためだった。これから二人で本読みにかかるのだ。戸高は萩原に代わって寺田喬のセリフをすべて読む。寺田以外の登場人物は一人残らず萩原が担当する。

「セリフがないところは、口で説明しろ」

萩原の言葉で戸高には合点がいった。萩原は演出家として戸高を試しているのだ。

〈こいつはおれを見ていたのか？　理解しているのか？　どこまでイメージがあるのか？〉

二人だけの本読みを通じてそれを確認する。いかにも生真面目な萩原らしい。

寺田の父、母、妻、姉……。ありとあらゆる登場人物を萩原は演じ分けてみせた。あらためて俳優・萩原健一の凄みを感じた。思わず「うまいな」と感心してしまったほどだ。

まずは寺田が駆け込んでくるところから。

戸高が、口立てで説明する。

「喬、走ってきました。家の扉を開けました。中に入ります」

萩原が、鋭く突っ込みを入れる。

「待てッ、どんな扉だ？」

戸高は即答した。

「引き戸です」

本読みは続く。

「で、入りました。声をかけます」

まるで禅問答。だが、戸高が答えに詰まることはなかった。セットは自分の祖父の家と同じ造りだ。頭の中でそれを思い出しながら答えれば間違いない。即答出来るのも当然だった。

そうこうしているうちにホン読みは終わった。「やれやれ」と安堵していると、萩原がやにわにとんでもないことを口走った。

「よし、立つぞ！」

続けて立ち稽古に入るというのだ。立ち稽古とは動作や表情などを加え、本番に向けて演技をする稽古。本読みの次の段階だ。もちろん、夕方までに本読みも立ち稽古もすでに終えている。これは単なる稽古ではない。萩原による試験なのだ。戸高は「おれを見ていたのか？」と問われ続けている。立ち稽古といっても、セットがあるわけではない。戸高は、戻ってきたＡＤ松原と一緒に箱馬や畳を使って立ち稽古の準備を整えた。立ち稽古も配役は本読みと同じだった。戸高が寺田役。それ以外はすべて萩原が演じる。戸高VS萩原のサシ稽古なのだ。

〈萩原さんの一人芝居は、本当にすごかった。キャメラが入っていれば、すごく面白い場面になったに違いない〉

戸高は今でもそう思うことがある。萩原は第一級の俳優だった。それだけではない。演出家としての資質も兼ね備えていた。それまでも、それからも数多くの俳優たちと仕事をしてきた。だが、演出家としても技量を発揮出来るような演者は萩原だけだった。

立ち稽古でも二人はぶつかった。通夜振る舞いの場面での参列者の並びについてだ。戸高はディレクターとして時間内に撮り切ることも考える。演技を連続して撮影するためには撮りやすさも重要なのだ。結果として萩原の中にある座り位置のイメージとは明らかに異なる席次となった。

さすが萩原がこだわったポイントだけのことはある。葬儀のシーンを芝居の流れを止めずに撮る上で席次（せきじ）は大切だ。

〈ここで萩原さんとすり合わせをしておかなかったら、収録にならなかった〉

ここまで入念に二人で稽古をしても、翌日の本番ではいろいろあった。

席次についてこう付け加えた。

「この席次は、この地方では成立しているものなんです」

都市部と地方では慣習が違うし、地域によっても差がある。葬儀の作法に完全な正解があるわけではない。ここは戸高の演出プラン通りで行くことになった。

その後、さらにもう一山が待ち受けていた。稽古の合間に萩原は黒澤映画の話を始め、おもむろに尋ねた。

「ところで戸髙さ、黒澤さんの『生きる』、好きだって言ってたけど、いつ見た？」

市役所で市民課長を務める志村喬演じる渡辺勘治は、かつて持っていた仕事への熱情を忘れ去り、毎日書類の山を相手に黙々と判子を押すだけの無気力な日々を送っていた。

ある日、渡辺は胃がんにかかっていると悟り、余命いくばくもないと考える。渡辺は市役所を辞める。が、渡辺は「まだ出来ることがある」と気づき、次の日市役所に復帰する。それから五カ月が経ち、渡辺は死んだ。渡辺の通夜の席で、同僚たちが、役所に復帰したあとの渡辺の様子を語り始める。渡辺は復帰後、頭の固い役所の幹部らを相手に粘り強く働きかけ、ヤクザ者からの脅迫にも屈せず、ついに住民の要望だった公園を完成させ、雪の降る夜、完成した公園のブランコに揺られて息を引き取ったのだった。

萩原の質問の真意を見抜けず、戸高は素直に事実を答えてしまった。

「十年ぐらい前です」

この一言が、萩原の怒りの炎に油を注ぎ顔が瞬時に紅く染まった。

「貴様ーッ、黒澤先生の『生きる』を、直前に見ずして、お葬式の演出が出来るとでも思ってるのかーっ」

そう言うなり、萩原は稽古場の机を両手で激しく叩き、銀色のアタッシュケースをガバッと開き、台本や鉛筆を乱暴に放り込んだ。ガッと立ち上がり出口に向かう。

と、振り返りざまに
「おまえっ！」

戸高を指さして叫ぶ。

「おれは明日、行かない！」

踵を返し、出口に向かう。

「はい？」

戸高は半信半疑だった。萩原は凄まじい勢いで何度も振り返りながら
「おまえッ！　桑波田さんと演出、替わってもらえっ。おれはっ！　絶対行かないからなーっ」

と絶叫し吐き捨てた。激しく閉めるドア音だけが残った。戸高と萩原。二人だけの稽古は惨憺たる形で幕を下ろした。

戸高はさっきまで立ち稽古をしていた稽古場に仰向けになった。全身から力が抜け落ちて疲労さえも感じない。

寝たままの姿勢で、ＡＤに頼んだ。

「悪いけど……六本木ＴＳＵＴＡＹＡで、黒澤明の『生きる』を借りてきてくれる？」

そう言いながら、戸高は生涯で一度きりのあり得ない体験をした。傍に立ち戸高を見おろしているＡＤの姿がどんどん遠ざかっていく。体が畳の中に沈み込んでいくような不思議な感覚だった。

そこから翌日の撮影開始まで記憶は途絶えている。恐らくカット割りをして、翌日に備えたのだろう。ＡＤが借りてきた『生きる』のＶＨＳで葬式のシーンを見た。今さら『生きる』に即した演出に変えるわけにもいかない。だが、記憶を新たにすることで萩原に向き合える。

〈「行かない」とは言ったものの、萩原は来るだろう〉

戸高はどこかでそう信じていた。

「萩原健一が来た！」と怯える人たち

緑山スタジオでの撮影当日。「行かないからな」と前日宣言した萩原健一だったが、さすがにそうもいかなかった。「緑山に到着」との情報が入った。戸高はサブ（副調整室）のディレクター席に腰を下ろしていた。

〈ああ、やっぱり来てくれたか……〉

まずはほっとした。次の瞬間には気持ちを切り替えるが心臓の鼓動が激しくなっている。ついつい独り言が口から飛び出した。

「始まる……ものすごく長い一日になるぞ」

まだスタジオでは何も始まっていない。当然、カメラは何も撮っていない。サブはスタジオの1フロア上の別フロアにあり距離がある。撮影準備をしていると、突然、心臓がひと際激しくドクドクと鳴った、

〈萩原健一が来た！〉

人間は追い詰められると第六感が発動する……この瞬間、戸高はそう確信した。萩原の声や足音が聞こえたわけではない。それでも「来た」のが分かった。インカムでADに聞いた。

「今、萩原さんスタジオ入って来たよね？」

そう言われて驚いたのはADだ。

「ハイ、たった今！　何でわかったんですか？」

何でと尋ねられても、答えようがない。感じたのだ。萩原健一が来ると、場の空気は一瞬で緊張する。その空気を登場に先んじて感じ取った。サブ、スタジオにはまだほとんど人はいないにもかかわらずだ。心臓の音が聞こえ、全身の血管が脈打つ感覚。

〈はあー、心臓が止まるかもしれない……〉

そして撮影が始まった。カメラを止めるごとに萩原は戸高を呼び出した。M4スタジオとサブをつなぐ階段下あたり。トップライトしか当たらない場所で萩原はすべての鬱憤を派手なアクション付きで戸高に向けて放出した。

「おまえにはーッ、何の引き出しもないだろッ。おまえには、引き出しが一つもないじゃないかッ。おまえには、何も！　おれは、何を頼りにやりゃいいんだーッ」

萩原は、自分の出番が終わった後もサブに来て戸高の背後に陣取り、萩原が出ていない場面の収録を見ている。

戸高がＯＫを出すと「いいのかな？　いいのかな？」と聞こえるように声を出す。

もしかしたらあの「嫌がらせ」のような行為は萩原なりの「コミュニケーション」で、「経験不足の後輩を育てようという親切心」だったのかもしれない。

しかし、当時の戸高にはキツい経験だった。実際にこの日は何十時間もの長さに感じられた。怒鳴られまくった一日は、何とか終わった。くたびれ切った体を引きずるように家路をたどった。

撮影が難航した第十話。これをもって戸高の演出回はすべて終わった。第十話の放映後の評判は、上々だった。日曜八時の放送が終わると、翌日の月曜日には視聴率が発表される。

月曜日、戸高はロケの現場にいた。そこに思いがけない知らせが届いた。

「第十話の視聴率は、二一・五％」

この数字は後の全十三話中で最高となった。

「二一・五％」と聞いて、現場は歓喜に包まれた。第十一話の演出の桑波田を囲んで「わーっ」

「よかったーっ」という声が飛び交い、萩原も「おめでとう」と桑波田に拍手を送った。

だが、桑波田は冷静に打ち消した。

「いやいや、戸高ですから。第十話の演出は」

それを聞いて、萩原は「うん？」という表情になった。

戸高はそれを眺めながら、

〈頑張って完成させたのに……チキショー〉

と歯を食いしばった。怒りでもない、悔しさでもない、憎しみとも言えない複雑な感情が渦巻き……何かが壊れつつあった。


いろいろとあった撮影も終わった。打ち上げの席で萩原健一は持ち歌「さよなら」をアカペラで披露した。萩原の四枚目のアルバム「Nadja3～エンジェル・ゲイト」のラストに収録されているバラードだ。

戸高には格別の思い入れがある曲でもある。高校生のころ、転校していった片思いの同級生を思って何度も繰り返し聴いていた。戸高はこのアルバムのＬＰレコードを友達から借りて、ミュージシャン・萩原健一のファンになった。

在社十四年のベテラン本宮喜久代役の久本雅美はこの夜に萩原が歌った「さよなら」を「すごくよかった」と戸高のインタビューで後に回想している。

バラードの名曲だ。大好きだった曲を本人が歌うのだ。本来なら、大感激するところだろう。だが、戸高はこのとき何の感慨も覚えなかった。萩原の歌は素通りしていった。

〈……残念だ〉

そう思ってはみたものの、致し方ない。何も感じない自分が悲しかった。このままドラマを作り続けられるだろうか……。このころ、戸高はそこまで思い詰めていた。

最後の主演映画『居酒屋ゆうれい』

平成六年（一九九四）夏、山本昌代の小説『居酒屋ゆうれい』を映画化する話がまとまった。製作スタッフは監督が渡邊孝好、脚本が田中陽造、音楽が梅林茂、プロデューサーが伊地智啓（いじちけい）の顔ぶれである。

伊地智啓は最初から主演はショーケンでいく考えだった。そして、渡邊孝好を監督に選んだ。監督の渡邊孝好は、ショーケンのキャスティングに対して素直に「わかった」と承諾した。

『居酒屋ゆうれい』は、居酒屋「かづさ屋」の主人の萩原健一演じる壮太郎が、室井滋演じる妻のしず子が息を引き取る前に、決して再婚はしないと約束したのに、それを破ってしまう。兄の豊造夫婦の強引な勧めで見合いをした相手の山口智子演じる里子にクラッときて、一緒になったのだ。ところが、しず子はそれを恨んでこの世に戻って来た。

「あなた、やっぱり嘘をついたのね」

壮太郎をそう問い詰める幽霊・しず子。

「おれはおまえも確かに愛していたけど、里子も愛しているんだ」

そういう壮太郎の胸のつぶやきも、しず子には通じない。

かれをめぐって、この世の女とあの世の女が壮絶な戦いを繰り広げることとなり、「かづさ屋」は壊滅状態に。とはいっても、他人の眼にはしず子は見えず、「かづさ屋」は若い美人のおかみさん目当ての客が増えて毎晩大にぎわいとなる。

三宅裕司演じる幼なじみのバクチ打ちの辰夫、西島秀俊演じる三河屋酒店の幸一、八名信夫演じる魚春のオヤジ、橋爪功演じる家族を捨て蒸発した佐久間、父を探し歩く娘……そんな人間たちが束の間の寂しさを忘れるために集まる、溜まり場となっていった。

いっぽう、幽霊騒動に疲れた壮太郎と里子は、寺へ相談に行く。和尚は幽霊画の掛け軸を二人に渡しながら言う。

「あの世とこの世との出入り口になっている掛け軸の絵の中に幽霊を入れてしまえばもう悩まされることはない」

が、計画は失敗し、壮太郎は掛け軸をうっかり電車の中で盗まれてしまう。

しず子の復讐が始まった。彼女は里子の体に乗り移り、壮太郎を誘惑する。

ところが、さらに事態は急転し、辰夫が別れた妻子とヨリを戻す心機一転のためと、借金をして野球のナイター戦の賭けをしてしまう。

また里子は豊川悦司演じる昔の恋人でヤクザの杉本延也から呼び出しを受け、行方をくらましてしまった。

壮太郎は辰夫のために、しず子に懇願してナイター戦の結果を前もって教えてもらう。それを教えることはしず子にとってはこの世にいられなくなることだったが、彼女は壮太郎にナイター結果を教え、また里子を杉本の手から救う。どこかでしず子が見守る中、壮太郎のもとに里子も帰って来た。

ショーケンとの打ち合わせの初日、渡邊孝好はあいさつした。

「お久しぶりです、こんにちは」

『カポネ大いに泣く』で助監督を務めて以来、約十年ぶりの再会である。その間は、会って飲んだりする機会はまったくなかった。

渡邊は、平成元年（一九八九）に『君は僕をスキになる』で映画監督デビュー。その後毎年のように映画を撮り、『居酒屋ゆうれい』は五本目の監督作品だった。

が、ショーケンは、監督として実績を積んでいる渡邊孝好を無視し、無反応なままだった。渡邊は少し緊張した。

〈こいつは、ちょっとやばいかな……〉

が、こちらが慌てふためいても仕方がない。ショーケンの無視を受け止めて、平常心を保つようにした。渡邊は、『カポネ大いに泣く』で助監督として、ショーケンという俳優を身近に見ていた。ショーケンは一言でいえば「ややこしい人」。その思い込みの強さ、性急さ、繊細さなどは先刻承知である。助監督時代はショーケンとの関係も割合うまくいっていた。だからあまり不安もなく、意見がぶつかるような場面でも何とかなるだろうと楽天的に考えていた。

いっぽう、他のスタッフたちはみんなショーケンと仕事するのは初めてである。ショーケンといえば薬に暴力というイメージがすでに定着している。みんな戦々恐々、及び腰になっている。

スタッフたちとの初顔合わせは、ショーケンの衣装合わせの日だった。約束の時間は午後一時だったので、スタッフは午前十時ごろ集まりスタッフルームで準備が始まった。監督の渡邊も、初日ということで朝一で顔を出していた。

ところがその直後、現場プロデューサーの椋樹弘尚のもとにショーケンがひょっこり姿を現した。

驚いた椋樹が、ショーケンに言った。

「あれ⁈ 午後の約束でしょ」

が、ショーケンは落ち着かない様子で言った。

「いや、なんかもうイライラしてるから」

怒っているわけではない。映画に対する自分の思いのせいで、居ても立ってもいられないのだ。

椋樹はスタッフルームに飛んで行って、スタッフに伝えた。

「萩原さんが来ました！」

「ええッ⁉」

スタッフ一同はビックリして、固まってしまった。

「まだ全然準備出来てませんよ！ 約束どおり午後ってわけに、いかないですか？」

「だって、もう来ちゃってるから。頑張って早めてくれ」

「無理ですよ。せめて一時間、待ってください」

スタッフルームは蜂の巣を突いたような大騒ぎになった。

椋樹は「おれが話をして繋いでおくから」と言って、戻って行った。

渡邊監督は思った。

〈萩原さんがせっかちなことは知ってたけど、ここまでだったとは……〉

何とか準備を整えて、午前十一時ごろから衣装合わせが始まった。みんなドキドキしながら手を動かしている。ショーケンは機嫌よく「いやあ早く来すぎちゃったかな」とニコニコしていた。が、用意された衣装を見た瞬間、ショーケンの表情が硬くなった。

「違う！」

その場の空気が、一気に凍りついた。用意していたのは、カジュアルでスポーティな普段着に前掛けである。昔ヤンチャをしていた男が始めた庶民的で小さな居酒屋だから、服装もラフなものをと考えていたのである。衣装担当助監督や衣装部が必死になって説明したが、ショーケンは納得しない。

念のためと用意していたいかにもな居酒屋主人風の紺の作務衣も見せた。が、やはり「違う」と言う。

どこがどう違うのか、どんな衣装が良いのかは、一切説明しない。

後に判明したことだが、それがショーケンのやり方だった。まず相手を試すように、最初にかまして敵の様子をうかがう不良のやり方だ。黙って睨みを効かせているから、スタッフには恐怖の時間だ。

三十分ほど経って、衣装担当の助監督がパニックになって右往左往し始めた。その様子を見たショーケンが、ようやく口を開いた。

「あのさ、普通のさ、白の割烹着あるだろ、あれは無えのか」

それを聞いて衣装部が走って探しに行った。

サイズは合わないが、何とか板前用の白の割烹着を見つけてきた。

ショーケンは受け取った割烹着を着て、ようやくうなずいた。

「おお、これこれ！　これだよ」

そして、渡邊に向かって言った。

「な？　監督」

それまで無視を決め込んでいたショーケンが、初めて渡邊に向かって話しかけてきた。渡邊は思った。

〈やっとおれを認めてくれた、そうか。『前略おふくろ様』のサブちゃんを意識してたんだ〉

ショーケンの中では、『前略おふくろ様』の片島三郎のイメージが最初からあったのだ。ともかくメインの衣装が決まり、ジャストサイズの衣装を改めて用意することで話がまとまった。

ショーケンの機嫌も直ってきて、その他のシーンで使用する衣装については、スタッフが用意しておいたカジュアルな普段着を見て、「これでいいんじゃない」となった。ようやくスタッフたちもホッとした表情になった。

が、ほどなくして衣装担当だった助監督が辞めていった。初日から何の説明もなしにダメ出しをされ、ショーケンは、きつい言い方でスタッフを罵る。口答えも許されないスタッフたちは、いつもショーケンの顔色をうかがう萎縮した対応になる。

その態度にショーケンがまたイライラする、という悪循環に陥ったのだ。

「そうじゃねぇんだ！」

「おれは、そういうつもりじゃねぇんだ！」

自分の発する言葉で、ショーケンはさらに怒りと興奮を増幅させる。スタッフも人間である。ショーケンのこうした態度に耐えられないと感じても不思議ではなかった。

山口智子への片思い

山口智子は具体的に自分の意見を口にした。

「この間、ベアトリス・ダルという女優が出演する『ベティ・ブルー』というフランス映画を観たんです。彼女はすごい肉体美の持ち主だけどサラッとしていて、あんな人をイメージしてやりたいんです」

ジャン＝ジャック・ベネックス監督の『ベティ・ブルー』は、昭和六十二年に日本で公開されたフランス映画である。ヒロインのベティは自由奔放でキュートな役柄で、胸の谷間が見えそうなタンクトップやセクシーなワンピースを見事に着こなしていた。

山口の説明はコンセプトが非常にわかりやすく、スタッフも即座に動くことが出来る。

山口は、さらに提案した。

「この里子という女性は、普段からブラジャーをしないタイプだと思うんです」

こうして山口の衣裳はとんとん拍子に決まっていった。メインの衣装は白のタンクトップに、フランス風のワンピースを思わせるシースルーのピンクの花柄エプロン。

寝間着は、ナチュラル感のある白いワンピースタイプ。どちらも前屈みになると、ノーブラの胸が見えそうな、ちょっと危うさも感じる衣装である。が、山口はそれを健康的なセクシーさで着こなしてみせた。衣装合わせの際、山口の乳首がチラリと見えてしまうことがあった。渡邊は半分照れもあり、言った。

「山口さん、今、見えちゃいましたね」

すると、山口は、カラッとした明るい表情で答えた。

「だって、減るもんじゃないしさ。こんなのは、動いていれば見えるものよ」

演技に関しても、山口のほうから促してくれる。

「役作りについて、監督のお考えがあったら何でも言ってくださいね」

何から何まで好ましく、仕事もやりやすい。山口のサッパリした性格が、情熱を秘めた里子の明るい役柄とよく合っている。

スタッフは、どうしても主役二人を比較する。ショーケンの意識過剰ぶりがよけいに度を超して嫌味に感じられた。


初日のクランクインは、ストーリーの流れどおり冒頭シーンから始めることにした。日活撮影所に横浜反町の下町路地がセットに建てられた。

田中陽造脚本の冒頭にはこう書いてある。飲食街をはずれ、運河に近く、橋の向こうから工場などのひろがる手前に居酒屋・かづさ屋がある。

ぱらぱらと雨が降りかかる。ガラス戸を開け、三人連れの客が出てくる。

「おやすみなさい。ありがとうございました」

折目正しく店の中から声をかけて壮太郎が外へ出てくる。

雨の中へ手を差し出して呟く。

「今夜は終いだな……」

暖簾を下げて、店内に引っ込む……。

主人公ショーケンの登場シーンである。

『カポネ大いに泣く』の鈴木清順監督の場合、演技は役者に任せて注文をつけることは決してない。が、渡邊はたとえ相手がショーケンであっても、自分なりのやり方を貫こうと思った。ある意味で、清順流俳優演出術を反面教師として考えていたのだ。

「すいません、もう一回」

するとショーケンが「え、なにが」と反発してきた。

「ちょっと力んでいるように見えたんで、もう一回お願いします」

「おう、わかった」

テイク2も、まだ微妙に違和感があった。渡邊は思った。

〈ショーケンは、おれのことを試しているんじゃないのか？〉

「すいません、もう一回」

「おう？　どこが」

渡邊は内心怯えつつも、こんなやり取りを数回続け、四回目にようやくＯＫを出した。

するとショーケンが、渡邊に言った。

「やるな、おまえ」

渡邊監督だけでなく、スタッフの間にも安堵の空気が広がった。

〈最初の関門を突破したな……〉


撮影は、ほぼストーリー通りにおこなわれた。例外は、壮太郎と里子の出会いのシーンで、スケジュールがある程度進んでから撮ることになった。壮太郎の兄豊造役の尾藤イサオが、見合い相手である里子の写真を店のカウンターに置いて出て行く。最初は興味なさそうにしていた壮太郎だが、店の前にやって来た里子を見て写真の女だと気づき、ドキリとするシーンである。田中陽造の脚本には、二人の出会いについて
「前の道を女が歩いて来る。壮太郎、オヤッとなる。女、通り過ぎる。壮太郎、首をひねる。どこかで見た女だ」とサラッと書いてある。

朝にリハーサルをすると、ショーケンが渡邊に言った。

「ちょっと、こっち来てくれや」

監督である渡邊が呼び出される。完全に格下扱いであったが、渡邊はやむなくショーケンのもとへ向かった。

「あのさ、今のシーン、おれは全然ドキッとしねえんだ」

「しませんか?」

「目がいかねえんだよなあ。何とかしろよ」

ともかく男と女が、目と目が合わなければドキッとしようがない。山口智子も交え、時間をかけて相談しながらいろいろなパターンを考えた。

渡邊は、具体的なアイデアを考えて、ショーケンに提案する。

「こんなので、どうですか?」

「うん、やってみるか」

ショーケンは自分でアイデアを出すのが好きだから、相手からもアイデアが出て来ると嬉しいらしい。が、渡邊を相手にする時は、自分から「こうしたい」という提案は一切してこなかった。

渡邊らが頭をひねって複数のアイデアを出し、ショーケンが「よしッ!」と納得した設定は次のようなものだった。

里子が踊るように軽やかな足取りで居酒屋の前へやって来る。そして店の向かいにある駄菓子屋に飾ってあった狐のお面をパッと取って、自分の顔に当てる。店の中にいる壮太郎は、その様子をガラス越しに見ている。里子が振り返り、お面を外して目と目が合う。壮太郎は「見合い写真の女だ」と気づき、ドキッとする。

最終的には、里子が防火水槽で飼われている金魚を、猫の真似をして食べる仕草をする、というシーンになった。

渡邊は、若手監督である自分がショーケンというベテラン俳優に鍛えられている、という気がしてきた。

〈萩原に「おまえはまだ若造だ。神代さんなんかとは違うんだよ」と教えてもらっているのかもな〉

ショーケンは音や匂いや埃などに敏感で、煮込みの仕込みをするシーンは、無意識のうちに匂いを何度も嗅いでいた。セットの厨房でわずかなガス漏れに最初に気づいたのはショーケンである。

「危ねえ、危ねえ、殺されるかと思ったぜ！」

そんな言葉を使うのがショーケンだ。

渡邊監督は、男の後ろ姿を撮りたかった。壮太郎は、病に伏せ二階の部屋にいる妻のしず子を思い、その余命を知ってじっと耐えている……。

そんな男を表現したいのでショーケンの後ろ姿ばかりを撮っていたが、ショーケンはそれが気に入らなかったらしい。

「なんだか、裏ばっかりだな」

そう言い始めた。

「背中がいいんですよ」

後ろ姿からスッと静かに振り向く動作は、高倉健ならよく似合う。が、ショーケンは「自分と健さんは違う。だから同じような演技では釈然としない」との思いがあったらしい。

それに、顔を撮ってくれれば演技のしようもあるが、後ろ姿だけでは限界がある。ショーケンは、自分で納得出来ないから、後ろ姿を見せたまま渡邊に尋ねる。

「これで、いいのか？」

「いいと思います」

「あーあ、肩が凝るなあ」

軽いジャブ程度の嫌味である。

昼休憩から戻ってきたショーケンは、すっかり機嫌が直っていた。

午前中と午後で気分が変わることがよくあるらしい。演技もガラリと変わっていた。どんな心境の変化があったのか、静かに振り向くのをやめて、いきなりバッと振り向く強いアクションになっていた。

〈ああ、ショーケンらしいな、これがショーケンの壮太郎なんだな。いいじゃないか〉

渡邊は、ショーケンが必死になって考えてきたであろう「自分らしい演技」をそのまま受け入れた。

「オッケー」

ショーケンは、ＯＫが出たことに納得して、その日は素直に帰っていった。

腑に落ちないことには納得するまで考え続ける。演技に必死で取り組んでいるのだ。ショーケンはいつも事前に深く踏み込んで、一つの形を完全プランニングしてくるから、渡邊が違う注文を出すと苛立ってしまう。

本気で口説かれているのがわかった

再婚相手の里子役を演じる山口智子は、当時三十歳少し手前。清潔な色気があり、性格は明るくさっぱりしていて、男っぽいサバサバとした割り切り方も出来る。

ショーケンは山口智子のことをひどく気に入って、本気で入れ込んでいることは誰の目からも明らかだった。が、彼女は、この撮影から間もない平成七年（一九九五）十二月に結婚する俳優の唐沢寿明と、すでにこの当時から付き合っていた。唐沢とは、昭和六十三年（一九八八）の『純ちゃんの応援歌』の共演で知り合った。

　そんなことはつゆ知らず、ショーケンは山口とのベッドシーンのことばかり意識していた。渡邊が「夜のシーンの衣装をどうしますか？」と聞くと、ショーケンは妙な言い回しでもったいぶった返事をした。

「それはさあ、わかるだろ？」

「え？」

「ラブシーンだからさあ。だけど全部っていうのも、どうかなあ。なあ、おまえ、そうだろ？」

　渡邊は、寝巻なのかパジャマなのかを聞きたかっただけだった。が、ショーケンの頭がベッドシーンに飛んでしまっていて、わけのわからないことを言っているとしか思えなかった。

　渡邊はスタッフと顔を見合わせ、しばらくしてようやく気づいた。

〈なんだ。察しろよ、ってことか〉

　ショーケンの言葉を通訳すると「ベッドシーンは裸に決まっている。おまえ、野暮なことをおれに言わせるなよ」ということらしい。かといって、中年になった自分の全裸をさらしたくもない。だから「上半身裸はいいけれど、さすがに全裸はいやだ」といったところか。

　渡邊は、ひそかにため息をついた。

〈やっぱり、萩原さんの言葉は難しいな……〉

　ショーケンは最初から山口智子を気に入っていて、クランクインして間もなく食事に誘うなどして、山口に甲斐甲斐しく接していた。

山口智子とのラブシーンの撮影を翌日に控えた日、ショーケンはセットの和式布団を見て、美術スタッフに訊いた。

「おまえ、これちゃんと干して、叩いて、清潔にしてあるか？」

用意されていたのは撮影所の布団で、確かに埃っぽく清潔ではない。布団そのものも、映画の設定に合わせたペラペラの安物である。

スタッフが、焦った表情で答えた。

「いや、すいません、それはやってません」

「ダメじゃないか！」

ショーケンの主張は、ある意味正しかった。ラブシーンに使う布団なのだから清潔なほうが良いに決まっている。

同時に、山口智子に対する強い思いが働いて「自分の恋女房を汚いところに寝かせられない」と怒っているようにも聞こえる。

ショーケンが、周囲を見渡しながら言った。

「ここは、空気が悪いな」

ショーケンの言葉が誤解を生み、撮影が中断してしまった。現場はショーケンへの過剰な忖度が働き、セット中の大掃除が始まった。

現場プロデューサーの椋樹が「まだ空気が悪いから、空気清浄機用意しろ！」と声を張り上げる。それでも埃が舞うのでセットをビニールで覆うと、まるで検疫所のようになってしまった。

ショーケンはその現場を見るなり、また大声を上げた。

「なんじゃこれは。おれは、こんなことを言ったつもりはない！」

一度怒りに火が点くと、どんどん燃え上がって収拾がつかなくなる。

ついに爆発して「今日はもう帰る！」と怒鳴って帰ってしまった。

ショーケンがいないなら、今日の撮影は中止するしかない。

スタッフは、余った時間でミーティングをした。

「やっぱり、やり過ぎましたね」

「とりあえず布団だけは、清潔なものを用意しましょう」

「つつがなく進められるようにね」

若手女優の山口智子から見れば、相手は天下のショーケンである。たとえ迷惑に思っても、けんもほろろに扱うわけにはいかない。

噂に聞いていたショーケンらしく、公私混同するように相手役の自分を本気で口説いていることがわかるからこそ、対応に困ってしまう。

山口智子は、そうしたショーケンのすべてを呑み込んで撮影に臨んだ。

ラブシーン撮影当日は、渡邊は、おおよその段取りをショーケンと山口智子に伝え、すぐに撮影がスタートした。

ラブシーンでショーケンは、ねっとり舌をからませるようなキスを執拗に繰り返した。

渡邊は、何度か撮り直しを命じた。ショーケンは比較的素直に言うことを聞いてくれた。

「もっと彼女を見せるようにすればいいんだろ」

「そうです、そうです」

ショーケンの土俵に乗りつつ、渡邊も案配を考えながら「もっとこうしたほうがいいのでは」と提案をする。納得すれば「そうだな」と素直に応じてくれる。納得出来なければ「ああ？　そんなに、何度も出来ないんだよ。いいだろ、今ので」と言う。

ショーケンが山口に本気で惚れている状況は、ラブシーンを撮影するうえで何の障害にもならなかった。二人に任せておけば良いシーンが撮れる。すべて山口智子のおかげと言えた。

山口がショーケンの前で浴衣を脱ぎ捨てるシーンでは、後ろ姿だけだったがヌードも披露した。夫婦役なので、山口智子のほうからショーケンに抱きつく場面も多かった。が、山口は裏で口説かれていることなどおくびにも出さず、与えられた恋女房役を懸命にこなしていった。

室井滋が見た、ショーケンの〝自分流、完璧の流儀〟

ショーケン、室井滋、山口智子の三人が、二階にあるちゃぶ台の前に座って酒を飲むシーンの撮影に入った。室井がへべれけに酔っ払い、幽霊とは思えない姿を見せるコミカルなものである。

渡邊が、三人に簡単に説明した。

「三人芝居で、長回しのワンカットで撮るから」

酔っ払う幽霊役の室井がメインのシーンである。ところが、室井の頑張りが空回りしてしまい、何度も撮り直すことになった。室井の空回りは続き、途中で息切れして休憩を入れたりしたが、三人のアンサンブルがうまくいかない。

「ほんと、ごめんね」

室井はみんなに謝りながら演技を続けた。二十テイクも撮ったのだが、ショーケンも山口智子も、一切不満を口にしなかった。ダメ出しをされながら懸命に演技を続ける室井に対して、不平や怒りの感情など湧かないらしい。

ショーケンは、渡邊の「納得するまで何度でも撮り直す」という姿勢にも乗ってくれた。そこはショーケンの良いところである。

ショーケンは、自分が必死で考えてきたものを変えられたり壊されたりすることに、ひどく恐怖心を抱いていた。が、その恐怖心を悟られたくないから、妙な言い回しで抵抗したり、怒ったりする。しかし恐怖心にさえ触れなければ、実はライブ的なものも好きだった。

『萩原健一・傷だらけの天才』春日太一編での室井滋のインタビューによると、『居酒屋ゆうれい』の主人の壮太郎の妻しず子役の話が来て、「いや大丈夫かな」と正直すごく心配し、とても緊張したという。

《だけどリハーサルが何回かあって、台本読みとか、何回かお目にかかる機会を経て、なんだ愛想のいい方なんだと思っていたんですけど、現場に入ったらとっても怖かった(笑)。

でも、私はかなり優しくしていただいたと思いますよ。NGを出しても嫌な顔一つせず付き合ってくださいました。大変なシーンで私が何回もとちるようなところがあって、どんどんテンパっていくんだけど、OKが出て終わって帰るときに缶ビール持ってきて、「おつかれ」と言ってくださいました。とても優しい方だなと私としては思っているんですけど、現場はスタッフはじめ、萩原健一さんだからすっごい緊張していました。助監督さんとか制作の人とか何人もお辞めになりましたし――。でも、全然ひどいことするわけでもないんですよ。言ってることはすごくまとも。今から思えば『ああいう人もいなきゃね』と思えるくらい》

撮影も中盤に入った頃に室井が現場に入ったら撮影が全然進んでいない。また何かあったのかなと思った。

どうやらスタジオに砂や土が入っていて、けっこう砂埃が立っていたらしい。それで「汚い！」とショーケンの雷が落ちた。

「ちゃんと掃除しろ。こんな所で芝居出来るか」

そう怒ったらしい。室井が行ってみると、スタッフが皆で掃除をしていた。

一方で俳優が休むところには運動会のテントみたいなのを張ってあり、空気清浄機も置いてあった。ふかふかの椅子とか綺麗なスリッパまである。地面に打ち水までしてあった。

現場スタッフの過剰忖度が働いて大騒ぎになった日のことだ。

室井は語っている。

《萩原さんは、包丁捌きとかそういうのも自分でどこかに行って練習していたみたいで見事であった。お刺身の切り方とか、出刃包丁の剝き方も素晴らしかった。本当に一つのことに集中して演技されるんだな、というのがすごく素敵だと思いました。ただ、やっぱりずっと怖かったです、ずっと。

自分が思う完璧さというのかな。自分の体調、自分の役作り、周りの環境も含めて、完璧じゃないと嫌だったんじゃないのかな。そうじゃないと乗らないみたいなところがきっとある人だったんだろうな。

集中してないことが見抜かれちゃう。だから「萩原さん、怖い」とかそういうのは絶対によくない。そういうのがばれちゃう人だから。それにやっぱり余計なことを思うと自分もトチっちゃうし。目の前で日々いろんなことが起こるわけですよ、芝居以外のことで。だけどそれはもう途中からは気にしないようにと自分で思ってました。逆にこっちがきちっと集中してその役になれば、それに対して「ここをもっとこうしてくれ」とかは一つもなかったし、注文をつけられるようなこととかクレームを言われるようなこともなかった》

日本では、葬儀の際に故人が使用していた茶碗を割る風習が全国的におこなわれている。茶碗は割ってしまったので、戻ってもこの世でご飯を食べることは出来ない。だから戻ってきてはならない、という故人に対する思いから来ている。

渡邊は、室井滋演じる壮太郎の妻しず子が亡くなったシーンで、茶碗を割るところを撮りたいと思った。すると、ショーケンが反発した。

「えぇ？　台本に無いじゃねえか」

「ありませんが『おまえ、もうこの世に戻って来るなよな』と死んだ恋女房への別れの思いを見せたいんです」

ショーケンは「芝居はライブだ」と良く口にするが、台本にないシーンをやることにことごとく抵抗する。『やくざ観音』や『地獄』などの神代辰巳映画の脚本を書いた田中陽造に敬意を持っていたのと同時に、やはり、前もって細かく演技プランを練る時間がないのが嫌なのだろう。

「どうしてもやりたいのか、うん？」

「やりたいです」

ところが、何度投げても茶碗が割れない。ショーケンがだんだんイライラしてきた。

「おまえが言い出したことをやるんだから、ちゃんと割れるものを用意しとけよ！」

監督は脚本にない演技をしろと言うし、スタッフは割れない茶碗しか用意出来ない。ショーケンの怒りは増幅し、スタッフたちがヒヤヒヤする中でようやく茶碗が割れた。

渡邊は安堵しながら「カットＯＫ」と声を出した。

ショーケンは大きな身振りで口にした。

「危ねえ危ねえ、大怪我するところだったぜ！」

そう言い残し、肩を怒らせショーケンはセットを後にする。

こうしたちょっとした事件を繰り返しながら、撮影は進んでいった。


常連客を演じる役者の中に、三宅裕司がいた。三宅の役は、昔は精米店をやっていたが、現在はマンションの大家で大の博打好きの寺岡辰夫だ。寺岡はヤクザがらみの野球賭博にも手を出し、壮太郎が助けるために裏で動く。台本を読んだショーケンが、渡邊に言った。

「壮太郎は、筋ものの世界に半分足を突っ込んでいたんだろう？」

何でも好き放題にやらせる鈴木清順とは違うので、ショーケンは渡邊に対して最低限の質問は投げかけてくる。

「昔ヤンチャはしてたけど、筋ものまではいってないと思いますが」

「よし、わかった」

その後、寺岡役の三宅裕司が店で飲みながら壮太郎役のショーケンと会話するシーンの撮影に入った。

妻を亡くしたばかりの壮太郎に、寺岡が言う。

「おれたち女運が悪いんじゃないかな?」

それに対して壮太郎は「おまえは違うよ。飲む・打つ・買うじゃ、かみさん出て行っても当たり前」といなすシーンである。

渡邊は、ラッシュを見てショーケンの演技が少し硬く重苦しい雰囲気があると感じた。そこで撮影から一週間ほどしてから、ショーケンに頼んだ。

「あのシーンの、リテイクさせて下さい」

「なんで?」

「昔からの親友なんだし、暗くならずにもっと楽しく『おまえバカだな』くらいの明るい気持ちでやった方が、男同士の友情をもっと感じるし、いいんじゃないかと思って」

するとショーケンは素直に頷いた。

「そうだろう、おれもそう思ってたんだよ」

リテイクの時も、ショーケンは上機嫌だった。こういう男気がみえるシーンが好きなのだ。

「よし、こうじゃねえとな」

出演者の中で、ショーケンに恐怖心を抱かなかったのは八名信夫くらいだろう。東映撮影所の俳優たちの頭として、悪役商会を立ち上げ苦労してきた八名を、ショーケンの方が敬意をはらっていたのだと思われる。

萩原が粘りに粘って山口智子に語りかける。その様子はスタッフや共演者はみんな見ている。

「おい、ここのシーンは抱いて、キスをして。こうやるから」

一見すると、演技についてアイデアを出しているような気がする。だが、延々とそうした会話を続けながら、その実、萩原は山口に迫っていた。

渡邊監督も無言でじっと待っている。進行だけはそうもいかないので、現場で何度か触れ回った。

「もうちょっと待ってください。今、主役同士が話してますから」

萩原は山口といったん話し込むと、三十～四十分はかけることが多かった。

「また、始まったぞ。長えぞ、これは」

撮影の合間、萩原健一は共演する男優に女の話をすることがよくあった。

もっとも、ことさら話をしなくても、萩原がどの女優とデキているかは一目瞭然だった。見ていれば、わかってしまう。

脇役は撮影中、しばしば待たされることがあった。萩原が相手役の女優山口智子と話し込んでいるからだ。

「長えなあ、あいつは。待たしやがって。芝居の打合せじゃねえだろう」

口々にそう言い合いながら、それでも待つしかない。何しろ萩原は主役だ。

とにかく女優には手が早かった。撮影を中断しても平気。確かに女優と延々話している。ただし、作品や演技のことではない。

「終わったら、どこで飯を食おうか?」

そんなことで時間を取っているのだ。共演者もそんなことは百も承知だった。だから、「長えな、あいつは」と、つい口に出てしまう。

萩原がどれだけ言葉を並べても、山口が心を開くことはなかった。

現場での萩原はとにかく黙ってじっとしていることがない。常に動き、しゃべりながら、ターゲットとなる相手を探している。生きがいのようなものなのかもしれない。

萩原のアプローチには嫌らしさがない。どこまでも軽いのだ。嫌味のなさは人徳でもある。

喜劇役者としての才能

『居酒屋ゆうれい』は喜劇役者・萩原健一を味わえる作品である。『いつかギラギラする日』など、活劇での萩原は野獣そのもの。だが、萩原の持ち味はそれだけではない。独特のとぼけた魅力も持ち合わせている。八名信夫も萩原のコメディセンスに一目置いている。

〈喜劇をやるとき、ショーケンは「ここで見せよう」「受けよう」とは決してしない。だから、おかしいし、余計に面白い〉

笑わせる演技も、他のシーンと同様に芝居を組み立てる。本番では最終的に自分で作り上げる。これが萩原流だ。

『居酒屋ゆうれい』の舞台の一つは言うまでもなく居酒屋である。萩原が営む店には八名信夫のほか、三宅裕司、西島秀俊、橋爪功らがやってくる。

店のシーンでは酒が出る。出演者の中には本物を引っかけている者もいた。

八名が演じたのは魚屋の親父。いつも決まった席に座り、お勘定の金額も一定というユニークな男だった。

〈居酒屋に通う常連の一人になりきらないとな。そこは難しい〉

八名にとっての役作りはこの一点に尽きた。その上で店主である萩原との関係をうまく築かなくてはならない。雰囲気を醸し出すためにも、魚屋の親父の人物造形は重要だった。

結果的にはうまくいった。萩原をはじめ、芸達者揃いの出演者たちに助けられた面もある。居酒屋のシーンでは萩原のセリフはそれほどなかった。常連客と話をすることはあまりない。どちらかというと、黙っていることが多い。萩原の芝居はむしろ二階に上がってからだ。女房と二人でしゃべるシーンは見せ場の一つだった。

八名たち共演者は「ショーケンはいないもの」と思って、居酒屋の場づくりに努めた。常連客同士が世間話をし、雰囲気を作っている形の中に萩原が入ってくるわけだ。

萩原は『前略おふくろ様』で板前役の経験がある。同じく包丁を握る居酒屋の主人はやりやすかったのではないだろうか。酒を注いで回ったり、時には自分でも飲んでみたり。萩原は運転手を伴って現場に入っている。運転して帰る心配はないから、撮影では本物の酒を口にしていた。『居酒屋ゆうれい』の撮影中、「ショーケンを使うのはしんどい」という声も聞かれたらしい。一説には萩原があまりに執拗に山口にアタックしたため、評判を落とした。だから、劇場公開作品で主役を張ることもなくなったというのだ。

ショーケンは、『課長サンの厄年』で、コミカルな役をみごとに演じていた。ドラマはヒットし、翌平成六年（一九九四）四月には単発の二時間スペシャルまで放映された。

『居酒屋ゆうれい』は、ショーケンが『課長サンの厄年』を演じた直後から撮影に入った。そのため、ショーケンの演技はテレビドラマのテイストとどこか似ていた。

ショーケンが、室井滋演じる幽霊を見た時の恐がり方は、オーバーアクションだが笑いを誘う。ショーケンは、コメディも演じられる俳優でもあった。

ロケのため、渡邊率いる撮影隊と女優の室井滋は、泊まりがけで伊豆天城の大滝へ行くことになった。あの世とこの世の通り道となる滝の前で、幽霊役の室井滋が演じるシーンである。当然、ショーケンの出番はない。

ロケに出発する前夜、ショーケンから渡邊のもとへ電話が入った。

「何でロケになんか行くんだ？　滝のシーンは、お化けの世界なんだから、行ったら危ない。祟られるぞ」

ショーケンは、プロデューサーの椋樹にも「祟られる。行くな！」と脅すような電話を入れていた。ショーケンは、たまにこうした神懸かり的なことを言う。

このシーンは幽霊のしず子に壮太郎が、親友辰夫の野球賭博のために、その夜の試合結果を教えてくれと頼むシーンだ。教えると幽霊はこの世にいられなくなるという話を聞いて、壮太郎は幽霊の元妻との二度目の別れを覚悟するという重要な見せ場の設定だ。

だが、台本にはかずさ屋二階としか書いてない。監督の渡邊は幽霊のしず子をロケの大滝の前に立たせ、かずさ屋セットの壮太郎と会話させることにした。これは、鈴木清順の元で学んだ渡邊の撮り方だったが、やはり、ショーケンはこの撮影が気に入らなかったのかもしれない。

ロケ当日、ショーケンの心配をよそに、スタッフたちは歓声を上げた。

「今日は萩原氏がいないぞー！」

ショーケンへの気遣いに疲弊していたスタッフたちは、開放感で朝からはしゃいでいた。ロケ現場の滝まで重い機材を運ぶのは重労働だったが、気苦労がないから何をしても楽しい。

撮影は滞りなく無事に済んだ。夜は軽く宴会をして、みんな久しぶりに伸び伸びとした気分を味わった。

豊川悦司への嫉妬心

ショーケンは、セットで用意された料理道具が気に入らなかった。

「おまえら、こんな道具じゃダメだぜ。うちにはいいのがあるから」

『前略おふくろ様』で料理人の役をやって以来、本物の料理人が使うような包丁や鍋を購入して、自分でも料理をしているらしい。

ショーケンは、使い込んだ自分の包丁を見せながら、渡邊に訊いた。

「これ撮影に使うけど、いい？」

「お願いします」

三宅裕司演じる友人の辰夫が、小さな息子を店に連れてくるシーンがある。ショーケン演じる壮太郎は、子どものために「特製オムライス一丁！」と言ってフライパンをふるう。このフライパンも、ショーケンが自宅から持って来たものだった。

料理中の手元のアップは撮影所の食堂のシェフが吹き替え、オムライスが出来上がる。が、シヨーケンが料理をする姿もなかなか堂に入っていた。

使用したフライパンは、美術スタッフが綺麗に洗ってから返却した。ところが、これがいけなかった。洗剤を使って洗ってしまったのである。

それを知ったショーケンが、また激怒した。

「馬鹿野郎、料理人のフライパンは洗剤なんかでゴシゴシ洗ったらダメなんだ。長年の油がいい案配に染みこんでいるのに、そんなことも知らねえのか！」

ショーケンの言い分は正論だった。が、美術スタッフの「綺麗にして返そう」という気持ちは完全に無視である。

撮影中、ショーケンの大人げない爆発エピソードにはまったく事欠かなかった。瞬間沸騰の怒りではあったが、怒りに自ら油を注ぐタイプであるため、いつも大袈裟になってしまう。

裏方スタッフの間で、「萩原さんは怖い人だ、困った人だ」というイメージがすっかり定着した。

山口智子をはじめとする俳優陣がいい空気を作っても、些細なことでショーケンのイライラが始まって台無しになる。

ショーケンの激しさは、過剰な繊細さの裏返しでもある。感情をコントロールすることが不器用で苦手なのを自分で知っていて、それで苛立っていることが多い。しかし、その過敏過ぎる繊細な心が、いつの間にかショーケンの被害妄想ともいえる怒りにすり替わるのだ。

いつしかショーケンのイライラは、監督の渡邊孝好に向かうようになっていった。

ある日、渡邊が台本にない新しい設定について「こういうふうにお願いします」と提案すると、ショーケンがボソッとつぶやいた。

「わかってねえヤツだな」

またある日、昼休みの撮影所のトイレで、奇声を上げながらひとり大声で怒鳴っているショーケンを見かけた撮影所の所員がいた。

ショーケンの奇行ともいえるそんな姿は撮影所の皆が知るところとなった。

あるスタッフが、監督の渡邊に耳打ちした。

「フラッシュバックかも知れませんよ。薬断ちをしていると、妄想やひどい頭痛に悩まされるらしいです。萩原さんって、被害妄想的に考えるところがあるでしょ。すぐに怒るし」

確かに、それに近い印象をみんなが感じていた。「滝のシーンは呪われている」「おれが行かない場所は危険だぞ」といった類の妄想は、やはり薬や酒の影響があるように思えた。

それに、当時、倍賞美津子と別れた心の隙間もある。その隙間を埋めようと山口智子を求めている。

ショーケンの機嫌の悪さがピークに達したのは、やはり山口智子の男がらみの話だった。

山口智子は、主演のショーケンのほかに、豊川悦司演じる元夫の杉本延也とのベッドシーンが控えていた。

杉本は殺人を犯して刑務所にいたが、出所してきたばかりの身で元妻の里子を呼び出し、強引にホテルへ連れ込むという設定である。

ベッドシーンでは、幽霊役の室井滋が山口の体に憑依するので、俳優陣は山口、室井、豊川の三人だけで、ショーケンは関係ない。

千葉県浦安のホテルで撮影だったので、泊まりがけのロケである。スタッフたちは、ショーケンに対する気遣いから開放されて手放しで喜んでいた。

「やったー！」

「今日は楽しんでやりましょう」

撮影も順調だった。

ところが、撮影の最中にプロデューサーの椋樹が撮影現場に飛んできて叫んだ。

「萩原さんが、こっち向かってます！」

「えーっ！　なんで⁉」

椋樹が渡邊に説明した。

「ショーケンが言うには、知り合いを成田空港まで見送りに行ったんで、浦安はその帰り道だから、ちょっと寄ると……」

渡邊はそれが嘘だとすぐに見抜いた。

〈トヨエツとのラブシーンだから、心配で心配でたまらないんだな〉

山口智子への恋心が、ショーケンを暴走させる。それも相手はイケメン俳優の豊川悦司である。

山口智子も、ショーケンの前で豊川のことを「やっぱり、あの人いいなあ」などと言っていた。

山口と豊川は、少し前に岩井俊二監督の映画『ｕｎｄｏ』で共演していて親しい。ショーケンは気が気でなかったろう。

ショーケンは、本当にやって来た。さすがに撮影現場にまでは来なかったが、椋樹プロデューサーがずっと相手をしていた。夕方、渡邊がおそるおそる椋樹に訊いた。

「萩原氏は？」

「今日は、泊まっていくって」

それで急きょ一部屋用意することになった。

ショーケンがホテルに泊まると聞いて、スタッフたちは「えーっ！」と大ブーイングである。

ショーケンは、撮影が終わるまで椋樹プロデューサーを横に置いて、ずっとテレビを観ていた。偶然、桃井かおりと共演した『青春の蹉跌』が流れていた。ショーケンは、自分の演技を見ながら「よし！」「うん！」とうなずき、桃井の演技を見て「ちがうな」とダメ出しをしていたらしい。その話を椋樹から聞いて、渡邊は苦笑した。

〈まあ、ある意味、子供みたいで可愛いとも言えるけどな〉

夜の撮影が終わり、ホッとしたのもつかの間、椋樹プロデューサーが言った。

「監督、萩原さんのところへ行ってください。ぼくは昼間、たっぷりお相手しましたんで」

ひどい話だが、やむを得ない。渡邊は、ショーケンの部屋へ行って一緒に酒を飲んだ。『カポネ大いに泣く』の大谷石ロケ以来、サシで飲むのは二回目である。

ショーケンは一度飲み出すと止まらない。酒は弱いが酒豪である。だが、悪い酒ではない。どっちかというと陽気な酒で、昔話やヤンチャな頃の話をしゃべるタイプだから、陰険な雰囲気にはならない。ほぼビールばかりを飲み続け、結局、渡邊は朝まで付き合うはめになった。

渡邊は、二日酔いと寝不足でフラフラの状態で現場へ入った。

山口智子をはじめスタッフたちは、興味津々である。山口が無邪気に訊いてきた。

「監督、夕べご苦労様でした。どうでした？」

「まあ朝まで飲んで、今もう頭痛くて大変なんだよ」

「どんな話をしたんです？」

「昔話ばっかりだよ。でも、機嫌はよかったね」

「そうでしたか。さあ、頑張って撮影しましょう」

山口智子と豊川悦司がステーキを一緒に食べるシーンの撮影に入った。

すでに二人のベッドシーンは撮り終えている。だからショーケンが来て暴れることもないだろう。案の定、ショーケンは、飲み疲れて昼まで寝て、ついに現場に姿を現すことなく帰っていった。渡邊は二日酔いの頭を抱えたまま、何とか夕方まで撮影を継続し、ホテルを引き払い東京へ戻った。

ラブレター騒動

撮影が進むにつれ、山口智子はメイクや衣装担当など女性スタッフに自分のプライベートを明かすようになり、唐沢寿明と付き合っていることも打ち明けていた。

ショーケンは、そのことを知らず、必死で山口智子を口説き続けた。倍賞美津子と別れたショックと寂しさの中で、山口はさぞ輝いて見えたことだろう。ざっくばらんなのに色気があって可愛いから、現場でもみんな山口に目が釘付けになる。

クランクイン前からショーケンの気持ちは山口に一直線で、それがどんどんエスカレートしていった。

ショーケンはとうとう、撮影の途中で山口智子にラブレターを送った。普通の便せんではなく、巻物に長々と思いを綴ったのである。

さらにショーケンは、「あんたの両親のところにも挨拶に行きたい」と迫った。

今すぐにでも実家に押しかけて行きそうな勢いであった。

さすがの山口も、ショーケンの激しさが尋常でないと察したらしい。ショーケンに諦めさせる作戦なのか、男性スタッフの耳にも「山口さんにはちゃんとした恋人がいる」という噂が届いた。

撮影が三分の二まで進んだ頃に、恋人の存在がショーケンの耳にも噂が入ったらしい。すると現場の空気が悪くなり、ショーケンと山口智子の間にも距離が生じた。

ラストは、ショーケン扮する壮太郎が、ようやく元夫杉本のもとから帰ってきた里子を出迎えるシーンで幕を閉じる。

壮太郎は、里子が元夫とどんな話をして来たのかもわからないし、再び肉体関係を持った疑念も拭えない。そうした複雑な胸中を抱える中で、里子を優しく受け入れる。難しいシーンなので、ショーケンは台本どおりでは納得いかないようだった。

「これじゃ、ダメだ」

山口智子は、落ち込んだ様子でトボトボと歩いて帰ってくるが、壮太郎と会った瞬間に笑顔に変わる、いい芝居をしてくれた。が、ショーケンはそれでも「納得出来ねえ」と言う。

「どうしたもんかねえ」

撮影は中断され、久しぶりにスタッフの間でミーティングがおこなわれた。

どうやら、里子が路地を歩いて帰ってくる細かなシチュエーションが気に入らないらしい。

助監督が頭をしぼり、路地にシャボン玉をする子どもや、ボール遊びをする子を据えたり、親子が通りを歩くアイデアを出した。が、ショーケンはそのアイデアにも不満顔だった。

いろいろなパターンを試してもダメである。昼時になり、ショーケンは食事に出かけていった。スタッフはまたミーティングである。

結局エキストラの出演は無しということになり、いいアイデアも出ないまま昼食を済ませたショーケンを出迎える。

が、ショーケンの機嫌は直っていた。例によって、昼休憩の後に気分が変わったのだ。いつものように、トイレで大声を出して、叫んで苛立ちを発散させてきたのだ。

ショーケンのラブレター騒動は、『居酒屋ゆうれい』の関係者全員が封印し、芸能ネタになることはなかった。いかにもショーケンらしく、愛らしいとも言える出来事だった。

三宅裕司は、ショーケンと一緒に出演するシーンが多かった俳優の一人である。そのため、撮影が終わった後も「いやー、監督大変でしたね」と渡邊をねぎらう言葉が何度も出た。

平成七年（一九九五）三月十八日、日本アカデミー賞が開催された。『居酒屋ゆうれい』は作品賞、監督賞、脚本賞、主演女優賞にノミネートされ、室井滋が助演女優賞に輝いた。

アカデミー賞は、授賞式でいきなり受賞者を発表するわけではない。事前に「ノミネートさせていただきたいのですが、いかがでしょうか」と打診が入る。

が、ショーケンは、打診の段階で断ってしまった。

『居酒屋ゆうれい』という作品そのものからも、距離を置こうとしていた。

『居酒屋ゆうれい』は、ショーケン最後の主演本格映画となった。もし、日本アカデミー賞のノミネートを受けていたら、主演男優賞を受賞した可能性も大いにあったという。

第七章　再度の転落

「日本刀の上を素足で歩く、おれと恋愛するってことは、そういうこと」

「かれはハンドルがぐにゃぐにゃだから、ショーケンと合うんじゃないか」

テレビ朝日のディレクターだった松本健が、平成七年（一九九五）七月六日から九月二十八日までの全十三回のテレビ朝日系列の「木曜ドラマ」枠での萩原健一主演ドラマ『外科医柊又三郎』で演出をすることになったのは、独特なそのひと言だった。

そう言って松本を推薦したのは、脚本家の黒土三男であった。昭和二十三年生まれの松本よりも一歳年上で、松本がテレビ朝日に入社する前に所属していた木下恵介プロダクションの先輩にあたる。高倉健主演の映画『幸福の黄色いハンカチ』で脚本家のひとりとして参加し、テレビドラマでは大場久美子主演の『コメットさん』で脚本家デビュー。

萩原健一が出演するＮＨＫの『旅のはじまり』でも脚本を書き、さらに、自身でメガホンをとった平成三年（一九九一）四月二十七日公開の映画『渋滞』では萩原を主演に据えた。『外科医柊又三郎』でも脚本を担当し、毎晩のように萩原と語り合うほど、萩原とウマの合う脚本家のひとりである。

その黒土から見て、自分のスタイルにこだわった演出をするのではなく、状況に合わせて柔軟に対応出来る〝ぐにゃぐにゃ〟な松本は、ひと癖もふた癖もある気難しい萩原とでもうまくいくと映ったのだろう。

松本自身、かねてから萩原健一という俳優には興味を抱いていた。ドラマづくり、映画づくりでの数々の噂は業界内でも知れ渡っていた。それに加えて、かつて演出に加わった「金妻」と呼ばれて社会現象をも呼び起こしたドラマ『金曜日の妻たちへ』には、萩原の当時の妻・いしだあゆみと仕事をしていて、萩原について、いろいろと話を聞かされていたからでもある。

松本が『外科医柊又三郎』ではじめて演出したのは、第三話の「思い過ごしも恋のうち」だった。

萩原演じる柊又三郎は、西郷総合病院に務める四十六歳の外科医。執刀医としての腕は誰からも評価されるほどで、かれの腕前に惚れ込んだ医師たちからスカウトが来るほど。しかし、出世や名誉にはまったく興味がない。大学を捨て、肩書もない。ただ患者と向き合う「ただの外科医」であることに誇りを持っている。

飄々とした性格で、ハーモニカが上手い。手術前と手術後にかならず北斗七星に向かって祈る。

家庭的には、妻に先立たれて、大学生になる娘とふたり暮らしという設定だった。

その第三話では、又三郎の勤める西郷総合病院の恋愛模様を描いていた。又三郎が自分の手術の助手を務める五十嵐いづみ演じる若い看護師水野文から「自分の思いを聞いてほしい」と言われて、てっきり自分への思いを打ち明けられるものと勘違いするところからはじまる。

しかし、彼女の口から聞かされたのは、同じ外科医で人気の高い保阪尚輝演じる斉門純一という若い医師への思いだった。柊はがっかりする。だが、それとともに、ふとしたきっかけから、高樹沙耶演じる同僚の女医・島津京子の自分に対する思いも知ってしまう。

いっぽう、水野文の思いは、斉門には届かなかった。斉門は、島津に思いを寄せていたのだ。

水野は落ち込み、欠勤してしまう。そんな水野を、柊は電話で叱りつける。

「身体を切り刻まれる患者さんの気持ちが分からないなら、来なくていい！」

水野は、柊のひと言で立ち直り、自分が担当する手術に出てくるというものだった。

萩原は、はじめから癖の強いところを見せた。あるシーンを撮り終えたところで、

「演出は笑いをとれたと喜んでいるけど、おもしろくねえんだよな」

聞こえよがしに声をあげた。

松本はそのようなことは気にしなかった。むしろ、キャメラの外の萩原より、キャメラに映る姿に惚れ惚れとした。プライベートではさまざまな騒ぎを引き起こし、不良っぽいイメージが強いが、キャメラを通して見る萩原には清潔感があり、いやらしさを微塵も感じない。かっこうもよかった。

第三話でのワンシーンのことだった。又三郎は、自分に好意を持ち、自分もほのかに好意を抱く女医・島津が住むマンション前まで島津を送る。

しかし、又三郎を自分の部屋に誘う島津に対して、「娘が待ってますから」と背中を向ける。

ここまでは、台本通りだ。そのあと、萩原は台本にはないアドリブの演技をした。雨模様のなかを傘もささずに、マンション前から離れていく。キャメラはその背中を追っていた。

それから十数メートル離れたときだった。松本は、ふいを突かれた気持ちだった。萩原が、い

きなりキャメラのほうに振り向き、手にしていた傘を勢いよく開いたのである。

松本は、それまで何人もの俳優の振り向く様を見てきた。かっこいいなあと思うのは、そうはいない。せいぜい高倉健、小林旭くらい。そのふたりに負けず劣らず、萩原のそれも絵になっていた。

松本は、正直に萩原に伝えた。

「そうか」

萩原は、にやりとした。そして、続けた。

「松本さん、男のかっこよさはな、自分の写真を飾る一歩手前が、かっこいいんだ」

萩原独特の表現をしていた。松本は、その言葉の意味を、聞いた瞬間にはすぐに呑みこめなかった。会話をしながら、常人とは違う表現を松本なりに咀嚼し腑に落とした。萩原の独特の表現のなかに、じつは、客観的に自分を冷静に見つめる萩原を覗き見ることが出来た。萩原の独特の表現をよく聞くと、萩原の感性なり、人柄を見つけることも多かった。だが、その表現がまわりに伝わりにくいところもあって誤解を受けやすく、恐がられたり、嫌がられたりしたのだろう。

あとで考えると、萩原としては、

「自分の写真を飾るのは自分に酔うナルシストのすること。自分のかっこよさを意識しながらも、決して酔わない。そのナルシシズムとの境のところにこそ、かっこよさの神髄がある」

そう言いたかったのだろう。

萩原は、シーンについてもアイデアを提案してきた。第三話では、手術を終えた又三郎が、月に感謝するシーンをつけくわえてほしいと言ってきた。それも、萩原が、「月に触れる」というのだ。

松本は訊いた。

「どうやって、触るんですか」

「水溜まりに、月が映っている絵を撮ってほしい」

そこに柊の手が伸び、月に触れるというのだ。萩原が出ていた日本酒「ワンカップ大関」のCMでも同じような手法で、蓋を開けるとなみなみとした酒の表面に月が浮かんでいるというシーンを撮ったのだという。

「なんで、あえて月なんですか?」

さらに松本が訊くと、萩原は逆に訊き返してきた。

「サタジット・レイを、知っているかい?」

「『大地のうた』や『王になろうとした男』を撮ったインドの映画監督ですよね」

「そう。おれは、かれに会いに行ったことがあるんだ。かれの家の門から母屋に行くまでの間に池があって、そこに月が映っていた。そこから思いついたんだ」

松本は、萩原のリクエストに応えた。水たまりに映る月に、又三郎が触れるシーンを撮った。

「これだよ、これだよ!」

萩原は本気ではしゃいでいた。まるで子どものようだった。

松本は、第三話に引き続き、第四話「愛と青春の旅立ち」も撮った。

萩原は機嫌のいいときには、森進一や内田裕也といった歌手のものまねをして、まわりを笑わせる一面もある。人前ではなかなか言えないこともユーモアたっぷりに話すこともある。そのたびに、「それって、ネタでしょ」と言いながら、松本は腹を抱えて笑い転げた。映画もよく見ていて、撮影の合間にも自分が見た映画の話をよくしていた。

真面目に、自分と恋愛するとはどういうことかを萩原が話したこともあった。

「刃を上向きにした日本刀の上を、素足で歩く。おれと恋愛するっていうのは、そういうことなんだ」

第五話「愛は、ここにある」では、まわりのスタッフや俳優が息を呑むシーンがあった。その回は、保坂尚輝演じる若い外科医・斉門純一が病院を辞めて大学病院にもどることを巡ってストーリーが展開する。外科医の人数が少なくなってしまうことに悩む北別府光太郎事務長役の佐藤B作が、萩原の演じる柊と診察室で向かい合うシーンだ。

「なんで斉門を引き留めてくれないんですか」

はじめに又三郎に詰め寄る北別府病院事務長だが、話すうちに「死にそう」と辛い胸の内を漏らす。

それに対して、萩原は、突然、訊く。

「座薬かなんか、入れますか？」

萩原は、右手の人差し指を自分の口の中に突っ込み、その指で左の頬を内側から弾いた。

「ポン！」

鼓を打ったような乾いた音が響く。あきらかに佐藤B作を茶化していた。萩原の態度に、悩める佐藤B作が思わず手を振りあげ、思いきり萩原の頭を叩く。画面から見れば、コミカルなワンシーンにすぎない。しかし、現場はちがう。萩原を巡ってぴりぴりしたところもある。松本の後ろで撮影を見ていた俳優が、驚いた。

「B作さん、チャレンジャーだなぁ」

萩原の頭を叩くなど、ほかの俳優ではとても出来ないことだった。

ところが、萩原は、佐藤B作が頭を叩くのをわかっていた。よくよく見ると、萩原は、わざと佐藤B作のほうに頭を前に出していた。真面目で気難しい。ひと言でいえば、そのように見られている萩原とウマが合った役者は佐藤B作だった。平成二年（一九九〇）から平成四年（一九九二）にかけてテレビ朝日で放映された『豆腐屋直次郎の裏の顔』で共演していたこともあって、『外科医柊又三郎』でも、ふたりが絡むシーンは、なぜだか、たがいのテンションが跳ね上がった。

松本は、第五話を撮り終えたところで、外科医の斉門役だった保阪尚輝、衣装担当のベテランスタッフに挨拶した。

「おつかれさまでした」

実は、『外科医柊又三郎』での撮影は、第三話から第五話までの三本という約束だったのである。

が、衣装担当のスタッフが、にやにやしながら言った。

「監督、またすぐこの現場に帰ってくるよ」

「なにを言うんですか、ぼくはこれで終わりです」

しかし、松本が、自分に対する萩原の態度が変わったことを第三話の完成したあとに感じ取っていた。もちろん、萩原は、怒って機嫌が悪くなったときもあり、なだめるのに時間がかかることは変わらなかった。が、松本の話に耳を傾ける態度や、演出に対する受け答えなどが撮り終える前とは変わったのだった。松本から見れば、はじめの撥ねつけるような萩原の態度は、ボクシングで言うところのジャブのようなものであった。はじめて仕事をするディレクターがどうやってドラマをつくるのか、自分に対してどのような態度をとるのか、それを見ていたのであろう。さらに、もっとも見たかったのは、仕上げたドラマがどれほど完成度の高いものかということだったにちがいなかった。

〈こいつは信頼出来る〉

口には出さないものの、そのような雰囲気が萩原からは漂っていた。

松本自身、『外科医柊又三郎』を撮る以前には、「怖いひとだ」とか「気難しい」とか、「まわりをかき乱す」とか、萩原とかかわった人たちが話すマイナスイメージが強かった。しかし、実際に撮ってみて、萩原からそのイメージほど撮りにくさを感じることはなかった。黒土の見立て通り、「ぐにゃぐにゃ」の松本と萩原の相性はよかったのかもしれない。

衣装担当のスタッフの言葉通り、萩原から直接電話がかかってきたのは、それから一週間たってからだった。

「また『柊又三郎』を撮ってほしい」

松本は、第七話「かあちゃん!」も撮ることになったのだった。

ショーケンとスタッフの中和剤となった柴俊夫

第七話「かあちゃん!」では、西郷総合病院の事務長役だった佐藤B作が、女子事務員とデートすることになったと、柊又三郎に打ち明けるシーンがある。

そのシーンを撮る直前、萩原が、松本の近くに寄ってきた。

「これからやるアドリブが下品だと思ったら、遠慮なく切ってください。切れるように芝居もしますから」

そうささやいた。話を聞いた萩原は、佐藤B作にコンドームを渡す段取りになっていた。

〈おそらく、そこで何か仕掛けるのだろう〉

松本は察しをつけた。

そのシーンでは、松本は、笑いを堪えられなかった。萩原は、「これがあれば安心」とコンドームの箱を白衣の片側のポケットから出す。佐藤B作が段取りどおりそれを受取ろうとした瞬間のことである。

「あ、間違えた」

萩原は、差し出した手を引っ込める。そこからが、萩原のアドリブだった。「えッ」という顔をした佐藤B作を尻目に、萩原が、もういっぽうの白衣のポケットから別のコンドームの箱を取り出したのだ。

「スモールサイズは、こっちの箱だった」

何も聞かされていない佐藤B作は苦笑いしながら、「この野郎！」と言わんばかりに萩原の頭を叩きつけたのだった。もちろん、松本はカットせずそのまま放送した。

佐藤B作も、萩原同様にまじめで、どのような些細なシーンでも、演じる役の気持ち、状況を理解して演じ切る。手を抜くことはない、熱い役者だ。

その熱い芝居に、萩原も身をもって応えていた。だからこそよけいにコミカルなシーンではコミカルな面が際立ち、シリアスなシーンではシリアスな面が際立つ。ふたりはとてもいいコンビだった。

柴俊夫は、『外科医柊又三郎』でも萩原と共演した。

柴の役は、自身の出世しか興味がなく、オペで都合が悪くなると退室するという四十八歳の外科医中原浩である。

一話目の第一回の「魅せられる男」では、看護婦長が伝えにくる。

「急患です。腹部に激痛を訴え、救急車でいま運ばれてきます」

すると中原は縁無し眼鏡越しにただちに腕時計をのぞく。

「困ったな、実はぼく、学会の準備で……」

根上淳演じる西郷総合病院院長の加藤勝之助が怒りをふくんだ声で言う。

「学会の準備？　そんなことより、患者が第一じゃないですか」

「いつもの学会とわけが違うんですよ。大学の国広教授と一緒に論文を発表するんです」

「だから、どうだというんです」

すると保坂尚輝演じる斉門純一が、嫌みを言う。

「これで一人、患者が助かりますね」

中原がからむ。

「君、それは、いったいどういうことかね」

斉門はプイとその場を離れていく。中原は大学の助教授になるために病院を去る。

柴は、このドラマで萩原とも久しぶりに再会を果たした。

萩原は自身のシンパ、理解者と共演しないと、本領が発揮出来ない。そういうタイプの俳優だ。独特の緊張感で撮影に臨むため、外様ばかりだと、どうしても現場が荒んでしまう。

例えば、神代辰巳組のように気心の知れたスタッフ、共演者に囲まれていれば、何も問題はない。だが、テレビドラマの現場ではそうはいかない。

「おまえらーッ」

萩原の怒声から撮影が始まる。『外科医柊又三郎』では柴もそんな場面に直面せざるを得なかった。スタッフはみんな緊張を強いられている。

「もう、そんなにやんなくていいよ」

柴は、萩原にそんな助言もしてみた。

柴は萩原より年長だ。萩原のアプローチも熟知している。若いスタッフが「やだな、こんなとやるの」と態度を硬化させていくのを見ているのが耐えられなかった。

結局のところ、萩原の芝居、姿勢を受け止められる役者仲間がいないと、駄目なのだ。柴はその役割を引き受けることにした。

柊を病院から追放しようとしている国広教授が実は肝臓がんに侵されていることがわかる。そのレントゲン写真の前で、国広教授は深刻な表情で見入っている。

そこへ、柊が元気よくつとめて明るく入って来る。

「お早うございます！」

それからレントゲン写真の前に行き、レントゲン写真に同じく見入っている斉門にあえて訊く。

「これ、どの患者さんの？」

「国広先生の検査結果なんですが」

そのシーンの撮影直前、萩原が柴に近づいてきた。

「柴さん、どうする？」

どうやら演技上のプランが何かあるらしい。

「いいよ、いいよ。健ちゃんはどうしたいの？」

そこからセットの隅で二人だけの打ち合わせが始まった。

「こうやって、ああやって」

プランを説明するのは萩原だ。柴はもっぱら聞き役に徹している。

「いいよ、わかった。じゃあ、どうせならおかしくやろうよ」

柊と国広教授の腰巾着の中原は二人とも医師である。あくまで表面は紳士然として対峙している。だが、お互いに抱いている憎しみは隠しようもない。その憎み合いを出来るだけファニーに表現したい。それが萩原の狙いだった。ごく普通に会話しているのだが、それが非常に滑稽に見える。簡単ではなさそうだが、柴には確信があった。

〈ショーケンとなら、そんな場面が作れる〉

では、どんな演出がいいのだろうか。足を踏むのではありきたりでつまらない。萩原のプランはこうだった。

柊は、突然思い出したように部屋の隅の台所のような所でコーヒーを沸かしている中原に近づき、声をかける。

「中原先生、ちょっと相談があるんですが」　それから中原の左手を力いっぱいつかみ、部屋の片隅に引っ張って行く。中原は右手にヤケドするように熱いコーヒーカップを持っている。柊が中原のぎゅっと摑んだ左手を憎々しく大きく振って離す。中原はその痛さに指を振りながら、顔をしかめる。

「痛かった？」

　柊がわざと訊く。

　それからさらに中原に訊く。

「あのぉ、わたし、いつクビになるんでしょうか」

「クビ？」

「ええ、先生、そう言ったじゃないですか。わたしを早くこの病院から追い出したいと」

「実はその件ですが、場合が場合なので、国広教授とよく相談しましてね」

「何の相談？」

「だから、あなたも本当に意地悪だな。わかるでしょう。国広先生のオペ、もしかしたらあなたにお願いするやもしれませんし」

「それでしたら、お断りいたします」

　そこで中原が「そんなことおっしゃらずに」と言いながら、柊に飛び切り熱いコーヒーカップを手渡す。柊は慌ててコーヒーをこぼす。そのコーヒーが、中原のズボンを濡らす。二人とも同時に「アッチチ！」と声をあげる。柴は演じていて、面白くてならなかった。ベースになるプランは萩原が出す。柴はそこに自分のアイデアを被せる役割を請け負った。

萩原はこのように芝居のプランを数多く持っていた。柴が知る限り、引き出しの多さでは並ぶ者がいないほどだ。

『外科医柊又三郎』で柴は萩原とずっと絡んでいたわけではない。だが、共演出来たシーンでは存分に楽しむことが出来た。

第十一話では、柊が斉門も島津も救うことの出来ない国広教授のオペを引き受けることになり、成功する。中原は人が変わったようになり、「国広教授から」と、柊にウィスキーとブランデーを届けるほどの尽くしようである。柊は、その中原に言う。

「中原先生、よろしかったら、こちらでみんなと、もらいものの太巻き寿司食べません？」

柊が言う。

「よーし、中原先生、今日はパッとやろう！」

「いや、わたしは、ちょっと、ひとつ予定が入ってまして」

「いいじゃないですか。肩の荷を降ろして……」

感極まった中原が、泣きそうな顔になって突然、柊の右頬をパチーンとはたく。

「図に乗っちゃってぇ」

柊も、中原の右頬をはたく。

中原も負けずに柊の右頬をはたく。

これも萩原と柴が本番前に突然に考えついたアイデアである。

それから中原はドアを開け部屋から出るや、リズミカルに口ずさむ。

ぺぺ、ぺぺぺぺーぺ　ぺぺ……。

中原は、ウィリアム・ホールデン主演のタイ王国のクウェー川に架かるクウェー川鉄橋を作り、最後に破壊してしまう映画『戦場にかける橋』で米軍が歌う「クワイ河マーチ」の曲に合わせてリズムをとりながら廊下を歩いて行く。

実は、このリズム取りは柊の十八番といえるものなのである。

柊は、部屋の中で中原のそのリズムを耳にするや、自分も口ずさむ。

ぺぺ、ぺぺぺぺぺーぺ　ぺぺ……。

萩原の努力もあって、番組の視聴率は徐々に上がっていった。最終回の第十三回は二〇％を超えた。当時のテレビ朝日としては破格の数字である。

柴にしても苦労が報われた思いがしていた。

ショーケンへのリベンジ

『課長サンの厄年』から三年後、萩原健一はＴＢＳの連続ドラマに主役で再び登板する。『冠婚葬祭部長』だ。平成八年（一九九六）一月七日から三月二十四日までＴＢＳ系列で東芝日曜劇場枠で放送された。

阪神・淡路大震災の復興プロジェクトで神戸に転勤していた萩原健一演じる小山田竜平が東京の本社へＵターンになり、人事異動で社内の冠婚葬祭を取り仕切る業務部に部長代理として配属することを津川雅彦演じる専務の桜田信彦に告げられ、かつての部下の段田安則演じる石澤勝彦とともに奮闘する姿を描いたドラマである。

企画はプロデューサーの浅生憲章。社内で健闘を称えて表彰されたほどヒットした作品だった。

プロデューサーとチーフディレクターを兼任したのは森山享。戸高正啓はセカンドディレクターとして参加した。サードには田澤保之が加わることになる。

森山と戸高は『課長サンの厄年』からの続投。今作で初めて萩原と接するスタッフに対しては「橋渡し役」として両者をつなげる役割を果たした。とはいえ、戸高が当初から『冠婚葬祭部長』の組に入っていたわけではない。もともとは柳井満が率いる『3年B組金八先生』で演出の一翼を担う予定になっていた。ある日、浅生が戸高のデスクにやってきた。

「一緒にディレクター、やってくれないか?」

戸高にしてみれば、思いがけない要請だった。

「そうですか。すぐ返事します」

冷静を装ったが、答えはすぐに決まっていた。『課長サンの厄年』は評判がよかろうが、視聴率が高かろうが、戸高の中では「負けっぱなし」の現場に他ならない。打ち上げの席で萩原健一が歌った「さよなら」さえも胸に響かないようでは決定的だった。

浅生からの申し出を聞き、腹はすぐに決まった。

萩原へのリベンジに向けて心は動き始めていた。戸高は柳井のデスクに向かった。

〈いいチャンスだ。もう一度戦いたい〉

「萩原さんともう一度闘って勝たないと制作にいても意味がないので。すみません、そっちをやらせてもらってもいいですか?」

柳井は「ドラマのTBS」を代表する演出家・プロデューサーの一人。鴨下信一、久世光彦とは東京大学、TBSで同期に当たる。戸高の申し入れにも動じることはなかった。

「わかった。頑張ってきて」

『課長サンの厄年』で戸高が萩原に呼び出され、「二人きりのリハーサル」を行った。本読みを行ったＦリハはガラス張りの造りである。萩原と戸高がやり合う様子をガラス越しに見ていた先輩がいた。柳井と清弘誠である。少なくともこの二人は戸高の心情を十分にわかっていた。

「悔しかったんだよね。頑張ってきて」

柳井の言葉に掛け値はなかった。先達の温情もあり、戸高はもう一度闘う機会を与えられたのだ。

『冠婚葬祭部長』の演出は最初の一、二話分はプロデューサーの浅生が担当した。残りは森山享ディレクターと戸高が受け持った。主演の萩原との出演交渉は浅生が行った。ちょうどそのころ、萩原は一人で四国にいた。お遍路を回っていたのだ。

「萩原に熱意を伝えたい」――浅生はそう考えた。萩原が四国のどこにいるかを調べ上げ、現地で直撃する方法を取った。「脚本の初稿が出来ました」と持っていったのだ。

こうした手法は諸刃の剣である。率直に熱意の表れと受け取る向きもあれば、そうではないこともある。萩原は後者だった。

〈邪魔しに来るなよ！〉

と怒鳴りたいのを必死に我慢したようだ。不幸なことに萩原と浅生はファーストコンタクトから馬が合わなかったようだ。

「ちょっと、この人のこういうところはね」

そんな違和感を覚えながら最終回まで一緒に走らざるを得ない。撮影中も萩原は森山や戸高に何かとこぼすことが多かった。それを聞くたび、森山と戸高は「まあ、まあ、まあ」となだめながら進めていた。

『冠婚葬祭部長』の企画自体には萩原健一も乗っているように見受けられた。

クランクインは新神戸ロケからだった。平成七年、阪神・淡路大震災が発生する。『冠婚葬祭部長』の放映はその翌年のことだった。震災の傷跡がまだ色濃く残る神戸に行き、撮影が始まった。

萩原の役どころは住宅メーカーの社員。震災直後ということもあり、「日曜夜に面白いドラマを放映し、みんなで明るい気持ちになろう」という意図があった。萩原自身もその意図は理解し、共感していた。当時、娘の羽衣子が神戸に住んでいた。ロケの前後には会う機会もあった。

タイトルバックは『課長サンの厄年』に続き、戸高が担当した。

家庭用のHi8カメラで萩原のさまざまな表情を撮った。画像を集め、コラージュ。ロックンロールで踊っている場面をはじめ、多種多様な萩原がそろう「ショーケン尽くし」とでもいうべき作りとなった。ラストカットのメジャーをヨーヨーに見立てて操る動きは萩原が考案したものだった。

主題歌は萩原健一自身が歌うことになった。曲名は「泣けるわけがないだろう」。当初、萩原は固辞する姿勢を崩さなかったが、プロデューサーの浅生が口説き落とした。

萩原が歌うことを拒んだのには理由があった。

当時、耳の調子があまりよくなかったのだ。「音楽とは距離を置きたい」と考えている時期だった。浅生が強引に拝み倒すような形で生まれたのが「泣けるわけがないだろう」だった。萩原にとって三年四カ月ぶりのシングルとなる。

『冠婚葬祭部長』の収録が始まった。大きな問題はなく、順調に進んでいった。浅生憲章が演出した回でちょっとしたいさかいはあったものの、『課長サンの厄年』で戸高が被った災難のようなことにはならなかった。

戸高は自分の演出回では万全を期した。

リハーサルの前日には戸高が萩原の役、ＡＤ全員に他の役を割り振って、台本の読み合わせを行った。芝居を作るためだ。こうしてリハに臨むと、萩原に対して確信を持って接することが出来た。何を聞かれても、答えられる。

リハの場でときどき聞かれることもあった。

「これは、成立するか？」

戸高は読み合わせの成果を踏まえて答える。

「大丈夫です。これはもう、昨日、立って、動いてますから」

萩原もそれほど複雑に考え込むタイプではない。自信満々で戸高が答えれば、納得してくれた。

芝居を作っていく過程で萩原はしばしば「『魂柱』を入れる」という表現を用いた。戸高は最初、何を言っているのかわからなかった。後で調べてみると、合点がいった。

「魂柱」とはバイオリンなどの弦楽器のボディに入っている柱のことだ。音を共鳴させる働きがある。

意味を知ったことであらためて思えた。

〈萩原さん、ミュージシャンらしいな。いい言葉だ〉

「貴様っ！　これで一回死んでこいっ」

『冠婚葬祭部長』の収録が進んでいく最中、ちょっとしたトラブルが持ち上がった。アシスタントプロデューサー（ＡＰ）として現場についていた田澤保之を萩原健一がいたく気に入った。田澤はＴＢＳの社員。宮崎県出身の戸高同様、山形県出身の田舎者だった。

萩原があるとき、こう言い出した。

「こいつ面白いな。ディレクターやらせてみよう」

戸高は妙な胸騒ぎを覚えた。『課長サンの厄年』で自分が責め苛まれた光景がフラッシュバックする。

〈萩原さん、また、おれみたいな目に遭わせるんじゃないかな〉

このときの萩原は面白い話の好きなカッコいいおじさんに過ぎない。戸高も冗談めかして確認してみた。

「いやぁ、萩原さん。ちょっと田澤もおれみたいな目に遭わせるんじゃないですか？」

「大丈夫だよー」

萩原特有の、笑い声が混ざった言い方でこたえた。何も知らない田澤は興奮していた。

「ハイ！　頑張ります」

こうして田澤のディレクターデビューが決まった。

が、戸高の危惧は現実のものとなった。収録中、萩原はずっと叫びっぱなし。田澤は眼が泳ぎ萎縮してしまっている。スタッフの誰もが腹の中で思っていた。

〈萩原さん、自分が『やらせてみよう』って言ったんじゃないか？〉

だが、誰も口には出さなかった。そんな世論が萩原に通用しないことはよくわかっているからだ。誰の発案だろうが、現場で萩原の要求に応えられなければ、演出家とは言えない。

「でも、こいつがディレクターだろっ」

そう怒鳴られるのが落ちだ。

萩原が田澤を問い詰めている現場で忘れられない光景がある。その日、戸高は緑山スタジオからロケハンに出かける予定になっていた。だが、萩原と田澤が揉めている。怒鳴りまくっていた。出発のリミットが近づいてくる。たまらず、戸高は間に割って入った。

「まあ、萩原さん。おさえてください」

そう言いながら、なんとも言えない思いが胸をよぎった。三年前の戸高は今の田澤そのものだった。ひとしきり、萩原をたしなめた。その上でロケハンに出かけると告げる。

「いいですか、行きますよ」

戸高が歩を進め始めたときのことだ。いきり立つ萩原の声が響いた。

「貴様ーっ、これで一回死んでこいっ」

萩原は衣装のトレンチコートを身にまとっていた。ビシッと決めている。コートのベルトを抜き取り、田澤に向けて投げた。ベルトは田澤の首にきれいに引っかかった。「死んでこい」とは首を締めろという意味か。田澤は気の毒なほどブルブル震えていた。

このとき、戸高はあることに気がついた。萩原は激昂すると、目が濡れるのだ。恐らく涙ではない。何かが分泌される。スタジオの照明が当たると、本当にギラギラと光って見える。深作欣二監督はこれで『いつかギラギラする日』と映画タイトルをつけたのか？

しかも、短く刈り込んだ髪が逆立つ。獣なんだ。戸高は三年前のことを想起した。

〈うわぁ、おれ、これでやられていたんだ〉

首にベルトはかかっているが、萩原が自分で引っ張って締めるわけではない。『課長サンの厄年』『冠婚葬祭部長』の現場で萩原がスタッフを殴ったことは一回もなかった。ただ、ロケ担当のスタッフ浅津の頭に手を当て、自分の手を叩く仕草は冗談っぽく結構やっていた。浅津は「あれ、結構痛いんですよ」と閉口していた。

懸命に怒りを鎮めようとする萩原の口から、前年（平成七年二月二十四日）に亡くなった神代辰巳監督の名前が出てきて戸高の印象に残った。萩原はこう言った。

「言われたんだよ、神代さんに。遺言で。『おまえにはジェントルマンでいてほしい』って。でも、おれはショーケンが出てきちゃうんだっ」

追記しておこう、萩原に鍛えられた田澤はＴＢＳで出世し局長にまでのぼりつめた。萩原の熱いシャワーは、結果的に人を育てる力を秘めているのかもしれない。

『冠婚葬祭部長』の現場では田澤保之が生贄のような形になった。戸高の見るところ、萩原健一は若いスタッフをしごくことを面白がっている節があった。

『冠婚葬祭部長』の撮影は『課長サンの厄年』に比べると、順調に進んだ。強いて言えば、途中で脚本家が降板したり、田澤が萩原の餌食になったりするアクシデントはあった。だが、総じて平和だったと言っていい。

打ち上げは緑山スタジオの中にあるレストランで行われた。萩原健一が挨拶に立った。

「『課長サンの厄年』の頃は全然駄目で、とことん鍛えてやったんですが。そいつがいつの間にか成長していました」

戸高は嬉しくて拳を握りしめた。先輩の森山亨ディレクターも笑顔でこちらを見ている。

〈本当によかった……〉

こうして戸高の中で止まっていた時計の針は再び動き始めた。萩原が歌う、ずっと好きだった曲「さよなら」も「いいな」と素直に聴けるようになった。

ふり返って戸高は思う。

〈萩原さんから逃げなくて良かった。殺意まで感じていた「憎い敵」だったが、再び立ち向ったからこそ気づけた萩原のこと、頑丈になった自分がいる。ある意味「恩人」なのかもしれない。大切な教訓も得た。「怒り狂った相手には決して背中を向けず、自ら近づけ」〉

高橋惠子が、萩原がひどく神経質になっていると感じたのは、平成八年十一月十五日にフジテレビ系列で放送された二時間ドラマ『テロリストのパラソル』で共演した時だった。

新宿公園でロケ中、萩原はエキストラの人にダメ出しをして帰ってしまい、撮影が中断される騒ぎを起こした。エキストラを交代させて撮影は続けられたが、萩原は周囲の人に対して厳しくなり、ちょっとした音にも神経質になっていた。

平成十年四月四日放送の朝日テレビ系列の土曜ワイド劇場『華やかな喪服』でも、高橋惠子は萩原健一と共演した。高橋は、代議士の私設秘書を務める夫から身に覚えのない不倫で離婚を迫られる妻を演じている。萩原は夫の使いと称し、高橋を赤ん坊とともにさらう誘拐犯である。

撮影では、萩原自らハンドルを握って運転し、高橋は助手席に座った。が、萩原が精神的に不安定なのが伝わってきて、高橋は恐怖を感じた。

〈うわぁ、大丈夫なのかな、運転……〉

カメラやスタッフは、車からかなり離れていて助けを呼ぶことも出来ない。興奮するようなシーンでも役柄でもないのに、なぜか萩原のテンションが妙に高い。遠いところから「よーい、スタート！」と合図が出て車が動き出す。結果的には何事もなかったが、二十五年以上も前から何度も共演してきた高橋ですら怖いと感じるほど、この頃の萩原は不安定であった。演技中ではなく、ふだんの時も、萩原の様子はおかしかった。

高橋恵子にとって、このドラマが萩原と共演する最後の仕事となった。

その時代ごとに、萩原健一の相手役にふさわしい女優は何人もいた。その中で、高橋恵子は多くの監督から抜擢されてきた。その理由は当の高橋にもわからない。萩原の持つ不良性の毒を浄化するような透明感を買われたのかも知れなかった。

また高橋は、女性らしさだけでなく芯の強さも持ち合わせていた。萩原がどんな態度を取ろうとも負けない部分があった。

幻となった岸恵子との二十五年振りの共演

ショーケンと岸恵子が二十五年振りに共演する企画が持ち上がった。

ショーケンにとって岸との共演は、本格的デビュー作ともいえる『約束』と、『雨のアムステルダム』の二作品がある。今回実現すれば、なんと二十五年ぶりの共演である。

企画されたのは、浅田次郎原作の『天国までの百マイル』。

バブル崩壊で会社も金も失い、妻子とも別れたろくでなしの中年男。心臓病を患う母の命を救うため、天才的な心臓外科がいるという病院を目指し、奇跡を信じて百マイルをひたすら駆ける。親子の切ない情愛、男女の悲しい恋模様を描く。感動の物語。

奥山が浅田次郎と映画化出来る作品について話していて、浅田から『天国までの百マイル』を提案され、即座に思った。

〈息子役をショーケンに、母親役を岸恵子でやろう〉

奥山はさっそく岸に会い、出演を依頼した。

どうやら岸は、ショーケンと顔を会わす度に「また一緒にやりましょうね」という話が出てたようだ。

ショーケンにしてみれば、それまでの二作品での共演は、特別な映画女優岸恵子の懐を借りて甘えさせてもらったからこそ、あの生き生きとした芝居が出来たといえよう。

だから、ショーケンは、岸恵子は自分の俳優としての生みの親みたいに思っていたのではないか。

したがって、岸との共演は望んでいたであろう。だから、奥山とすれば、ショーケンがなぜもっと岸の出演を懸命に口説いてくれなかったのか、と思う。

ショーケンは、自分から岸に頭を下げてまで行動をしようとは思わなかったのでは。

いっぽう岸は、原作を読むや、奥山に断ってきた。

「奥山さん、何が悲しくて、わたしがこんなおばあさんをやらなきゃいけないの」

奥山は、そう言われたら、さすがに次の言葉が告げれなかった。諦めざるを得なかった。

「岸さんとすれば、やはりショーケンとは、歳を重ねても、いつまでも男と女という立場でいたい、という思いが強かったんでしょうね。岸さんにとって、ショーケンは単に花のある役者でなく、理屈を越える本能みたいなものを刺激されるいつまでも気になる存在だったんでしょうね。それをショーケンとの役が、男女の関係でなく、母と子の関係で、と頼まれて、断りたくなったんでしょう」

奥山は、結局、ショーケンの息子役を時任三郎に、岸恵子の役を八千草薫に演じてもらい、平成十二年に公開した。

結局、ショーケンと岸恵子の共演の三作目は作られることはなかった。

なお、今回、筆者は岸恵子にショーケンについての証言を求めたが、岸は、「いずれショーケンについては、自分で描きますから」と断ってきた。ショーケンを弟のように可愛く思っていた岸恵子から見たショーケンの魅力は実に興味深く、執筆が楽しみである。

萩原健一、三番目の妻との折り合い

平成十三年（二〇〇一）ごろ、萩原健一がほとんど公にすることのなかった三番目の妻である島田由紀は、萩原と別居して南麻布にあるアパートへ引っ越した。子どものいない島田は一人暮らしとなり、そこから都心へ通ってヘアメイクアーティストの仕事を続けることになった。

島田の住むアパートから数軒先の一軒家に住んでいた田中総一郎は、妻の征子が近所の「島田さん」と親しくなったと聞いていた。始めのうちは、まさか、その女性が萩原健一の妻であるとは夢にも思わなかった。

　田中総一郎は、昭和十一年生まれ。若い頃は弁理士の父親が運営する特許事務所で働き、父親の死後に貿易会社マストコーポレーションを設立。アメリカやイギリスで製造する手動式シュレッダーや名刺ホルダーなど、まだ日本には存在しない珍しく洒落た事務用品を仕入れ、丸善や銀座伊東屋などに卸していた。そのほか、通販事業などで売り上げを伸ばしていった。ところが六十代に入った田中は前立腺がんになり、六十五歳になったのを機に引退。会社の看板も下ろして、都心にある数軒のビルのオーナーとして悠々自適の老後を過ごしていた。

　田中の妻の話によると、萩原と島田は別居中ではあるものの、萩原は島田のアパートにちょくちょく顔を出しているらしい。

　ある日、田中は、妻からこんな話を持ちかけられた。

「今度、ショーケンがＮＨＫの大河ドラマで明智光秀役をやるらしいの。それで、歴史に詳しいあなたに一度会って話を聞いてみたいと言っているそうよ」

　萩原は、平成十四年（二〇〇二）に放送されるＮＨＫ大河ドラマ『利家とまつ〜加賀百万石物語〜』で、明智光秀役を務めるという。聞くと、萩原は役作りのために可能な限りの情報を集めて勉強するらしい。

　田中夫妻は、萩原と島田を自宅に招いて会ってみることにした。

　萩原は、熱心な様子で初対面の田中に話をした。

「光秀がどんな人物だったか、どういう経歴だったかを知りたいんです」

　田中は快諾した。近くに東京都立中央図書館があるので調べ物には困らない。話に聞いていたとおり萩原も非常に研究熱心で、田中が調べた明智光秀像を参考に役に没頭していった。

それからしばらくして、萩原から田中のもとに連絡が入った。

「今、『利家とまつ』の撮影をしているので、見学に来ませんか？」

田中夫妻は、撮影現場まで見学に行った。萩原は、撮影の合間にも光秀の衣装のままピンと背筋を伸ばし、光秀になりきっていた。まるで光秀の魂が乗り移っているかのように見えた。

田中は感心した。

〈役者というのは、やっぱり凄いものなんだな〉

萩原は、自分に与えられた役を自分なりに咀嚼して懸命に演じていた。その熱が、見学している田中にも充分に伝わってきた。

こうして田中夫妻は、島田由紀が近所に引っ越してきたことがきっかけとなり、萩原健一との付き合いが始まった。

萩原健一と島田由紀は、平成七年一月十七日に襲った阪神・淡路大震災の時に出会ったという。その後、二人で四国お遍路の旅へ出かけたらしい。

島田が田中に打ち明けた。

「お遍路は、すごく大変だったのよ」

別居中とはいえ、萩原は用事があれば島田のアパートを訪ねた。また二人一緒に鶴見の萩原の自宅へ行ったりしているらしい。

田中にとって萩原は、息子のような存在であった。十四歳しか年は離れていないが、長年ビジネスの世界で生きてきた田中の目に、萩原はどこか子どもっぽく映った。

明智光秀についての調べものも仕事ではなく、親が子どものために一肌脱いだ愛情表現のようなものであった。萩原は、何かと世話を焼いてくれる田中夫妻に甘えて「パパ、ママ」と呼ぶようになった。

萩原は、大河ドラマに出演している時期に、静岡県賀茂郡東伊豆町の稲取にあるマンションの一室を購入した。稲取にある田中の別荘マンションに一度萩原を連れて行ったところ、海が面前にあるロケーションが気に入り、同じマンションの部屋を購入したのだ。3DK、二千万円ほどの物件である。この時、萩原ではなく金を管理する妻の島田由紀が金を払った。萩原は、おもに光秀の役作りの稽古道場として使った。

京都、寂庵にあったショーケンの部屋

島田のアパート近くに住む田中夫妻は、島田が萩原の悪口を言うのを聞いたことがなかった。ふだんの島田は、「萩原のために、なにか美味しいもの買って持って行こう」だとか、「萩原から電話があったから、帰らなきゃ」といった話しかせず、ごく当たり前の夫婦関係のように見えた。

ところが、萩原と島田はしょっちゅう喧嘩をしていた。萩原は暴力を振るい、島田は殴られるたびに鶴見警察署へ被害届を出した。

島田は夫のためにいろいろと尽くしているようだった。が、やはり萩原は特殊な人であり、普通の生活が合わなかったのかもしれない。

萩原から「パパ」と呼ばれ慕われている田中は、萩原に注意した。

「芸は芸。普段の時は、ある程度は芸のことは忘れなきゃいけないよ」

ＮＨＫ大河ドラマ『利家とまつ』の撮影が終わったころ、萩原が言った。

「パパ、ママ、一緒に京都へ行かないか。いろんなことでお世話になってるし、瀬戸内寂聴さんを紹介するよ」

田中夫妻は、その誘いに乗ることにした。京都の寂庵に行くと、瀬戸内寂聴が抱えるようにして萩原を迎え入れた。まるで本当の親子のような歓迎ぶりだった。

瀬戸内が、田中夫妻を案内した。

「ここが、ショーケンの部屋なのよ」

瀬戸内は、かつて萩原が刑務所から出て寂庵で修行した時に使用した座敷を、そのまま残していた。今回、萩原が来るというので畳まで新調していた。

瀬戸内は、萩原の持つ不良の魅力がたまらなく好きであるようだった。

瀬戸内が、田中夫妻に言った。

「あなたたちのような方が、東京でショーケンの相談役でいるなら安心だわ」

瀬戸内は、食事の際に田中にお酌してくれた。その時の手つきが、ひどく色っぽかった。瀬戸内の仕草には、年齢を感じさせない何かがあった。

田中総一郎は、萩原に提案した。

「あんまり家に閉じこもったままでもしょうがない。目黒にあるぼくの持ちビルに、空き部屋があるんだ。そこを使って、憂さ晴らしでもしたらどうだろう」

貿易商だった田中は、東京に数軒ビルを所有して倉庫や事務所などに利用していた。そのうちの目黒のビルの三階を、萩原のために開放した。

すると萩原は、鶴見の自宅から週に一、二度目黒へ行き、いろいろ好きなことを始めたようだった。

ある日、萩原が目黒に来ている時に、ビルを無償で貸している田中と萩原、マネージャーの佐久田修志の三人で近所の蕎麦屋へ行った。すると些細なことで萩原が佐久田を怒り出し、佐久田に向かってテーブルの上にあるものを投げ始めた。田中も驚いたが、蕎麦屋もビックリ仰天している。

田中は、萩原を叱りつけた。

「わたしのビルの中でなら何をやってもいい。だけど、店の中で暴れたらダメだ！」

懸命に尽くす佐久田に対して、端で見ていられないほどひどい扱いをする。

田中は思った。

〈佐久田さん、よく耐えて頑張っているな。しかしこんな目に遭ってまで、なぜショーケンに尽くすんだろう……〉

佐久田は、萩原健一という俳優を何とかもう一度世に出そうと必死なのは見てわかった。それだけは確かで、萩原が苦手な人脈作りを一手に引き受けていた。

萩原は、佐久田にスーパーで食材を調達させ、それを鶴見の自宅に持ち帰って自炊していた。が、やはり独りでは寂しかったのだろう。萩原は、田中の家にたびたびやって来て「ママ、おなか減ったよ」と言って甘えた。萩原は、田中の妻が作るシュウマイが大好きだった。

冬の寒い時期には、あんこう鍋を囲んで食べた。すぐ近くに住んでいる島田は呼ばず、萩原一人でやって来ては、田中の家で家庭の味を堪能した。

田中の妻が言った。

「ショーケンは、食べ方が綺麗よね」

萩原は立ち振る舞いも美しく、いつもおしゃれだった。

佐久田が流行の穴あきジーンズをはいたりしていると、萩原が注意した。

「そんなのでなくて、綺麗でちゃんとしたジーンズを履け」

一度だけ、ぽつりと「孫ができたよ」とショーケン

ある日、田中総一郎の息子が夫婦喧嘩をしたことがあった。それを聞きつけた萩原が、田中の息子に電話していろいろと相談に乗ったという。田中の息子は、「萩原さん、萩原さん」と言って懐いていた。

が、やはり萩原は、些細なことですぐにキレる。ある時、田中の息子が自身のブログで萩原について言及したことがあった。すると、それを読んだ萩原が激怒し、田中の息子に向かって怒鳴り散らした。

「余計なことを、書きやがって！　損害賠償請求をしてやる！」

田中の息子は、別に萩原の悪口を書いたわけでもなく、萩原のプライベートに触れたわけでもなかった。さすがに田中は息子をかばい、萩原に宣言した。

「何か言いたいことがあるなら、一家の主人であるおれに言え。家長であるおれが、出るところに出てやる！」

すると、萩原の怒りは静まり大人しくなった。

「パパにこんなに怒られたのは、初めてだよ」

田中は思った。

〈この人は、今まで怒られた経験がほとんどないのかも知れないな〉

若い頃からスターとしてチヤホヤされ続けた結果、こんなふうに育ってしまったのではないか。

萩原の妻の島田由紀が言った。

「萩原がキレて『仕事をやめる、おれは出ない』と言い出すのが、一番困るんです」

ある時、萩原が田中に言った。

「パパ、横浜信用金庫の定期預金が満期になったから、飯食おうよ。金利が百二十万円ついたんだ」

妻の島田由紀は、「萩原の資産は十億円もある」と話していた。それが本当かはわからなかったが、金利から見て少なくとも一億円から二億円ほどの預金があることは間違いなかった。

お金については、島田由紀がおもに管理しているようだった。萩原には毎月三十万円を渡す決まりになっているらしく、萩原はその小遣いの範囲でやりくりをしていた。

ある時、島田が田中に打ち明けたことがある。

「萩原に万が一のことがあった時、かれの最初の奥さんの小泉一十三さんとの子どもに七千万円払われる保険をかけてるから、支払いが大変なのよ」

島田は、そうしたところもきちんとしていた。

ただし田中は、萩原本人から子どもの話を聞いたことは一度もなかった。一度だけ、萩原がぽつりと「孫ができたよ」と口にしたことがあった。が、萩原は子どもや孫の性別にすら触れない。

わかったのは、一人娘がいるらしい、ということだけだった。

身内でも信用出来なかった

萩原はお金については非常に細かく、なるべく自分で払わないようにしていた。支出があるたびに領収書を一枚一枚ノートに貼りつけ、鞄に入れて持ち歩いていた。その姿は、ふだんの萩原の豪快な姿とまったく異なっていた。

島田が、田中に打ち明けたことがある。

「佐久田の前のマネージャーのひとりに、一千五百万円くらい持ち逃げされたのよ」

そのため、佐久田に一切お金を触らせなかった。仕事の話には当然佐久田が関わっていたが、契約時には佐久田を遠ざけた。かってのマネージャーに痛い目を見たせいで、田中から見ても真面目に尽くし続けている佐久田のことすら信用していないらしかった。

父親代わりのような関係にあった田中は、萩原から契約書を見せられ相談を受けたことがあった。

「これなら大丈夫だよ」

そう言うと、萩原は安心したようだった。田中は、そうした様子を見て思った。

〈きっと、何度も人から騙されたから、こうなってしまったんだな〉

田中総一郎は、マネージャーの佐久田修志が無給でマネージャーをしていると知って驚いた。田中は、佐久田がどういういきさつで萩原のマネージャーになったのか知らなかった。が、いくら何でも無給というのはひどい。

ある日、田中は萩原と赤坂で食事をした際、佐久田の処遇について注意した。

「タダで働かせるのは、さすがにいけないよ。きちんとお給料を払ったほうがいい」

萩原は黙ってしまい、その時は払うとも払わないとも言わなかった。

が、それからは佐久田に給料を支払うようになった。

田中は、佐久田を会社の健康保険に入れていないことを知って、さらにアドバイスした。

「健康保険の類いは、人間の生活の基本的なものだ。一人でも人を雇えば、健康保険料は会社が支払うのが筋だ。入れてやらなきゃだめだよ」

萩原はそれも聞き入れ、佐久田を健康保険に入れるようにした。

ところが長くは続かなかった。ある日突然、保険料の支払いをやめてしまったのだ。田中はふたたび注意した。

「社員一人の保険料など、たいした額ではない。会社の支払いになるんだし、切ったらだめだ。あれほど一生懸命働いてる人間に対して、支払ってやるのは当然だろう」

が、萩原は、それでも言うことを聞かなかった。しかも給料の支払いまで止めてしまった。おそらく出すのが惜しくなったのだろう。佐久田はそれでも手弁当でいろいろと萩原に尽くした。

そんなことが重なり、田中は萩原がいやになってしまった。萩原のそうした部分が、田中は本当に嫌いだった。

恐喝容疑で逮捕、そして離婚

平成十六年（二〇〇四）、田中総一郎のもとに萩原から連絡が入った。

「映画の出演料を半分しかもらえなくて困ってるんです」

「それは弁護士を通してキチッとしたほうがいい。親しい弁護士がいるから、紹介するよ」

田中は、萩原のために自分の親友である弁護士を紹介してやった。

平成十六年十月三十日に公開された高樹のぶ子原作、根岸吉太郎監督の映画『透光の樹』をめぐって、警視庁は平成十七年二月七日、萩原健一を逮捕した。

報道によれば、萩原は撮影現場で共演者やスタッフに暴言を吐き、暴行を加えるなどの行為を繰り返し、平成十五年に降板を余儀なくされた。表向きは、萩原が降ろされた形。だが、一説には共演の秋吉久美子のあまりの態度の悪さを見て、萩原も降りたがっていたとも言われている。

ショーケンの関係者によると、当時、メディアが報じた内容と、実際に起きていたことには相当の乖離があるという。

まず、萩原は現場で暴力を振るってはいない。助監督の女性を「殴った」という報道もあったが、事実無根である。ただ、こんな出来事はあった。撮影中、高揚している萩原にメイク担当の女性スタッフが近づいた。

「萩原さん、ちょっと」

メイクを直そうとしたのだ。だが、萩原は演技に集中していた。

「何だよ、おまえは！」

そこで、およそ活字には出来ない言葉を口にしたという。こと芝居に関して、萩原ほど生真面目な俳優は滅多にいない。緊張が途切れることを慮って、つい口から出た言葉だった。

これを「助監督に対するセクハラだ」と製作委員会側は指摘した。本当のことを言っても、警察は動かない。そのことを相手方はよく知っている。製作委員会のやり口は、なかなか巧妙だったという。

出演に当たって製作委員会と萩原が交わした契約書には「撮影に支障をきたさない」との取り決めが盛り込まれていた。萩原の言動がこれに抵触すると製作委員会が通告し、降板につながった。

当初の出演料・一千五百万円のうち半分の七百五十万円はクランクイン前に萩原に支払われている。だが、契約書通りの全額支払いを萩原は求めた。

ところが、弁護士が交渉に入ってもすぐに裁判というわけにはいかず、どうしても時間がかかる。それに、相手が支払いを止めたのにはそれなりの理由があり、萩原にも落ち度があった。弁護士にありのままを話さないのだから、交渉がうまくいくはずもない。

話が進まないことに苛立った萩原は、平成十六年六月、島田由紀と夫婦喧嘩をした末に、カッカした状態のままプロデューサーに電話をかけ、おもわず留守電に暴力団の名前を残してしまった。プロデューサー岡田裕の携帯電話に、こんな留守番電話のメッセージを残している。

「国税局、警視庁、山口組、住吉、熱海の若頭が全部協力してくれまして。『やったろうじゃないか』と言っております。必ず、やっつけますから」

この録音を岡田は警察に証拠として提出。声紋鑑定などを行った結果、萩原本人のものだと断定された。

萩原は事情聴取を受け、恐喝の容疑が固まったとして身柄を取られることになった。

関係者によると、留守電のメッセージに至っては語るに落ちている。「国税局、警視庁、山口組、住吉、熱海の若頭」と並べて、本気の脅しだと取る人間がいるだろうか。あまりに幼稚である。このメッセージを残した際、萩原はビールと薬を飲んでいた。

田中が紹介した弁護士は、恐喝に発展した事件を取り扱うことはなかった。事件の直後に亡くなったためだった。代わりにこの恐喝事件を担当したのは、四谷三丁目に事務所を構える二人の弁護士であった。

島田由紀は、萩原の保釈金八百万円を出し渋った。妻として、萩原が稼いだ金を管理しているだけであったが、それでも出そうとしなかった。

萩原は困り果て、弁護士に「保釈金を出すのが大変だ」と愚痴った。

この裁判過程で、『誘拐報道』の伊藤俊也監督は、ショーケンのマネージャーである佐久田修志から頼まれて、情状証人として立った。佐久田が、かねてショーケンの復権のために日々努力していたことを知っていたからである。

情状証人は、ショーケンの実の姉と伊藤の二人であった。

伊藤は、「逆説的な表現で申し訳ないが」と断りつつ、裁判で語った。

「ショーケンは、相手が電話に出ていたら、とても人を脅すような言葉を言える男ではない。気持ちのやさしい、ガラスの神経の持ち主です。あれが、偶然留守電だったから、そこまで言ったんでしょう。だいたいが、本当に脅迫するつもりなら、わざわざ録音されることを承知の上で、吹き込んだりしません」

平成十七年六月、萩原は東京地裁で懲役一年六カ月、執行猶予三年の有罪判決を受けた。伊藤監督は、身元引受人となった。ショーケンは、しばらく活動は休止せざるを得なかった。

本当なら萩原は上告したいところだ。が、強く思っていた。

〈早く復帰したい〉

早期復帰の線でいくのなら、取り下げるしかない。被告として裁判が進行中の俳優を使うテレビ局や映画会社などあるはずがないからだ。後年、萩原は「上告していれば、無罪になっていた」と事件を振り返っている。

俳優としての活動停止を余儀なくされる中、萩原健一は島田由紀から離婚を請求された。萩原の親代わりとして世話をしてきた田中総一郎は思った。

〈やはり萩原さんに普通の結婚生活は難しかったか……〉

萩原健一は、確かに役者としては凄い男だった。が、どう見ても一般常識に欠ける。ビジネスマンとして実直な人生を歩んできた田中から見ると、萩原の言動を「馬鹿だな……」と思うことが多々あった。田中はアドバイスをしたり、時に叱ったりしていろいろな話をした。が、なかなか子ども相手のようにはいかなかった。

田中の家にいた島田のもとに萩原から電話が入ると、島田の顔色が真っ青になった。よほど嫌なことがあったのだろう。

鶴見の自宅は約一億九千万円で売却した。稲取のマンションも同時に売った。銀行預金と合わせ、萩原の資産は少なくとも三億円から四億円あったものの、島田への慰謝料は約三千万円であった。離婚する時、島田はさすがに辛そうにしていた。

萩原と離婚した島田由紀は、アパートを引き払い引っ越してしまった。そのため、近所づきあいをしていた田中夫妻は、その後島田と会うことはなかった……。

第八章　男に惚れられる男だった

ショーケンという「孤独」

ドキュメント『ショーケンという「孤独」』を撮った放送作家でジャーナリストの原渕勝仁は、萩原健一のマネージャーの佐久田修志に頼み、ショーケンに取材することになった。

原渕は嬉しかった。

〈憧れのショーケンさんに密着出来るんだ！〉

平成二十年六月、原渕は、初めて萩原健一と会った。まだどこのテレビ局にも企画は通っていなかったが、とりあえずの顔合わせである。

萩原はこの頃、中野裕之監督、小栗旬主演、市川森一・水島力也脚本の映画『TAJOMARU』への出演が決まるかどうか、という時期だった。映画のオファーに復帰の可能性を見いだしていた萩原は、落ち込む様子もなくカラッと明るかった。

萩原と原渕、佐久田の三人で話し合い、「まだ番組は決まっていないが、密着取材を始めよう」ということになった。萩原の行く先々へ同行する形で取材を進めるのである。

撮影が始まった。ハンディキャメラは小型・軽量なので、バッグの中に入れていてもさほど重くは感じない。が、取材時にバッグを持ち、キャメラを構えて萩原を追いかけるのは大変だった。特に音が拾いにくいのが難点だった。原渕はキャメラマンではないので、ピンマイクをつけた撮影まではこなせない。キャメラの内蔵マイクにガンマイクを取り付けたが、それでも音は入りづらかった。そこで萩原にできるだけ近寄って撮影することにした。

萩原は、原渕を気軽に「原渕さん来ない？　一緒に行こうよ」と誘ってくれた。原渕は、その誘いにありがたく乗ってキャメラを回し続けた。原渕個人が申し込んでも取材に応じてくれそうもない大物も、萩原が会いに行くとなれば顔を見せてくれる。そのあたりの調整は、佐久田が間に入りいろいろと動いてくれた。

萩原は一日おきに、早朝三時間もかけてウォーキングをするという。原渕は、さっそく同行することにした。

佐久田に訊かれた。

「二十キロ近く歩いて往復三時間くらいかかるけど、大丈夫？」

「体力に自信あるから全然歩けますよ」

そう答えた。

朝三時に出発するというので、前日の夜は新横浜駅近くにある萩原の自宅に泊めてもらうことにした。

萩原の家の中は、一人暮らしの中年男のイメージとはまったく違い、整然として綺麗だった。萩原の寝室と二階には入らなかったものの、壁には自ら描いたエゴン・シーレを思わせる絵画が数多く飾られている。板の間には、芝居の練習用の一角が作られていた。原渕は、この板の間に布団を敷いて寝ることになった。風呂にも入らせてもらい、萩原が手際よく作った蕎麦もごちそうになった。萩原は、原渕によく気を遣ってくれた。

萩原と原渕は、予定どおり自宅を午前三時に出発して、萩原の姉の墓がある横浜市鶴見区にある曹洞宗の大本山総持寺(そうじじ)に向かった。

萩原は、合羽のような青い上下を身につけ、帽子を目深にかぶり、手には一本の杖を握るスタイルである。平成五年に四国八十八箇所をお遍路してから続いている習慣だという。

総持寺では焼香をし、数珠を動かしながら一心に祈った。萩原が言う。

「お寺さんの中でも結構歩くんだよ。健康が良くないときはね、非常にマイナス思考になるね。健康が良いときっていうのはプラス思考に変えられるわけ。だからぼくがいま一番怖いのは健康だよ」

キャメラを回しながら同行した原渕は、だんだん足が痛くなってきた。体力に自信があったのだが、これは尋常な痛みではない。後日わかったのだが、痛風だった。

萩原は、原渕に健脚を見せつけるようにシャキシャキと歩いていく。振り返ってわざとらしく「原渕ー!」と呼んだりする。いかにも萩原らしい振る舞いだ。

原渕はそんな萩原の様子をキャメラに収めながら、無理をしてついていった。キャメラを回す手を休めることもなく、頑張って往復三時間半を歩き切った。

車で移動する際も、原渕は、助手席に座って運転する萩原を撮った。

萩原の運転は荒かった。横浜の自宅は山の中腹にあり、通りに出るまでは狭い坂を下らなければならない。が、萩原は気にもせずバンバン飛ばす。同乗する原渕は、萩原が交通事故を起こしたことを思い出し、さすがに冷や汗をかいた。

〈ショーケンさんの性格からすると、ゆっくり運転することもイヤなんだな……〉

ほんのいたずら心で、原渕を怖がらせようという魂胆なのかも知れなかった。

原渕は、萩原に翻弄されながらも、良い画と音を拾うためにかぶりつきの撮影を続けた。萩原にインタビューする際も、原渕は萩原の真横を陣取り撮影した。ぶれてはいけないので、自分の体を三脚代わりに使う。モニターを確認しながら、少しでも良い映像が撮れるよう苦心を重ねた。

萩原と一緒に出かける時は、車の中で撮影し、萩原が車やエレベーターを降りたところからずっと長回しにする。その中から面白い映像を抜き出した。

演出家の蜷川幸雄は、かつての萩原と同じ埼玉県在住で家も近所だった。蜷川もまた、萩原を可愛がっている様子だった。インタビューの中で語った。

「ショーケンは、屈折した表現を日本で初めて切り開いた、天才的な役者だ。松田優作は、ショーケンの背中をずっと追いかけていた。ショーケンはトップランナーだ」

原渕は思った。

〈やっぱり、蜷川さんはよく見ているな〉

萩原と蜷川は雑誌「ＢＲＵＴＵＳ」の対談で、最後に男どうしでキスをしたが、これは、萩原の完全なアドリブだった。

ファッションデザイナーの菊池武夫は、『傷だらけの天使』で萩原の衣装担当をして以来の付き合いである。菊池は本当に萩原が大好きで、昔からの仲間という意識をもっていた。萩原の服装のセンスの良さは、やはり菊池武夫の影響が大きかった。

その菊池が原渕のキャメラの前で萩原に言う。

「ある程度年齢いって格好いい人って、ほとんどいない。だからやっぱりあなたが率先して、年をとった時のいろんな要素が入っている感じの男の姿を見せてほしい」


平成二十年の夏も終わろうかという頃になって、ようやく萩原は『TAJOMARU』の出演が正式に決まった。復帰第一作となる映画だ。

ショーケンの活動休止期間中、『TAJOMARU』を製作する山本又一朗プロデューサーは萩原のマネージャー佐久田修志から連絡を受けた。

「萩原で何か映画をやりたいと思っているんです」

プロデューサーとして、友人として、ここから山本は「ショーケン復活」に向けて一肌も二肌も脱ぐことになる。だが、ゴールの『TAJOMARU』に到達するまでには思いもかけない幾多の障害が控えていた。

「マタ・ヤマモト」の名で国際的に知られる映画プロデューサー・山本又一朗は、さいとう・プロダクションを退職後、テレビドラマ『子連れ狼』などの企画・プロデューサーを担当する。

山本が萩原健一と初めて出会ったのは昭和五十三年ごろのことだ。その頃にはすでに東宝配給で数本の映画製作の経験を持ち、次回作として進めていた長谷川和彦が監督する作品『太陽を盗んだ男』の主演俳優として交渉するためだった。

だが、萩原の担ぎ出しは失敗に終わる。

結局、沢田研二が主演を務める。

映画版『傷だらけの天使』はなぜ中止になったのか

脚本家の市川森一が山本に「会いたい」と言ってきた。市川とは、お互い若い頃から親しく気楽に話せる間柄であるからすぐ会おうという事になった。

「又ちゃん、ちょっと助けてほしいんだ。実はね、ショーケンと水谷豊で『傷だらけの天使』の映画版をやりたいと思ってる」

これも萩原健一を再起させるプロジェクトだ。だがまずは競演の水谷豊が承諾するかどうか。この点は未知数だった。

それに事はそう簡単ではない。どちらかと言えば、面倒な話の部類だ。市川は虚心坦懐（きょしんたんかい）に打ち明けた。

「この企画を進めていくには、豊ちゃんとも仲良くて、ショーケンとも話せて、おれが信頼出来る人と組まなきゃいけない。それは又ちゃんしかいないと思うんだ」

自ら立案した企画以外やらない主義の山本だが、市川の友情に応えこれだけの知り合いの流れで自分しかいないという話に、自尊心をくすぐられる以上に説得力を感じて動いてみることにした。

原作権は東宝が管理していることがわかった。テレビ版の『傷だらけの天使』は東宝製作だったのだ。原作をまずクリアし、主役の二人を口説き、企画に乗ってもらう。ここまでが山本の仕事である。かって萩原が、水谷の付き合っていた女性に手をつけて二人は不仲になっているという、まことしやかな噂が流れていた。

山本は水谷と会うことにした。場所は帝国ホテルのラウンジ。何十年かぶりの再会である。お互いにこみ上げてくるものがあった。

山本が企画の趣旨を説明する。水谷は黙って聞いていた。

「又さんも出てきて、萩原さんもやるって言うんなら、おれ的にはそんなに強い反対は出来ないですよね。萩原さんのためになることであれば、おれは協力したい」

ＯＫが出た。山本は思った。

〈いつ会っても豊ちゃんには温かい人間らしさを感じる。いい男だな、かれは……〉

山本は、言われている噂がデマに過ぎなかったことを感じた。

水谷の出演了承を経て、事態は一気に進展するかに思われた。だが、好事魔多しである。思わぬところから横槍が入った。

山本のスポンサーが、「その話には、ちょっと乗れない」と言ってきたのだ。

山本が市川に事情を説明すると、理解を示してくれた。ここで映画版『傷だらけの天使』でのショーケン復活の線は消える。

『傷だらけの天使』が幻に終わって、あらためて市川から頼まれた。

「又ちゃん、とにかくショーケンに会ってよ」

もとより、山本に異存のあるはずがない。

「ショーケンの再起がかかってる。おれもあいつに思いがあるし。又ちゃん、何かやれねえか。元気のある話をしてくれよ」

「おう、会うよ。市川さん、ショーケンと飯食おう」

六本木の隠れ家風レストランに予約を取った。萩原と市川、山本。三人とも昭和四十年代からそれぞれの持ち場で活動を始めた。四十年以上、現役でいる。

「いやあ、山本さんとは長い間会ってなかったから、今日は嬉しい」

萩原はそう言った。

楽しい晩だった。大いに盛り上がった。そこで肝心の企画の話に入った。

「何をやろうか？」

山本には腹案があった。子飼いの小栗旬は今や映画で堂々主演を張れるスターに育った。山本がプロデュースした三池崇史監督『クローズＺＥＲＯ』では不良役でキレのあるアクションを披露している。ともすれば、「アイドル枠」に入れられがちな境遇から一気に枠外に飛び出した。そんな時期である。


「ショーケンはトラブルメーカーなんかじゃない」


「小栗旬主演で『羅生門』をやりてえんだ」

黒澤監督の『羅生門』は、ヴェネツィア国際映画祭で金獅子賞を獲った作品である。黒澤映画への敬意もあるのでリメイクをやるつもりはない。原作である芥川龍之介『藪の中』から取り出して、登場人物の設定も改変する。できない企画ではない。いや、必ず出来るはずだ。

その夜の熱が冷めやらぬまま、市川は一気に脚本を書き上げた。題名は『ＴＡＪＯＭＡＲＵ』。『藪の中』を原作とするオリジナルである。

山本は思った。

〈市川さんのホンは素晴らしい。ただ、予算の縮小を中心に、それに伴うストーリーの変更などを目的に更なる改定稿にチャレンジしなければならない〉

しかし、市川の返事はこうだ。

「又ちゃん、おれはもうやり尽くした感がある。君の話を聞いてたら、納得したからその線で自分で描き直してみてよ」

そうこうするうちに時間がずれ込んでくる。小栗をはじめ、主要キャストのスケジュールを考えると、だんだん厳しくなってきた。結局、山本自身が切り、直すことで決定稿に持っていった。萩原演じる足利義政の大きな見せ場となるシーンは山本が新たに書き加えた。こうして、『TAJOMARU』は予算を大幅に減額して、遅ればせながら正式なゴーサインが出ることになった。

クランクイン直前のことだ。山本又一朗は萩原健一から相談を持ちかけられた。

「山本さんさ、髪、坊主にしたいんだけど。おれ、寂庵でやりたいんだ。寂聴さんとこへ行って。付き合ってくんないですか?」

山本は快諾。二人で京都・嵯峨野の寂庵に向かった。京都市内で待ち合わせると、萩原はすでに「足利義政」になりきっていた。手には杖を持っている。聞けば、その日、義政の墓参を済ませてきたという。寂庵ではお茶とお菓子が供された。萩原と一緒に瀬戸内寂聴とさまざまなことを話した。

だが、中身以上に山本の胸に残ったものがある。

〈なんて色っぽい人なんだろう〉

山本は瀬戸内が放つ魔性の色香に完全にやられていた。テレビには決して写らない輝きが彼女にはある。話し方といい、立ち居振る舞いといい、匂い立つようだ。

〈ああ、ショーケンはこの人に絶対惚れてるな〉

勝手にそう思い至った。どういうわけか、叛逆児の萩原が瀬戸内の話だけは素直に耳を傾ける。その背景には清潔だが、妖艶な女としての性があるのではないか。

山本は決して老け専ではない。むしろ、若いほうが好みだ。五十歳以上の女に興味はない。だが、およそ十年前、八十代後半の瀬戸内は別格の魅力があった。

〈この人はあまりにも男に言い寄られるんで、出家の道を選んだんだろう〉

そんなことまで想像してしまったという。

撮影中もたびたび台本の変更がなされた。これに困ったのが、萩原健一である。プロデューサーの山本又一朗は現場で萩原から抗議を受けた。

「山本さんね、急に言われても、おれ出来ないんだよ。もう一生懸命覚えてんだからね。もうセリフ変えんの、やめて」

萩原は入念な準備をした上で撮影に臨む。そのことを誰よりもよく知っているのは山本自身である。注文はもっともだ。だが、プロデューサーとして認めるわけにはいかない。

「おう、悪い、悪い。おまえが『絶対に出来ない』って言うんだったら、おまえのセリフに合わせてあとで書き直すよ」

萩原も、ここで引き下がる男ではない。

「いや、おれは『出来ねえ』なんて言わねえけどさ。もう、こういうのはやめてほしいんだよ。

今回まではオーケーだから」

萩原健一は言えないセリフがあっても、諦めない役者だった。山本又一朗は現場でこんなことを言われた。

「難しいんだよ、これが。山本さん、セリフ変えるからさ」

舌が回らないらしい。

「おまえ、今、そこで今文句言ったって、話になんねえ。やるっきゃねえんだ」

そう言うと、笑顔で聞いている。

「いや、わかるけどさ」

そんなことを言いながら、全神経を集中させていく。それから四、五テイクすると、ちゃんとセリフが出てくる。見事だった。

〈セリフはいつも最後には大丈夫だった。一回言い慣れちゃうと、なかなか変えられないところはあったけど〉

最終的に萩原は山本の意向に沿って変更をすべて受け入れた。

〈ショーケンは本当にいい男だ。おれと仕事するときは特にそう感じる〉

当時の萩原といえば、「トラブルメーカー」の烙印が押されている感がある。だが、これは山本にはとうてい承知出来ない話だ。誤解以外のなにものでもない。

〈ショーケンの実像は、全然違う。ぶつかるときにちゃんとぶつかってさえやれば、本当にまともな男だ。『太陽を盗んだ男』に出演を頼んだ時には怒鳴り合いになったけど、その後の関係は以前よりむしろよくなった。ショーケンを恐れて衝突を避けたり、逃げたりする者が一番よくな

い。「バカヤロー」と言われたら、「うるせえ、この野郎」と言い返せばいい。それだけだ〉
山本はこの流儀を貫いた。その結果、『TAJOMARU』という花道を萩原のキャリア最終章に贈ることが出来た。
萩原は山本よりも三歳年下に当たる。これは大きい。お互い兄ちゃんだった時代に出会い、おっさんになっても一緒に仕事が出来た。山本は思う。
〈お互い年を重ねてから会っても、ショーケンは素晴らしかった〉

主役の小栗旬にキレかかったが……

いっぽうドキュメンタリー『ショーケンという「孤独」』を撮る原渕勝仁は、『TAJOMARU』の撮影現場へ入る許可をもらえた。山本又一朗プロデューサーの判断で、スタッフや俳優たちに異論はなかった。もし山本の協力がなかったら、おそらく撮影は出来なかったろう。

原渕は、キャメラを回しながらあることに気づいた。主役の小栗旬が、萩原に挨拶もせず、目線すら合わせようとしない。階段ですれ違った時も、共演する田中圭は萩原と言葉を交わすのだが、小栗はとぼけたように「え？」などと言って萩原を無視し、他の人に話しかける。

原渕は思った。

〈すでに大スターの小栗旬からすれば、「おれが主役なのに、なんでショーケンばかり撮ってるんだ」という不満や対抗心があるのかな〉

小栗と対照的だったのが、田中圭である。田中は「ショーケンさん、ショーケンさん」と愛想を振りまく。田中演じる桜丸の役どころは、萩原演じる足利義政の世話役であり男色の相手でもある。いっぽう小栗演じる畠山直光と義政は、遠くから言葉を交わす程度である。役柄の距離感の違いもあったろうが、田中圭は原渕らにも朗らかで挨拶もしてくれた。田中はスタッフにも気遣いが出来ることから、周囲の引き立てもあり、現在では大スターの仲間入りを果たしている。

主役の小栗旬が、屋外で乗馬のシーンを撮影することになった。萩原は、自分の出番はないものの、現場を見に行った。

萩原がやって来たことに気づいた小栗は、吸いさしのタバコを指にはさんだまま挨拶した。

小栗の態度は、三十歳以上も年の離れた業界の大先輩に対する態度としては、けっして褒められたものではなかった。当時の小栗は、すでに主演を張る人気俳優だったが、まだ二十代半ば。ヤンチャで負けん気の強いところもあったのだろう。

が、萩原はごく普通の態度でこう言った。

「あ、小栗君もタバコ吸うんだ」

すぐ近くでやり取りを撮影していた原渕は、内心ヒヤヒヤしながらそのやり取りを見守った。

表面は穏やかそうに見えたが、萩原は明らかに小栗に対して怒っていた。

原渕は思った。

〈あのショーケンさんが、感情を抑えている……〉

復帰第一作となる映画の主役にキレてしまったら、自分を応援してくれている山本又一朗プロデューサーをはじめとした周囲の人たちに申し訳が立たない。ここでキレたらおしまいだ、と我慢しているのだろう。

原渕のショーケン密着は、平成二十一年春ごろまで一年弱続いた。

取材をここまで続けられたのは、萩原のマネージャーの佐久田修志が全面的に取材に協力してくれたことが大きかった。佐久田と原渕は年齢も近く、一緒に飲みに行くなど個人的にもすっかり仲良くなっていた。佐久田の便宜のおかげで、とてもやりやすく良い仕事が出来た。

『TAJOMARU』の公開と同じくして、平成二十一年九月十三日、フジテレビ「ザ・ノンフィクション」で、一年半にわたり取材したドキュメンタリーが放送された。

『ショーケンという「孤独」』は非常に高く評価された。日曜日の午後二時という時間帯で、視聴率を一〇％も稼いだ。翌週に放送された仲代達矢のドキュメンタリーが四％台だったことと比べると、二倍以上の視聴率である。

萩原も、作品を見ると喜んでくれた。細かな不満点はマネージャーの佐久田に言っているらしかったが、原渕に直接ダメ出しはなかった。

『ショーケンという「孤独」』は、原渕勝仁のテレビ人生の中で代表作となった。

やはり同じ頃の平成二十一年七月、瀬戸内寂聴と萩原健一の対談本『不良のススメ』が角川学芸出版から刊行された。瀬戸内の不良を抱え込むような萩原への愛情と、マネージャーの佐久田修志の人脈の結晶であった。

萩原から「パパ」と呼ばれ慕われた田中総一郎は、萩原に言った。

「やっぱり佐久田さんはマスコミに強いんだから、そういう人を大切にしなきゃダメだよ」

萩原は、佐久田のことをモノ扱いしていた。周囲に怒鳴り散らすことは珍しくなかったが、特に佐久田はまるでサンドバッグのように、いつでもターゲットにされていた。

田中はふと思った。

〈佐久田さんは、そんな目にあってもなお萩原さんに尽くす。マゾなのではないか……〉

役者としての萩原がそれほど好きなのだろう。佐久田は自分の人生を賭けて萩原に従っていた。

七年のブランクを超えてのライブコンサート

芸能プロダクション・ぱれっとの吉本暁弘社長は、晩年の萩原健一のコンサート事業を支えた一人である。

吉本はジャニーズ事務所に所属した元タレントで、一九七〇年代にアイドル・グループ「ジュ―ク・ボックス」で活動後、ダニー飯田とパラダイスキングのボーカル、チコとヒューマンカンパニーのリーダーなどのグループ等を経て、その後は裏方に回っていた。

吉本は、平成二十一年、萩原健一のマネージャーである佐久田修志から連絡を受けた。

「ショーケンがライブのコンサートをやりたいと言っているから、相談に乗ってくれないか」

が、吉本は、内心不安に思っていた。

〈自分一人でショーケンを使うリスクを背負うのは厳しいな……〉

そこで、知り合いのコンサート事業をおこなうプロダクション社長のTに連絡を取った。

「ショーケンのコンサート、やってみないか」

幸い、Tは「うちで引き受けてもいいよ」と言ってくれた。そこで吉本、Tが協力して萩原健一のコンサート事業を行うことになった。

音楽に関して、萩原はもう六、七年もブランクがあるという。萩原サイドは「二千人くらいの集客力がある」と言っている。それなりのコアなファンは持っているらしい。

バンドのメンバーは、萩原が集めてきた。昔の別なグループサウンズのメンバーの一人をリーダーとした編成である。

萩原が、注文を出した。

「市川森一さんと恩地日出夫さんに協力してもらえないかな」

市川は『傷だらけの天使』の脚本家、恩地は監督を務めた、萩原にとって古い付き合いの恩人である。吉本社長は、市川と恩地に連絡を取って、頼み込んだ。

「すみません、今度ショーケンのコンサートをやるので名前だけ貸してください、お願いします」

恩地監督は最初驚いた。

「おれは、歌の演出なんか出来ないよ」

「名前だけでいいんですよ」

恩地監督がプログラムを見ると、恩地が演出、構成が市川森一になっていた。が、もちろん名前だけで、すべて萩原が自分で決めて自分の好き勝手をやるのである。

恩地監督は一応コンサートの演出に名が出ているので、コンサートの始まる前の最後の舞台稽古を見に行った。

吉本によると、萩原の発声は独特だった。声が出ているのか、奇声をあげているのかよくわからないような歌い方である。歌というより、声を張り上げてセリフを読み上げる、そんな空気の歌が多かった。

曲目は『愚か者よ』『ＡＨ！ＡＨ！』『シャ・ラ・ラ』『ハロー・マイ・ジェラシー』『ＨｅＩ

S COMMING（ショーケントレイン）』『時代おくれ』の六曲に決まり、レコーディングを行うことになった。

ブランクのある萩原はあまり声が出ないため、コンサート時に生声にかぶせて録音した音声を流すのである。生半分、録音半分となるので客に気づかれてしまうこともあるが、やむを得ない。レコーディングはバックの演奏も録音し、必要な部分だけを抜いて萩原の歌声とともに流す。「この部分は生で」「ここは録音したものを流す」と事前に打ち合わせておくのである。

萩原の歌はうまくない。どちらかというと下手な部類である。しかも年を取って声も出ず、すぐに声が裏返ってしまう。が、それで諦めるのではなく、声が裏返ってもいいような歌い方に変える。それを進化と言って良いのかはわからないが、「自分の個性」に変えてしまう。

萩原は言った。

「歌は、沢田にはかなわないよ」

が、こうした言葉を額面どおりに受け取ってはならない。吉本は思った。

〈これはショーケン流のジョークなんだな〉

萩原が、自分の歌は下手で沢田研二にはかなわない、などと考えるはずがなかった。「おれのほうが沢田より上」だと思っているからこそ、「沢田にかなわない」などと平気で言えるのである。そうした意味で、萩原はまったくおもしろい人物であった。

吉本は思った。

〈いったい、ショーケンの思考はどうなってるんだろう〉

自分に絶対的な自信があり、妙に子どもっぽく、そして猜疑心が強い。

〈この人の性格はどこから来ているのだろう。やはり、子どもの頃の家庭環境にあるんだろうな……〉

萩原からコンサートの内容について提案があった。

「コンサートの時に、女性をゲストに入れて対談したい。相手の女性とは、おれが話をつけるから、一人十万円を出演料として渡してほしい」

吉本は承諾した。

「いいですよ、お車代で。女性とは誰ですか？」

「作家の林真理子、阿川佐和子、それと冨田リカの三人だ」

吉本は、二人の作家の名前は知っていたが、冨田リカが誰だか知らなかった。聞くと、女性向けファッション雑誌『ＳＴＯＲＹ』（ストーリィ）でモデルをしている〝カリスマ主婦〟らしい。当時は夫がいたが、のちにショーケンの妻となる。

ゲストは一日目が阿川佐和子、二日目が林真理子、三日目が冨田リカとなった。

観客はやはり男性が多い。ショーケンの年を重ねてもなお危険な香りを漂わせているところが男性ファンにとってたまらないのであろうし、ファッションセンスも抜きん出ていた。

コンサート自体は女性ゲストとの対談も好評で、客の入りもまずまずだった。未知数であった冨田リカも、きちんと萩原を立ててトークが出来たので一安心だった。

萩原は、客に対しては実に丁寧だった。

ロッカーによくある上から目線で「おまえら」と語りかけるようなノリではなく、大事にしているのがわかった。

モデル、冨田リカとの結婚

萩原は、「パパ、ママ」と呼んでいた田中総一郎夫妻に言っていた。

「ぼくは離婚したら、三年間は他の女性と付き合わない。四年目に入ってからと決めている」

確かに萩原の言う通りだった。離婚する間際も、島田由紀以外の女性と付き合っている様子はなかった。そして、島田由紀と別れて冨田リカと結婚するまでに五年あいていた。

平成二十三年二月六日、萩原健一と冨田リカが、神奈川県足柄下郡にある箱根神社で結婚式を挙げた。二人の仲人は、サントリーの丸山紘史が務めた。

萩原は平成四年から平成六年にかけて、サントリーの「モルツ」のCMに和久井映見とともに出演し、劇中で萩原が発する「うまいんだな、これがっ。」のキャッチフレーズの軽妙さもあって、CMは大きな話題になった。丸山はそのCMの担当者で、萩原とはそれ以来、長い親交があった。

結婚式には、冨田リカの事務所の関係者のほかに、デザイナーの菊池武夫、『ショーケンという「孤独」』のドキュメント作りに携わったジャーナリストの原渕勝仁、マネージャーの佐久田修志らが出席した。

原渕は久しぶりに『ショーケンという「孤独」』に登場してもらったショーケンの親族に会うことを楽しみにしていたが、かれらの姿を見ることはなかった。

ただし、冨田リカと佐久田は、口をきくこともなかった。冨田は、キャメラを回している原渕に対しても、「なに、この人誰?」という目線を送ってきた。今振り返ると、佐久田の色のついたものは全て消してしまいたかったのかもしれないと、原渕は考えている。それまで手を尽くしてきた佐久田に代わって、彼女がショーケンのすべてを牛耳ろうとしていたのであろう。

平成二十三年二月十三日、「山梨文学シネマアワード２０１１～文豪たちの愛した聖地で開催される映画人の夢の祭典～」が山梨県甲府市の湯村温泉郷の常磐ホテルで開催された。

萩原は『傷だらけの天使』を手がけた脚本家の市川森一とのトークショーを行い、『影武者』制作過程での黒澤明監督との裏話などを披露した。

授賞式では、フジテレビの味谷和哉プロデューサーが『ショーケンという「孤独」』を代表してトロフィーを受け取った。

萩原は、冨田リカを連れていた。結婚後に公に二人がメディアの前に初めて出たため、公の場でのお披露目のような形となり、ワイドショーなどの取材陣が大勢詰めかけていた。

萩原健一、マネージャーの佐久田修志、原渕勝仁の三人で『ショーケンという「孤独」』のパート２について打ち合わせすることになった。ところが、喫茶店に入るやいなや、萩原と佐久田が揉め始めた。部外者の原渕は、どうして二人が揉めているのかさっぱりわからない。

萩原が、佐久田を無視するように原渕を見据えながら熱弁をふるう。

「パート２は音楽を中心にしたものを作りたい。最初は役者中心だったから」

場の雰囲気は最悪だった。それに追い打ちをかけるように、萩原が言った。

「パート２のキャメラはね、うちの嫁が回すよ。原渕さん、どういうふうにやったらいいか、うちの嫁に教えてやってよ」

妻のリカがよほど可愛いらしい。

萩原健一の画を撮りたい。そんな気持ちが原渕の中からスーッと消えていった。

フジテレビと共同テレビは、パート2の撮影を正式に決定していた。テレビ局としては当然、原渕が再びハンドキャメラでショーケンに肉薄する取材を期待し、取材費も用意している。

が、原渕はやむなく断った。

「こういう事情で、ややこしいからショーケンさんには関わりたくないんです。ぼくはもうやりません」

共同テレビの担当者は、残念そうに言った。

「原渕さんがやめたいと言うのだったら仕方ありません。ぼくたちも手を引きます」

結局、そのままパート2の話は立ち消えとなった。

この頃から、萩原から原渕の携帯に頻繁に電話がかかるようになった。

「原渕さんは、佐久田を取るのか、おれを取るのか、どっちなんだ」

原渕は萩原の質問には答えず、聞き返した。

「佐久田さんと、どうしちゃったんですか?」

原渕がショーケンに密着している時、ショーケンは原渕に「佐久田を養子にしようと思っているんだ」とまで話していた。

しかし、冨田リカと結婚をしたことで、その話はないものになってしまった。

萩原は週に一度ほど原渕に連絡してきて、同じように原渕に迫った。

「取材の時、おれの家に泊めてやったよな。あの時、おれが作ってやった蕎麦を食べたよね」

『ショーケンという「孤独」』はマネージャーの佐久田の力ではなく、「おれが協力したから実現したのではないか」と言外に匂わせるように、原渕は感じた。

原渕は、ショーケンと佐久田の関係が元通りに修復されてほしいと思い、辛抱強く答え続けた。

「ショーケンさん、そんなこと言わないでくださいよ。長い間、佐久田さんと二人三脚でやってきたのに、二人が揉めてるの、悲しいですよ。ぼくはショーケンさんにも佐久田さんにもお世話になってるんですから」

萩原は、同じような質問を周囲に投げかけており、萩原のほうになびいた人も大勢いたらしい。

『誘拐報道』の伊藤俊也監督は、ショーケンの佐久田修志マネージャーが仕掛ける「ショーケンを励ます会」などに出席したり、ショーケンと親しい脚本家の柏原寛司と一緒に会ったりもしていたが、新しい結婚を機に、佐久田マネージャーがショーケンのマネージャーを解かれてからは、ショーケンとすっかり疎遠になってしまった。

萩原と佐久田修志の縁が切れたことがきっかけで、伊藤監督だけでなく、映画プロデューサーの山本又一朗も離れていった。

ジャーナリストの原渕勝仁もまた、フジテレビに『ショーケンという「孤独」』パート2の依頼を正式に断って以来、萩原健一との縁も切れた。萩原の側につけば、パート2の仕事も実現出来たろう。が、佐久田に不義理は出来なかった。自分の信念を守ったのだから、後悔はしていないという。

萩原が、コンサートを手がけたぱれっとの吉本暁弘社長に言った。

「またコンサートをやりたい」

初回コンサートを開いた平成二十二年は、萩原が還暦を迎える年だった。そこで六十という節目になる年の秋に「萩原健一トーク&ミニライブⅡ　ANGEL　or　DEVIL　あなたと一緒にいたい」を開き、それに合わせてセルフカバーのアルバムも発売するという運びとなった。

会場も増やし、横浜関内ホール、名古屋名鉄ホール、大阪の梅田芸術劇場シアタードラマシティ、東京のなかのZERO大ホールの計四ヶ所を押さえた。

今回は、よりバージョンアップしたステージとして、テンプターズ時代の『神様お願い！』『エメラルドの伝説』はもとより『大阪で生まれた女』『愚か者よ』など萩原のヒット曲の数々を含めた全十五曲に加え、再びシークレットゲストとのトークも開くことになった。

宣伝には、気の利いた「ショーケンより一言」が添えられた。

「成熟した男女がきちんとオシャレをして、デートを楽しめる一夜にしたい。大人が満足出来るステージを、必ずお見せしますので、永年連れ添ったパートナーと、是非一緒にお越し下さい」

二回目のコンサートに向けて動き出した途中で、マネージャーの佐久田修志はクビになってしまった。

コンサート事業を担当する吉本は、困ってしまった。それまでは佐久田に伝えれば済んでいたことも萩原本人に言わなければならない。

二回目のツアーは、横浜、名古屋、大阪、東京の順で行うことが決まった。

横浜関内ホールの大ホールの収容人数は約一千百席。そのうち八百席強が埋まった。名古屋名鉄ホールは、一千人弱の観客席のうち約六百人だった。

この結果に、萩原は不満たらたらだった。

「なんで入らないんだ。新聞広告が足りなかったんじゃないか」

コンサート事業を引き受けた吉本社長が答えた。

「ちゃんと新聞広告を打ちましたよ」

吉本は内心でため息をついた。

本来であれば、萩原はここで自分の人気の無さを自覚し、反省せねばならなかった。が、やはりコンサートを支えるスタッフ側の責任にしてしまう。萩原の主張する「どうしてスタッフ側で空席を埋めないんだ?」といった理屈がまかり通ったのは、もう昔の話である。

チケットの売り上げについては、ライジングプロダクション創業者の平哲夫が、吉本に口癖のように言っていた。

「東京の売り上げを百としたら、大阪は五十だ」

人口構成比の割合をみればそうなるので、名古屋がもっとも少ないのは当たり前の話だった。

CDの売り上げも同様である。売り上げの半数は関東圏、関西圏は二五%。東京と大阪で七五%を占める。名古屋からさらに福岡、仙台、札幌と地方へ行けば行くほど売り上げは低くなっていく。

吉本は、萩原にそのように説明したが、萩原は興奮してしまい聞く耳を持たなかった。

が、チケットの売り上げは平哲夫の言うとおりになった。大阪の梅田芸術劇場大ホールは約一千九百席のうち八百人強。東京のなかのZERO大ホールは約一千三百席のうち一千百人だった。

二回目は全国四カ所に手を広げたが、一年目より集客力は衰えた。吉本は思った。

〈ショーケンがメディアに露出しなかったのだから、当然の結果だ〉

萩原は初回ツアー時もメディアには出ていなかったが、コアなファンが来てくれた。二年目も同様ではあったが、会場を増やし地方に行けば行くほど集客力は弱まる。

〈結局、すべてはショーケンの人格の問題なのだな〉

ほんの少し我慢をして、テレビ出演して自身のコンサートについて語ってくれたら集客力は増しただろう。もし、萩原が吉本の芸能プロ・ぱれっとに所属するタレントであったら、こうアドバイスしただろう。

「萩原さん、もっと目線を庶民に向けて身近な存在になるよう努めないと、ファンはついてきませんよ。今は時代が違う。銀幕のスターなどもう存在しないんですよ」

萩原が「おれは格上のスターだ」と思い込むことは勝手である。そうならば、格下だと思う役者なりミュージシャンたちを食事に誘うなどして、「おれたちはショーケンのブレーンなんだ」と認識させれば良い。が、萩原はそうした計算をしない。

たとえば、ファン層が重なるであろう長渕剛などと付き合いを持てば、「ショーケンさんのコンサート観に行きますよ」という話になる。すると長渕のファンも、萩原のコンサートに大勢やってくるだろう。

そうした戦略について、アドバイスしていたのがマネージャーの佐久田修志であった。が、佐久田は上手い表現が出来ずストレートな物言いになってしまうため、いつも萩原を逆ギレさせていた。

「このおれが、なんであいつらに媚びなきゃいけない！」

佐久田は萩原のことを真剣に思うからこそ、アドバイスをしていた。

がんに侵されていてもステージに立つ

ショーケンのコンサートを引き受けたプロダクション社長のTによると、ショーケンは金銭に関してひどくシビアだった。

まず萩原が言った。

「自分のギャラだけは、前金で寄越せ」

バンドのメンバーが決まり、ギャラの配分率はほぼ確定している。こんな時、萩原はヤクザ口調で「担保を取れねえんだったら、コンサートはやらねぇよ」などと言う。

萩原の要求は、ギャラの三分の一だった。たとえば六百万円で契約を交わす場合、その三分の一に当たる二百万円を契約の段階で受け取る。そうしておけば、仕事そのものがキャンセルになったとしても、萩原自身は損をしないという計算らしい。

前金などあまり前例がなかったが、萩原の望み通り前金で支払うことにした。

萩原は、些細な支出も経費で落としたがった。リハーサルなどの最中、コンビニで買った弁当や飲み物のレシートも経費で落とせと言ってくる。Tは、受け取ったそのレシートを半ば呆れて見つめた。

〈ショーケンのやつ、この高い金額、毎日いったい何を食ってるんだよ……〉

が、子どもの頃からショーケンファンだったTは、萩原のそんなケチくささも何だか可愛いとさえ思っていた。

Tは、萩原からの電話に悩まされるようになった。連絡先を交換して以来、夜中の九時、十時になるとTの携帯にしょっちゅう電話をしてきた。ろれつの回らない声で、自らのアイデアを語り出す。

「ステージにスモークを焚いて、雲が一面に広がっているようにしろ」

「でも、スモークは水溶性だから、そんなに焚くとビショビショになりますよ」

ドライアイスは昇華すると二酸化炭素の気体になるため、使用は禁止されている。非危険物は水溶性なので、舞台近くにいる観客はびしょ濡れになってしまう。

が、萩原は一度こうだと決めたらまず譲らない。だんだん感情を抑えきれず、大声になっていく。

「なあ、おれのやりたいこと、わかるだろ！　おれの気持ち、わかるだろ？」

しかも三時間、四時間は当たり前で、とにかくしつこかった。

それでもTは、萩原の奇抜なアイデアや個性に敬意を払っていた。

〈ショーケンさんは、やっぱりトリッキーで面白いタレントだ〉

コンサートが始まった。Tは、望みどおりスモークを焚いて萩原の登場を待った。

が、萩原はなかなかステージに現れない。「アーッ！」「ウーッ！」とシャウトを十五分もして、自分のテンションが上がってからようやく登場となる。

スモークのせいで前列の観客はびしょ濡れで怒り出すかと思いきや、文句一つ出ずショーケンに声援を送る。コアなファンというのは実にありがたいものだった。

マイクで萩原の生声も拾うため、タイミングがずれるとすぐにバレてしまう。それでも客は誰一人文句を言わなかった。

芸能人もチラホラ見に来ていた。Tは思った。

〈意外とみんなショーケンのことが好きなんだな……〉

確かに萩原には男の色気があり、ステージ映えもする。何をしていても絵になるのである。それは持って生まれた才能と言うほかはなかった。

〈この性格だから売れたのか。それとも性格が災いして、こうなってしまったのか……〉

後に聞いた噂では、萩原はこの時すでにがんに侵されていたという。が、萩原は病気の気配など微塵も感じさせなかった。

平成二十二年のコンサートツアーは何とか無事に終えた。萩原は毎年コンサートツアーをやりたいと言い出したが、一緒にやっていたぱれっとの吉本暁弘社長は、今回限りで手を引くという。Tは、萩原のマネージャーの佐久田修志や、吉本社長が去ってからも、萩原のコンサートツアーを引き受けることにした。

萩原は、リハーサル会場でも自分勝手な行動を繰り返した。会場の貸出時間をとっくに過ぎていてもリハーサルを続けさせたり、音響や照明が気に入らないと怒鳴り散らしたりする。

都内立川市にある、たましんRISURUホール（立川市民会館）でリハーサルを行うことになった日のことである。現場を仕切っているTは、この時風邪を引いて高熱が出てしまい、リハーサルに立ち会うことが出来なかった。

が、自宅で休んでいる時にスタッフから連絡が入った。

「現場で萩原さんが暴れてるんです。どうしましょう」

　Tが現場を離れた途端にこれである。

「音が気に入らないとか、『こういうふうにしろ』と指示しても、出来ないとか言ってます」

　音作りは大切だが、会場によって音の響きは変化する。萩原がいくら指示しても、出来ないことだって当然ある。

　どうするか、と布団の中で考えを巡らせていると、再び携帯の呼び出し音がした。

「わたし、立川市民会館の職員の者ですが、いい加減にやめてくれないと困ります」

　Tは思った。

〈もしこれ以上のトラブルに発展すれば、次回おれたちが会場を借りられなくなる〉

　Tは舞台監督に電話をして言った。

「萩原に『会場の職員がやめないなら警察呼びますと言ってる』と伝えろ」

「え、そんなこと言っていいんですか？」

「かまわないよ」

　しばらくして、舞台監督から折り返し連絡があった。

「言われたとおり、ショーケンさんに伝えました。そしたら『そ、やめます』って一言で終わりました」

　Tは布団をかぶり直しながら思った。

〈本当に笑うしかない。萩原はただの子どもだ〉

平成二十三年十二月十二日に、市川森一が亡くなった。その葬儀の時、ショーケンから恩地日出夫監督に電話があった。

「迎えに行きますから、一緒に行ってください」

ショーケンは車で迎えに来てくれた。

恩地監督はショーケンの車に乗せられて葬儀場に着いた。

ショーケンが車を停めている間、恩地監督は「先に入っているから」と言って、式場に入った。

そこに桃井かおりがいた。

恩地監督も、ショーケンと桃井かおりが一時は恋人同士だったということは知っていた。

恩地監督がかおりの後ろに座るや、恩地監督が伝えた。

「いま、ショーケンが来るぞ」

かおりが大げさな身振りをした。

「あー、怖っー」

両者、感覚は似ていた。

しかし、二人とも長続きする関係ではなかったようだ。

葬式を済ませて、飯を食って恩地監督の家まで送った。

ショーケンと仲のいい人は意外と少なかった。そういう意味では、話し合う相手は恩地くらいではなかったか、という。

平成二十五年六月二十七日、横浜みなとみらいのライブ会場「横浜ＢＬＩＴＺ」で、萩原健一は「I　FEEL　FREE」と題するライブを開催した。コンサートを裏で支え続けてきたTにとって、これが萩原との最後の仕事となった。

Tは、客がやってくる時間に合わせて入口でCDを販売していた。自宅で作った手製のものである。

〈最後のステージだし、元を取らなきゃ〉

すると、マネージャーが血相を変えて飛んできた。

「萩原さんが、やらないって言ってます」

「え、どういうこと?」

「ステージをやらないって言ってるんです!」

開始四十分前のことである。

「わかった。今すぐ行く」

Tは楽屋へ向かった。

「萩原さん、なんかやらないって言ってるらしいですけど」

萩原が、自分が映った鏡を見ながら答えた。

「ああ、やらないよ」

「どうしてですか」

「だって、衣装のランニングがねえから」

萩原はランニングコスチュームを身につけてステージに立っていた。いつもはスタッフがクリーニングに出して当日楽屋に置いておくのだが、前回は萩原が持って帰ってしまった。それを自分で忘れて持って来なかったのである。

「萩原さん、自分で忘れて、それはないでしょう。すぐに代わりのものを買いに行かせますから」

Tはスタッフに代わりのランニングを買いに行かせた。

が、萩原は買ってきたランニングが気に入らないという。

「じゃあ、やらないんですか」

「やらないよ」

Tの中で、何かが切れた。もう本当にどうでもいい、という気持ちだった。

「わかったよ萩原さん。やめましょう。ああ、もうやめよう、やめよう」

すると、鏡の中の萩原が言った。

「おまえ、なに居直ってるんだよ」

「居直ってるじゃないでしょう。あんたがやらないって言うから、やめるんだよ！」

Tは、萩原に対してこんな口の利き方をしたのは初めてだった。

「萩原さん、あんたよく『弁護士立てる』とか言うね。いいですよ、やりましょうか、お互いに。でも、あんたのせいでやめるんだから、今後はあなたが全部やってくださいよ。今から囲み取材やりますから！」

〈この野郎、なにが萩原健一だ。これだけおれに迷惑かけて、どういうつもりだ〉

Tはみんなに聞こえるように大声で言った。

「今から、萩原さん囲みやるからよ！」

すると、萩原が急に態度を軟化させた。Tのことを〈侮れない〉と思ったようだった。ショーケンに付き添っている女性も、さすがにまずいと思ったのか、萩原に向かって「お父さん、謝りなさい！」と言った。

結局、萩原は何事もなかったかのようにコンサートに出演した。ステージは良かった。萩原は、どんな時でも仕事で手を抜くことはしない。その点だけは評価出来た。

Tは、コンサートを無事終えた萩原に「お疲れ様です」と声をかけた。怒鳴り散らし、難癖をつければみんなバッタのように頭を下げると踏んでいたのだろう。喧嘩上等と萩原に対峙したTのことが、よほど疎ましかったのだろう。が、Tはスタッフのケアもしなければならないし、ギャラも払わねばならない。そんな中で、Tも一緒にペコペコ頭を下げることなど出来ない。

Tは、萩原のようなタレントを、他に見たことがなかった。萩原健一との縁は、それきりで切った。

Tは思った。

〈おれの後を引き継いでやる奴は、誰もいないだろうな〉

萩原との付き合いは、まるで漫画か何かのように滑稽なものだった。Tは、萩原の電話番号を消さずにおいた。また一緒に仕事をしたいのではなく、万が一萩原から電話がかかってきた時に、出ないで無視するためである。

が、そんな心配をする必要はなかった。萩原のほうから電話がかかってくることはなかった。

くすぶっているショーケンを引っ張り出したい

佐藤幹夫監督とショーケンは、平成二十八年に『鴨川食堂』でみたび仕事をすることになる。

佐藤にとっては、ショーケンをキャスティングすること自体、ある種の賭けであったと言う。

「賭けというか、あれくらいの人をもう一回出したいなというのがあって。口幅ったい言い方だけど、そういうことが出来るのはおれくらいしかいないかなと思った。緒形拳とかショーケンとか、演出家としては猛獣使いが一番楽しい」

それゆえ、最初はけっこう反対があったという。

「え、ショーケンなの⁉」

「佐藤さん、責任とれますか」

「何か問題あったっけ」

「問題いっぱいあったでしょう。詐欺事件があったり」

「でも、それは過去のことでしょう」

要するに「何かあったら責任問題になるぞ」と言われたわけである。

佐藤には、くすぶっていたショーケンをまた引っ張り出したいという思いがあった。それだけ萩原に役者としての魅力を感じていたという。

「なにより野性の男の匂いがしますよね。ほっとくと、何するかわからない。予想がつかない。管理されない男のすごさというかな。それがありますよね。絶対自分は管理されないぞというところにいらして、突然とんでもないことをしだすし、怖いんだけど、それがちゃんと画面に出てくるんですよね。

しかも、怖い人間ほど人間的に優しいんですよ、相手役に対して。ショーケンのよさはそういう愛嬌というか、自分の本音で生きていて、自分でリスクを全部抱えて、しっぺ返しを受けながら生きてきた人間だから、そういうところが出るんでしょう」

佐藤が『鴨川食堂』への思いを語る。

「ずっとやりたかったんです。僕は緒形拳さんを、平成二十年十月五日に失っちゃった後だったから、ショーケンにやっぱり出てきてほしいなという気持ちだったんです。ショーケンへの口説き文句としては『今、本当に男の役が出来る人はほとんど誰もいないよ。緒形さんも死んじゃってるし。ショーケンさん、あなたしかいないよ』そう言うと、ショーケンも『そうだな』と。それで出てきてもらったんですけどね。」

NHKのホームページのNHK人物録によると、この作品の出演交渉の電話は、たまたまデスクがいないときにショーケンが受けたという。

「『何でもいいよ、出るよ』と答えたら、演出の幹夫さんたちが台本を持って家にやって来た。元刑事で料理人という役だというから、『包丁さばきは出来ないよ、ばれるからね』と言ったんです。だいぶ前に板前を演じた『前略おふくろ様』のときは一流の料亭で修行したけれど、そのときとは役柄が違うと思ったからね。それでもト書きにはなかった桂剥きをしながら、セリフをしゃべるという練習を家ではしました。料理の説明は長かったですね。あれは、そのときの仕込みで食材が急きょ変わったりするから、事前にもらうことが出来ないんですよ。仕方ないですけどね（笑）」

確かに、大根やキュウリなどを長めの輪切りにして、皮を剝くようにして、薄く長く帯状に切る桂剝きをしながらセリフをしゃべるのは訓練をしていなければ難しい。

ショーケンは、この撮影が始まる前に住居を成城に構えた。

ショーケンは、『ショーケン　最終章』で『鴨川食堂』について語っている。

《私が演じる食堂店主の鴨川流は「元刑事の探偵で料理人」というちょっと変わった設定だ。刑事の勘と洞察力を生かし、探偵としてお客が本当に望む食を調査し、料理の腕を振るって思い出の味を再現する――。

考えてみれば、私が過去に出演してヒットしたドラマ『太陽にほえろ!』（一九七二～七三年）のマカロニ（刑事）、『傷だらけの天使』（一九七四～七五年）の木暮修（探偵事務所調査員）、『前略おふくろ様』（一九七五～七六年）の片島三郎（板前）を合わせたような役柄じゃないか。

キャスティングしたNHK側にも、どうやらそのことが念頭にあったらしい。スタッフたちは熱く語ってくれた。

「これは萩原さんのために作ったドラマなんですよ!」》

《料理人を演じるに当たって、一つだけ演出家に伝えたことがある。

「厨房に立って、包丁を使って料理しながら演じるということは出来ませんよ。料理人じゃないということが視聴者にはすぐバレますからね」

『前略おふくろ様』のときは、一流料亭の料理人がテレビ局の稽古場に来て、私自身、半年かけて料理を勉強しながら撮影に臨んだ。里芋の皮を剝きながら板前の先輩役の小松政夫さんとセリフをやりとりする場面は、そうした〝修業〟があってこそ出来た芝居だった》

《いまは時代も違えば、役柄も違う。それでも大根の桂剥きをしながらセリフを語るという練習を自宅で繰り返していた。

抗がん剤を飲み続けている自分の体がいつどうなるかわからない。不測の事態が起これぱドラマの関係者に大きな迷惑をかけることになる。自分の病状について、ゼネラルプロデューサーにだけは大まかに伝えた》

「実はがんで、抗がん剤を飲んでいる」告白

『鴨川食堂』は、NHKBSプレミアム「プレミアムドラマ」の枠で、平成二十八年一月十日から二月二十八日まで八回シリーズで放送された。原作は、柏井壽の小説の連作短編集シリーズ。脚本は、池端俊策、葉山真理、洞澤美恵子、岩本真耶である。

京都市の鴨川沿い、東本願寺にある店の看板が存在しない小さな食堂を切り盛りしている鴨川流と、こいしという親子二人が主人公だ。

食堂では、もう一度食べたいと考えている人たちの食べ物をわずかな手がかりを基として作るというのが売りものである。利用客は料理・グルメ雑誌に掲載される「〝食〟捜します」の一行広告のみを頼りにしてこの場所に行きつく。

萩原はこのドラマで忽那汐里演じる鴨川食堂の手伝い兼探偵事務所所長の鴨川こいしの父親・流役を演じている。流は、鴨川食堂の料理長だが、若いころは一流料亭で板前の腕を磨いたが、後に刑事に。その時の経験を生かして思い出の食を捜す仕事をしている。依頼人の手がかりは少ないが、何とか再現してあげたいとの一心で取り組む。亡き妻の掬子のことをこいしに話すこと

は少ない。
鴨川こいしは、思い出の食を捜しに来た依頼人からさまざまな情報を聞き出して、父流の調査を助け、時には自分も調査に出る。亡き母の鴨川掬子の家出について父への疑念を持っている。
財前直美演じる鴨川掬子は、刑事時代の流の元妻。数年前、病気で亡くなった。今は仏壇の中からこいしの成長を見守る。
吉沢悠演じる福村浩は、近所の寿司職人で、鴨川食堂の常連客の一人。こいしにひそかな思いを持っているが、反応はいまいちはっきりしない。出身地の金沢には年老いた父が寿司屋を開いており、浩の帰りを心待ちにしている。
第一話から最終話まで次の思い出の美味なるグルメを捜す。
第一話「母の肉じゃが」
第二話「別れた夫のとんかつ」
第三話「祖父と食べたナポリタン」
第四話「妻の鍋焼きうどん」
第五話「おじいちゃんのハンバーグ」
第六話「初恋のビーフシチュー」
第七話「父親の海苔弁」
最終話「金曜日のチャーハン」
実は当時、ショーケンはすでに病に侵されていたという。佐藤がその様子について語る。
「ショーケンは、実は口説いたわたしにも病気のことを隠していた。まったく知らなかった。電話で『面白い話があるんですけど今度出てもらえませんか』と言ったときに、『じゃあ出ましょう』と。そのときはいろいろ夢のある話をお互いにしたんだけど、いざ収録が始まると、夕方になると具合が悪くなっちゃうんです。理由を助監督が聞きに行くと『ふざけんじゃねえよ!』みたいにバーンと怒鳴られて帰ってきちゃって。それでロケとか収録が回転しなくなっちゃって、京都ロケが三本目くらいで破綻したんです」

撮影中も、ショーケンの体調は、あまり芳しくなかったという。

「あのとき、すごく強い抗がん剤を飲んでいたみたいで。一回目に床を素手で洗うシーンがある。弱い洗剤を使ったが両の手がボロボロになってしまった。それくらい強いのを飲んでおられた」

ショーケンは、がんで闘病中だったことを隠して、出演をOKしていた。おそらく、病気を明かしたら、降板になると思ったのであろう。

「体調が悪いとスケジュールが詰められなくなりますからね。だから隠していたんだと思います。夜六時くらいになると、とたんに体調が悪くなる。理由が最初はわからなくて、楽屋に呼びに行っても、なかなか来ない。二時間くらい待っていても、結局、『ちょっと今日は無理だから休みにしてくれないか』と言ってくる。助監督にとっては、ショーケンがまたわがまま言って嫌がらせしているなって感じだったと思います。

現場に出てくるのが遅いし、一度横たわるともうだめになっちゃうので、自分で隠し通せないと思ったんでしょうね。ただ詳しいがんの状況は聞けないですよね、『がんはどれくらいのあれですか』とは聞けない。あれだけ頑張ってる人なのに、ぐちゃっとなっちゃう瞬間がけっこうあった。

そのあと三話目あたりを撮っている時に、ショーケンからキャメラを増やしてくれないかみたいな要求があった。打ち合わせをした際に『実はがんで、抗がん剤を飲んでいる』と僕も初めて打ち明けられました。さすがに僕も怒りましたよ。それからは、スケジュールを立て直した。夜の部の撮影を無しにして、朝から始めて午後五時過ぎくらいには終わるようにしました」

ショーケンの健康問題もあって、京都での撮影は途中で切り上げ、あらためて東京の大映スタジオにセットを作ることになった。セットを作るために四千万円ほどの出費となり、制作会社のACC（アジアコンテンツセンター）が自腹を切ったという。佐藤はさすがに頭を抱えた。

佐藤によると、ショーケンは、闘病しながらも、真剣に役と向き合っていた。

「苦しかっただろうね。ただかれは弱音や愚痴をこぼさない人間というかな。すごく真面目なんですよ。だからこそあそこまでいけたんじゃないかな。芝居を考えてるからこそ、いろんなアイデアが出てくるんだよね。それであんなふうに動けるわけでしょう」

ショーケンは、熱心に稽古していたという。

「早めに入って稽古していました。稽古が好きですね。かれについて書かれた本を読むと、アドリブでいくイメージがあるじゃないですか。全然違いますよ。ちゃんと自分で計算して、セリフを入れて、自分がこう動いたら次はこう動いてって、そういう感じです。映画の人たちと撮るときは違うかもしれないけど」

ショーケンは、NHKホームページのNHK人物録で忽那を高く評価している。

「わたしの娘・鴨川こいしを演じた忽那汐里くんは俳優としての偏差値が高いので、これからいい作品に出会えたらさらに伸びるんじゃないかな。いま日本の制作者の中には、お金を儲けることや楽をすることに目が向いて美学が感じられないことがあるけれど、忽那くんは美意識をもってきちんと芝居をしているからクオリティーが高い。それでいてセリフに酔うことはなく正確なテクニックでナチュラル。オリジナリティーもありセンスがいいですね。本人が意識したかどうかわからないけれど、どこかオードリー・ヘプバーンの匂いもしました」

佐藤によると、ショーケンは、娘役の忽那汐里をかなり気に入っていたという。

「忽那さんもショーケンのことを信頼していました。彼女を選んだのも、僕が気に入ってたんです。時代劇に出演している時に凄く良い演技をしていて。クールで抑えた演技が出来る。稽古をしても、きちんと柱が出来ていて、なかなかたいした子だなと思って。バンダナをさせることを思いついて、衣装も、色を使わない衣装にしようと。女優さんはやっぱり着るものを選びます。忽那さんは凛とした感じが欲しかったので、無彩色を使いたいなと。頭のバンダナも黒にして、凛とした感じで、お母さんが亡くなった後も、気丈かつ明るくお父さんを支えている感じが良かった。

普通のスタッフとはあまり話さずに、遠く離れて座って現場を見ていて。でも、ショーケンさんとは仲良さそうにしてました。一話目の撮影の時から親子になってましたね。ショーケンさんも、若い娘を喜ばせる術を持っていて、だてに長く生きてませんよね。女性の扱いはうまい。親子の関係がお母さんを失った二人の寂しい関係がうまく出ていましたね。べたべたしない感じで」

それゆえ、佐藤監督は、二人のシーンのときは指示しなかったという。

「ショーケンさんには『勝手にやってください』、忽那さんにも『勝手にやっていいよ』って。

それで二人は念入りに稽古をやっていた。ショーケンの腰を浮かして、くるっと回す振り向き方とかね、ああいう動きは全て自分で作ってってくれましたね。自分でいろいろ考えてきてくれて、先々の脚本のことまでね。

忽那さんとの二人のシーンは、だいたい座って話すか、寝っ転がって話すくらいで、なかなか位置を変えられないんです。でも、ショーケンはうまく動きをつけて、面白く見せる。寝っ転がりながらも腰を動かしたり、身軽に動きを見せます。お任せでやるんですが、かれにアイデアを出してもらった方がうまくいく場合も多いんです。

ショーケンがそうですが、怖い人間ほど人間的に優しいんですよ、相手役に対して。だから忽那に対してもすごく優しいお父さんぶりを発揮していました。単なるお父さん役を超えた優しさがあって。忽那さんって、あまり人と話さないでぽつんとしているんです。でもショーケンにはすごく懐いた。ショーケンってそういう魅力があって、忽那さんの心を溶かした。気を許せるんですよね」

大ベテランの岩下志麻が、作法教室の師匠で来栖妙という元料亭の女将で食堂の常連客という役で出演していた。

いつも着物姿で現れ、店を華やいだ雰囲気にしてくれる。元は料亭の女将で人一倍味にうるさい。流の良き理解者であると同時に、こいしの相談相手である。

佐藤によると、平成十八年に放送された連続ドラマ『花嫁は厄年！』以来十年ぶりに連続ドラマに出演した来栖妙役の岩下志麻も、印象に残る演技であったという。

妙が、流に話を持ちかける。

「こいしさんと浩さんが金沢に行ってしまわれたら、ウチがこの店、手伝いに来ようか」

「何を言ってますか。そんなこと言うたら、お弟子さんたちが固まりますでしょう」

妙はなお迫る。

「ここから場所を移して、昔みたいに料亭やってかまいませんよ」

しかし、流はその話には乗らない。

「自分で切り盛りするのは、この店が最後と思うてます。もしこの店を閉めるなら、掬子の位牌と包丁を持ってどこぞで職人として働かせてもらいます」

妙は、流の亡き妻掬子に激しい嫉妬を覚える。

「岩下さんも以前から好きでしたから、一度出演してほしいと思っていました。岩下さんがショーケンの亡き妻掬子に嫉妬するシーンがあったんです。嫉妬で涙が出るシーンがあって。涙を自然と出していましたね」

ショーケンは、撮影現場で、アイデアを提案することもあった。

「ドラマで、ショーケンが岩下さんに別れを告げて、泣きながら外に出ていった場面で『月を飲みたい。盃に月を映して、ゴクリと飲むシーンを撮りたい』と言い出したことがありました。理由は特に言わないのですが、こっちがどういう理由かを考えないといけないんです」

ショーケンは岩下について語っている。次のシーンである。

鴨川食堂に妙が別れを前に姿を現す。流と妙は、酒を酌み交わす。おたがいに盃を口に運んだのち、妙がふいに口にする。

「いま、何か言いませんでしたか」

「いえ……」

「女の声で、妙さん、ご苦労さんと言ったような……」

流は、「失礼」と言い、手をのばし、妙の額に手を当てる。

「熱、ありませんか？」

ショーケンは、このシーンについてNHKホームページのNHK人物録で語っている。

「わたしが岩下さんの額に手をあてて『熱でもあるんじゃないの』と、ある種のプロポーズのようなセリフを言うシーンが印象に残っています」


佐藤によると、ショーケンは、自分の間の詰め方もかれなりに計算しているという。

「自分がこう出たらこう返ってくる、自分がこのシーンの結末で、どう動いてドアを閉めるかまで計算するんですよ。そこで止まっちゃうと動けなくなっちゃう」

第四話の「妻の鍋焼きうどん」は、大地康雄がゲスト出演した回だ。

大地演じる窪山秀治がやってくる。流の刑事時代の同僚で、いまは警備会社に勤務している。近く再婚することになり、群馬県の高崎に行くという。その前に亡き妻の鍋焼きうどんをもう一度口にしたいとの依頼だった。しかも、その味を新しい奥さんに作ってもらいたいと。こいしはすかさず「おっちゃん、それはないわ」。料理上手の亡き妻が作った鍋焼きうどんが忘れられずにいる窪山の話だった。

「大地さんがまた間をとるんだよ。ショーケンさんが『すぐ出られませんか』とバーンと言うでしょう。すると大地さんが『そうですか』と。でも大地康雄さんは『そうはおっしゃっても、わたしはこれでやってきたので』と主張した。わたしではない監督の担当回でしたが『またか』と緊張しました。でも、ショーケンさんの奥さんのリカさんが間に入って、ショーケンさんのほうに『大地さんがそうおっしゃっているから、大地さんに合わせましょうよ』とやんわりと言った。ショーケンさん、リカさんの言うことは聞く。ショーケンさんは、リズムと感性でやっているから、違うリズムで入ってこられちゃうと、自分の芝居が出来なくなってしまう。それだけ一挙手一投足を自分で計算しているんですね。包丁を取ったりして、セリフを言って動いていくっていう、リズムでやっている。それを崩されちゃうのをすごく嫌っていた。ショーケンさんの芝居はセリフを言って、あんまり間をとらずに動くとか、そういう計算をすごくしている」

ショーケンの間の取り方への厳しさゆえに、『鴨川食堂』では、当初、福村浩役を演じる予定だった内田朝陽をショーケンが降板させたというニュースも流れた。

佐藤が打ち明ける。

「あれはね。役者って呼吸があるじゃないですか。相手側の人の呼吸がちょっと遅かったんですよ。ショーケンさんはパンパンパンといきたい。でも、相手はそれを受け止めて返ってくるから時間がかかって、ショーケンさんは思うテンポで行けない。そこでバンと切れちゃって『全然出れねえ。何やってんだよ』という感じだったね。

でも、その場はおさまったんだけど。ショーケンは板前の役で厨房のセットの中に本物の包丁が飾ってあったんだけど、その相手役のかれが無防備に厨房に入ってきて包丁を触ったんだ。そしたらショーケンは『おまえみたいな奴が厨房に入ってくるんじゃねえよ！』って。それでびびっちゃって。『いくら役とはいえ、厨房の包丁というのは包丁人の命なんだから勝手に触るんじゃねえよ！』って」

　ショーケンは、『前略おふくろ様』で、板前役を演じたこともあり、厨房にはこだわりがあった。

「厨房はすごく大事にしていましたね。自分でしょっちゅう周りの台とかを拭いたりして。ときどき自分で出汁をとるのを練習して。『昔ほど出来ないけど、頑張ります』と言ってくれて。努力してくれていました」

　ショーケンは、演技をするうえで、自分がセリフを発するタイミングについてのこだわりがあった。

　稽古をして、染みついたタイミングでセリフもかわしたい。が、相手との呼吸が合わないとイライラすることも多かった。

「問題になったかれは、少しセリフの出が遅い。自分の間を持つから。それが待てないショーケンさんが『遅いよ、もっと早く出てくれよ』ってなって相手が若手だったのもあって一回キレちゃうとあとは何をやってもかれのことを気に入らない。結局、かれが恫喝されたという話になってしまい、降板してしまいました。かれはもともとはショーケンファンだったから、距離感が最初はなかったかもしれない。憧れがあって、それを素直に出せなくて、で、バーンと怒られちゃった」

　第八話の最終回。佐藤監督は、どういう別れがいいか、ショーケンや忽那を交えて話し合ったという。

「いつも色々とアイデアを出すショーケンは『お品書きを天井に書いたらどうですか』というア

イデアを出してきた。天井に書くなんて面白いなと思った。大変なんだけどね。セットに天井作らなきゃいけないから。それまでの回は天井はなかったから、新たに作ると予算オーバーしちゃう。そういうお金と時間がない中でも、いろいろ工夫してくれたんです。ショーケンが長い筆で、下から天井にまず赤い字でNAGAREと書く。そのまわりに取り囲むように天井とか天ぷらとか、鍋焼きうどんなどの品書きを書くシーンを作った。ショーケンさんの体がもうちょっとよかったら、もっとちゃんと撮れたなと。なにせ京都で作ったセットを全部壊して、東京でまた立て直すっていうことだったから」

佐藤は、ショーケンとは『鴨川食堂』が最後となった。が、ショーケンは、『鴨川食堂』で好演したこともあり、その後もドラマ出演が続いた。

佐藤が『鴨川食堂』を振り返って語る。

「ショーケンじゃないと出来ないドラマでした。最後の華だったと思いますし、やってよかった。こちらも、光栄でしたよ。ただ自分が演出家としてもう少し体力のある時期に仕事をしたかったという思いもあります。

もうちょっと早く付き合って、お互いに若いうちから仕事をしていたら、もっと四、五作品出来たかなって思いもある。僕は、緒形さん主演の仕事が勉強になり、自分が作りたいというものがどんどん浮かんできたんです。やはり、良い役者さんと会うと、演出家の創作意欲も沸きます。この役者さんならこの脚本がいいかもしれないなんて考えますからね。ショーケンとも『太平記』での降板が無ければ、次の展開がもっとあったかもしれません」

この時、萩原の娘役を演じたのが、当時オスカープロモーション所属の忽那汐里だった。忽那のマネージャーは、年齢的にギリギリ萩原に対するリスペクトが深い世代だった。この縁がもとで萩原はオスカープロモーションと業務提携を結ぶことになった。

『どこにもない国』の吉田茂役

平成三十年三月に放送されたＮＨＫの特集ドラマ『どこにもない国』で、六十七歳になった萩原健一は、駐イギリス大使、外務大臣を経て内閣総理大臣となる吉田茂を演じることになった。

萩原は脚本を読み込み、吉田茂の半生や当時の社会情勢、歴史などを徹底的に調べ尽くし把握していた。

ある日、主役の丸山邦雄を演じる内野聖陽と、丸山とともに満州の日本人を救出する新甫八朗役の原田泰造が、外務大臣の吉田茂のもとへ駆けつけ、満州からの引き揚げにもっと力を入れてほしい、と頼みに行くシーンのリハーサルが行われた。

「大臣、一刻も早く引き揚げを始めなければ満州にいる日本人は全滅してしまいます。外務省はこの問題に対し、あまりにも冷ややかで怠慢ではありませんか」

「そんなことはないよ。怠慢というのは、やるべきことを怠ることだろう。日本にはいま、外交はないんだよ。連合国軍に占領された日本には、独立した政府がない。当然のことだ。だから、われわれは陰でかれらをうまく操って、日本に有利な策を取らせようとしている。外交なき外交の上で満州からの引き揚げを始めなくてはならない。われわれとて、政治より今はお願いが上に立っとるんだ。がっかりしたか」

「いいえ、怠慢でないことがはっきりわかって安心しました」

「きみは頭のまわりと口のまわりがよい男だね」

「大臣も頭の毛が少し減ったようですが、昔と少しも変わっていません」

「変わったのは、日本だ。わたしの頭より焼け野原だ。フッハハハ」

リハーサルを見ていたある芸能関係者は思った。

〈やっぱり内野さんの芝居は魅力的で格好いいな……〉

内野の芝居には非の打ち所がないように見えた。おそらく、現場にいた誰もがそう思ったのではないだろうか。

ところが、萩原は、優しい口調だがズバリ内野に言った。

「このシーンで終わるんじゃないんだよ。今の芝居は、このシーンを完結させる芝居だよね。いままでの話があってこのシーンがあって、このドラマは、ずっと最後まで続くんだ。そういう芝居のほうがいいんじゃないか」

歴史的背景をすべて把握し、物語の構成もしっかり捉えている上での演技プランへの意見は的確で、誰もが認めざるを得なかった。

客観的に聞いていれば理解出来るのだが、内野は咄嗟には意味が分からなかったかのようにも見えた。

〈内野さん、顔には出ていないけど、相当緊張しているんだろうな……〉

内野は緊張を隠しながらも「はい、はい」と素直に萩原の言うことを聞いていた。

吉田茂は、ステッキ愛好家としても知られている。萩原演じる吉田茂もまた、小道具としてステッキを持つことになった。

萩原は事前に美術スタッフと綿密に話し合い「こんなふうなステッキが欲しい」と伝えていた。

萩原は右手にステッキを携えてリハーサルに臨んだ。ステッキはより吉田茂らしさを引き出し、感情を表す小道具としても大いに役に立った。

リハーサルを終えた萩原が、周囲のスタッフに質問した。

「さっきステッキの先をバン、と地面に叩きつけたかったから、そうやったんだけど、どうだった？　ステッキがないほうが上等（な芝居）かも知れないと思ったんだけど」

演出家やプロデューサーは、ショーケンの言うことには一切逆らわなかった。

「そうですね、無いほうが芝居としてはいいかもしれませんね」

すると、萩原が新甫八朗役の原田泰造に訊いた。

「きみ、どう思う？」

原田が答えた。

「いえ、自分の役は身体を使ってガンガンいく肉体派ですが、その役のぼくですら『バーン！』というステッキの音でちょっとビクつきました。そうした効果があると思うので、ぼくはステッキを使った方がいいと思います」

萩原は、原田の言葉に素直にうなずいて微笑んだ。

「じゃあ、ステッキは使おうか」

その様子を見ていたある関係者は思った。

〈うわ、原田さんすごいな。ショーケンさんから咄嗟に聞かれたことに対してしっかりとした意見を言ったぞ〉

平成三十一年（二〇一九）四月三日、ＮＨＫのクローズアップ現代の『独自映像〝ショーケン最期の日々〟』でショーケンの八年間にわたる闘病の記録が放送された。

吉田茂を演じた時には、口にマウスピースを入れた演技で注目を集めた。

萩原健一が語る。

「マウスピース作ったら、しゃべれねえんだよ。まるまる一カ月あるから、どうする？　あとは訓練するから。一日、四、五時間やったかな。それで馴染むんだよ。しゃべれるよ、ちゃんと」

延命手術は受けない、いまを生きる

『クローズアップ現代』でショーケンが平成三十年九月一日スタート、十月十三日最終回の『不惑のスクラム』について語っている。

このころ病状が悪化し、主治医からはオファーを断り延命のための手術を受けるよう勧められた。

萩原健一が語る。

「医師から『いったい何をやるんですか』と言われたとき、『ラグビーなんです』って言った。二、三分の沈黙があったんですよ。長かったんですよ。医者が。『それは自殺行為ですよ』と」

萩原は、手術を受けず、病気を隠したままドラマに出ることを選んだ。

萩原が演じた宇多津貞夫は中高年のラグビーチームを作った男。しかし病気の進行とともにプレー出来なくなっていく。

このドラマを企画したＮＨＫの担当者は当時、萩原の病気のことはまったく知らなかった。

オファーした時も、マネージャーからそういうことは聞かなかった。

「すごく真夏の三十度を超すような暑い中でのロケだったので、やっぱり無理をさせるといけないと思ったので、一応吹き替え（代役）の方もお願いしていたんですよ。走るシーンは、ちょっと本人に走ってもらった後は、後ろ姿で吹き替えにするという準備はしていたんですけど、ご本人が自分で走るとおっしゃったので、そのままほとんど吹き替えなしで撮らせてもらったんですね」

しかし、萩原の体は悲鳴をあげていた。腫瘍のせいで腹水がたまり大きく膨らんだお腹。撮影中にも突然発疹やむくみが現れた。共演した俳優の高橋克典は病気のことは知らなかったが、体調の悪化を感じ取っていた。

丸川良平役の高橋克典が語る。

「ちょっと発疹が出たり、ものすごくむくんで、なんかやっぱり体調よろしくないんだなと思う場面は早いうちから思っていました。とにかくお腹が大きいので走ることが難しいと、それで膝に負担もきちゃうし、それでもすごい走られて。大きな声で芝居されていたので、病気ということで弱くなった部分とかは本当に見せなかったですね」

高橋には強烈に印象に残っているシーンがあるという。

萩原演じる宇多津貞夫が、自らの病気を告白する場面だ。

高橋が語る。

「萩原さんはここで、がんのことを、死と直面している、向き合っている人の覚悟というか、そういう中からの言葉を返されて、自分とは違う、役の気持ちがものすごく動くんですが、その時のショーケンさんの芝居は鮮烈でした。非常に斬新でしたし、ものすごい力を感じました。なんだかこう、自分を太い矢で撃ち抜かれたみたいな、そんな瞬間でした」

萩原が語る。

「がんになるということは非常に不幸なことだ。だけど、今までと違う自分が発見出来る。たとえばきつい抗がん剤を飲むと、声がかすれてくるんですよ。それをどういうふうに演技のうえで活かして使うか。それが僕の道にまだ残されているんじゃないか。体力の限界であり、そういうものは自ずと年取ればそうなるけど、知恵の限界っていうのはまだ使っていないんじゃないかなと思う」

NHK大阪放送局専任部長・城谷厚司が語る。

「萩原さんの台本を読まれた感想も聞きながら、どういうふうにしていこうかという話を時間をかけてやったんですね。その時に、萩原さんがこの宇多津という男は仕事ファーストでもないし、ラグビーファーストでもないと。やっぱり家族なんだと。宇多津にとって一番大事なのは家族なんだと、一番最初におっしゃいました。今まで僕たちもその視点では見ていなかったので、ある種目の前が開けた感じでしたね。宇多津さんの人間性がパッと広がった感じはしました」

萩原の提案を受けて宇多津の闘病生活を支える妻との次のシーンが新たに加わった。

宇多津貞夫が妻の登紀子に声をかける。

「登紀子、ありがとうな。本当ありがとう」

「急に、なに?」

「急じゃない、いつも思ってる。キスしていいかい?」

妻役を演じた夏木マリにとってもこのシーンは特に印象に残るものだったという。

夏木マリが語る。

「ショーケンさんがおっしゃるには、『やっぱり仕事が出来るということはね、好きなことをやれるのは家族の支えがあってだから、妻に感謝しなきゃいけないよね。だから僕はキスシーンを作ったのよ』とおっしゃった。奥様と幸せだったんでしょうね。奥様に感謝しながらとか、人のことを考えながらという、そういう人生の後半になっているんだな、なるほどなと。ショーケンさんが病気になってやられたから、よりその男が魅力的に描かれたんだなと思いました」

ドラマの放送が終わった後、萩原は語っている。

「ジスト（希少がん）になっても、まあなんですか、ウエルカムとは言いませんよ。不愉快ですよ。だけど、この難関を、これも難関だと思ってるんです。治そうとは思わないんです。抱えたままでいいです。人に迷惑をかけないで判断が出来、で、こうやって家内に心から正直なことを言えて、ただね、もし奇跡でも起これればね、あと、そうね、五年は生きたいね」

「萩原健一という名の価値をギャラに反映させてくれ」

平成三十年十一月十七日公開の『銃』に主演の西川トオル役に決まっていた村上虹郎が、この映画のプロデューサーである奥山和由に頼んできた。

「ラストシーンの電車の中で西川の隣りに座っていて、撃たれて血まみれになるヤクザの役を、ぜひショーケンさんにやって欲しい」

当時、二十一歳の村上虹郎にとって、ショーケンはレジェンドとして別格の存在だという。それまでショーケンが凄かったという先輩や、役者の父親村上淳から耳にしていたのであろう。ショーケンがある種の天才と聞いていたから、自分も同じ空気を吸ってみたいのではないか、と奥山は思った。

奥山は、この映画の監督である武正晴監督にも相談してみた。実際に撮影現場を想像した時、それがよかった、という話になるだろうか、との懸念もあった。

奥山には、二つの思いが錯綜していた。

〈ショーケンが完全に終わったわけではない。万が一にも、一％の可能性で昔のショーケンが奇跡的に取り戻せるかもしれない〉

〈残り九九％は、実年齢の、素晴らしい奥さんをもらって「今までの生き方は、ジェットコースターみたいだったけれども、今後はメリーゴーラウンドのような人生を歩みたい」とマスコミに楽しさを表現しているショーケンが露わになってしまっては、何のこっちゃということになる〉

どっちに転んでも現場は大変だろうな、という思いが奥山の中では揺れていた。

しかし、村上虹郎は熱っぽく頼む。

「ショーケンという人と、ぜひ一回共演したいんです」

「うまくいかないかもしれないよ。ひょっとしたら、ガッカリするかもよ」

「でも、いいんです。それでもやっておきたいんです」

奥山もそこまで熱心に頼まれ、気持ちが動いた。

〈じゃあ、ショーケンに声をかけてみるか〉

奥山は当時ショーケンが所属していたオスカーのマネージャーに話を持ち込んだ。

するとショーケンに話を通し、マネージャーが言ってきた。

「役については、ぜひやりたいと言っている。奥山さんプロデュースの映画でもある。オスカーの所属になって初めての映画の出演でもある。ただ、ギャラの問題です」

「ギャラについては、ショーケンが言っているのか。それとも、オスカーが言っているのか」

「それは両方です」

「いくらと言っているの」

「そう安くは出来ないですよ」

そこでマネージャーは金額を口にした。

奥山は、思わず口にした。

「その金額は、時給いくらになると思ってるんですか」

ショーケンの全盛期の主役当時の金額であった。

奥山は、それでも説得にかかった。

「なんとかならないか。若い村上虹郎があんなにショーケンと一緒にやりたいと言ってるんだ。若いやつに肩を貸してやれよ」

まもなくしてマネージャーがショーケンの言葉として伝えてきた。

「あくまで労働に対してもらうのでなく、名前に対していただきたい。萩原健一という名前が映画にクレジットされることの価値を、自分はその金額と考えています」

奥山和由は、村上虹郎にそのいきさつについて伝えた。

「ギャラにとんでもない差があって、この話は壊れた」

奥山はさらに伝えた。

「ショーケンの役は、おまえのオヤジにしろ」

村上淳と村上虹郎の父子共演となった。

奥山はショーケンの本格的デビュー映画ともいうべき『約束』のショーケンは、スター映画というものがあるとしたら、まさにあれこそスター映画であったという。スター映画というものは、アイドルの学芸会というか、発表会みたいなものではなく、主役のショーケンを観ているだけで成立してしまう映画といえよう。それくらいショーケンの人間的魅力が卓越していた。それはたぶんかれが計画して出したものでもないし、演出で出たものでもない、という気がする。

ショーケンは、常に監督との関係、女優との関係、それらの人間関係から醸し出される感情の魅力みたいなものをそのまま映画に焼き付けられてきた。女優との恋愛感情もかれの魅力、そこがショーケンという男の不良性とマッチし、色気につながっていた。当然、かれの女性への接し方、欲望の持ち方も、よる年波でどんどん変わっていく。そのなかで、ショーケンがショーケンであり続けることの難しさを本人は言葉に出来ない本能で受けとめていたと思う。

だから歳の重ね方が難しかった。『痴人の愛』の制作の時にはショーケンは燃えまくったが、奥山にはある種の暴走にしか見えなかった。ある意味、恋愛出来ないのに無理して恋愛しているような想いが暴走した。それは、ハタで見ていてけっこう哀しい暴走であって、歳というものの残酷さを感じるところもあったという。

奥山によると、ショーケンは、自然に歳をとってくれればよかった。かれの人生の捨て方みたいなものにも魅力があった。自分は捨てているつもりはなくても、結果的にまわりから見ていたら破綻しているように見えるだけにすぎないのだが、ファンからすると、堅実な人生を送るショーケンなど見たくはない。ちゃんとひとりの女性ときれいにおさまるより、孤独な老人でありながら、いろんな女性にラブレターを書いているショーケンでいて欲しい、というファン心理。きれいなショーケンのまま枯れていってほしい、という思いがあった。

高倉健は、少なくとも、生きている間は、余計な話が出てこないで、きれいにおさまっていた。みんなのなかでは、高倉健という存在は絶対的に存在していた。

ショーケンは、絶対的な存在であろうにも、最後には組み立てられなくなってしまった。

一時代、ちょっと流れ星のように光ったけど、あとはちょっと変わった役者という存在でしかなかったのか。

村上虹郎がショーケンと同じ時代を生きた先輩たちからショーケンについて聞き、素晴らしいものと目を輝かせているのを見ると、奥山は、今のショーケンに会わせたくない、という思いを潜在意識のなかに持っていたのであろうと思っている。ショーケンをぜひ村上虹郎と共演させたいと思っていたら、立ちはだかったギャラ交渉の前にあっさりと引き下がりはしなかったという。

非日常の檻の中に住み続けた

奥山にとってショーケンはあくまで「非日常存在」であった。かれに会いに行くというだけで「非日常の檻」の中に入るようで、ある種の快楽でもあったという。そういう「非日常」を超越したそこにしかない空気を味わえることが仕事の醍醐味でもあった。

その空気を味あわせてくれたのは、ショーケンであり、ビートたけしであり、松田優作であった。

松田優作は最初の頃はガッガッしていたが、平成元年（一九八九年）十月日本公開のリドリー・スコット監督、マイケル・ダグラス主演の『ブラック・レイン』で、若山富三郎演じるヤクザ菅井国雄の子分佐藤浩史役でオートバイに乗り暴れ回る凄まじい狂気を発する松田優作は十分にサマになっていた。

奥山は、東映の『仁義なき戦い』に憧れ、東映撮影所に深作欣二監督を訪ねたが、会えなかった。それでもどうしても会いたい、と思ったのは、『仁義なき戦い』のあの空間も非日常の空間だったからである。

ところが、その『仁義なき戦い』の深作欣二監督はじめ出演者がテレビの夜の番組『トゥナイト』に出ていた。そこでは、テレビに似合わなくて浮きまくっていた。テレビはあくまで日常の存在だから、そこにかれらのような非日常的存在が入った時に、やめときゃいいのに、と思うくらい違和感を感じた。

奥山はその時、思ったという。

〈おれは、そっちのテレビの側じゃない。あっちの非日常の側だ〉

かってテント劇場で鳴らした唐十郎が言いえて妙の名言を吐いていた。

「テレビは『陽だまりの文化』で、映画は『闇だまりの文化』だ」

ところが、ショーケンは、あくまで「非日常的存在」なのに、不思議と『前略おふくろ様』にせよ、『太陽にほえろ！』にせよ、『傷だらけの天使』にせよ、テレビドラマで輝いていた。

奥山が『痴人の愛』の映画化をショーケンと進めていたころ、ショーケンが形骸化していた。

ショーケンは、それからいわゆるオリジナルビデオに出始めた。そのころ、『王様のブランチ』のキャンペーンにも出ていた。奥山はそれを観ていて、それなりに違和感がなかった。

〈ああ、ショーケンにあの非日常の檻は無くなったんだな〉

そうすると、あえてショーケンにショーケンに出演してもらう必要がなくなる。

ショーケンをショーケンとして扱うことの出来ないプロデューサーだと、自分で恥をかくことになり、意味がなくなる。

奥山和由は、当時の自分のプロデュースの軸として、ショーケンであろうと、桃井かおり、藤谷美和子であろうが、他のプロデューサーが組んでトラブって空中分解するような役者であっても、自分であれば、絶対大丈夫だという、そこにプロデューサーという保証、ギャランティーを貰っていくしかないという思いを持っていた。

それこそ篠田正浩監督が言うように「映画館で、普通の人間を観たいですか」という話だ。スクリーンで観るときに、おもしろいなと思うような変わった人間を観ておきたい。変わってるだけじゃなくて、魅力がある変わった人間、普通でない魅力のある人間を観たいと思うわけである。

奥山もそういう思いがあるから、てこずるという感覚はどの役者に対してもなかった。

例えば、奥山は一回しか接触したことがないが、沢尻エリカでも、今、彼女を使って映画を作れ、と言われたら、薬もなにもやらさずに、いい仕事をやっていく変な自信がある。彼女と同化してものを見る人間がいないような気がするからだ。

奥山はショーケンと会うと、ショーケンと同化するし、桃井かおりと会うと桃井かおりと同化する。同化出来なくなるときは、すぐに離れる。だから、自分の方が警戒心をもてば、当然相手も警戒心を持つ。したがって警戒心をなくして接している。

ショーケンが立っている時は、一番ショーケンに近い友達のつもりで、こっちは勝手に思っていた。しかし、こちらがそう思っているにもかかわらずショーケンに「おめーなんか、知る必要ないよ」という態度を取られる時もある。

「そんなことは言わないで、裏切ったりしていないんですから、安心してくださいよ」

そう言っていると、そのうちやっぱり相手も胸襟を開いてくれたりする。

やはり常に役者は孤独なんだろうと思う。自分と気持ちを完全に寄り添わせてくれる人間に対しては素直なところがある。だからこそ、チャーミングな人になるんだろうと思う。

ラストになったシングル曲「タイム・フライズ」

『冠婚葬祭部長』が終わって以降、ＴＢＳの戸高正啓プロデューサーが萩原健一と仕事をする機会はついに訪れなかった。

戸高は、もう一度チャンスをもらえるなら、ドラマもいいが、音楽の仕事で組んでみたかった。純粋にミュージシャン・萩原健一で番組を作ってもいい。シンプルで「魂柱」がはいったものを。

もう一つ、萩原を素材にしたドキュメンタリーも撮ってみたかった。短い尺だと、どうしてもスキャンダラスな面が先に立ってしまう。だが、戸高の知る萩原は「超」がつくほど生真面目な俳優だった。そこに光を当ててみたかった。『冠婚葬祭部長』に関わってから、三十年近い時間が過ぎた。

〈やっぱり、結局あのときの萩原健一から逃れられていないな〉

戸高にとって萩原はそれだけ色濃い存在だった。

後年、人づてに聞いたことがある。萩原は戸高についてこう言っていた。

「あいつは、おれの弟子だ」

そのときは「何が弟子だよ」と思った。だが、今になってあらためて感じることがある。

〈結局、弟子じゃないか。これは〉

テレビマン、演出家として歩んできた戸高の半生で萩原のように斬り結んだ相手は他に見当たらない。

日本を代表する俳優とも数多く仕事をしてきた。だが、萩原と共にしたような濃密な時間を過ごすことは叶わなかった。戸高にとって萩原健一は唯一無二の存在だ。

平成二十一年、萩原から連絡があった。ちょうど音楽活動を再開するか、しないかの時期。戸高は何度か萩原と会った。ライブにも足を運んでいる。

『課長サンの厄年』でチーフディレクターを務めた桑波田景信は日音の社長になっていた。日音は著作権管理や原盤の企画制作を行う会社だ。日音から萩原のCDを出せないかと考え、桑波田に話をつないだこともある。

平成二十二年、萩原はセルフカバーアルバム「ANGEL or DEVIL」を発表して、戸高にも送られてきた。このときも音楽関係で話をしたが、いずれも形にはなっていない。

頻繁に連絡を取り合っていた時期から約十年。平成三十年十一月、戸高は萩原と久しぶりに再会した。萩原はちょうどNHKの大河ドラマ『いだてん～東京オリムピック噺』で高橋是清役を演じたばかりだった。

堺正章が司会を務める音楽特番「歌のゴールデンヒット」にゲスト出演するため、萩原がTBSを訪れた。宣伝部の知人が「萩原さん来てるよ」と教えてくれた。「挨拶だけ」と思い、戸高は四階の控室に向かった。ノックして、ドアを開ける。

「おおーッ」

萩原は破顔一笑し、戸高を迎えた。妻の冨田リカも一緒だ。

「まあ、まあ、座って」

上座を勧められ、腰を下ろした。壁と萩原に挟まれた格好になり、出られない。萩原も閉じ込めるつもりはなかっただろうが、結果として長居することになった。

三〜四時間は話していただろうか。話題は『課長サンの厄年』のロケの思い出から音楽まで何でも来いだった。

安曇野で撮られた、スズメバチに刺され額を押さえる戸高が萩原と話す写真を見ながら「萩原さん、おれを殴ったことになってますから!」と言われ、萩原は嬉しそうに笑った。「ギャハハハハハハッ」と、人の目を凝視する笑い方も変わっていない。ちょうどポール・マッカートニーの来日公演の直後だった。見に行っていた戸高が感想を述べる。

「いや、すごいよかったですよ」

「え、あいつ、口パクだろ?」

萩原は怪訝そうに尋ねた。

「いや、違います。ガチで歌っていました」

なぜか戸高がポールの弁護に回る羽目になった。

その場で萩原は自身の最新シングル「タイム・フライズ」を手渡した。何度も何度も聴かせた。戸高は思った。

〈なかなかいい曲だ。ローリングストーンズみたいだけど。声も出ているし、萩原さんの熱量もある。何より、嬉しそうだ！〉

萩原は本当に音楽を愛している。戸高はあらためてそう思い知らされた。おまけにやる気満々だ。このとき、戸高は生涯で初めて萩原とツーショットで写真を撮った。ＴＢＳのＢ２の化粧室。ハチに刺された直後の写真はあったが、あれは偶然撮られたスナップ。結局、萩原と撮った最後で唯一の写真となった。なんと、戸高にとってはこの写真が「遺影」となってしまった。

ショーケン、死す

平成三十一年一月から放送されたＮＨＫの大河ドラマ『いだてん』で高橋是清役の萩原健一は、とても良かった。一日で二話分ほどのシーンが撮れたが、非常にうまく撮ることが出来た。

現場でプロデューサーが、萩原のマネージャーに相談した。

「すごく良かったので、もう一日の撮影を相談したい。出来れば脚本を書き増して、萩原さんにはもっと登場していただきたい」

さらにプロデューサーが言った。

「あまりにも素晴らしいので、萩原さんにぼくから直接伝えてもいいですか？」

マネージャーは了承し、プロデューサーは萩原の体調に配慮しつつ打診を試みた。とりあえず、一日分の撮影を押さえることが出来た。

萩原が演じる高橋是清の登場シーンを、この一日の撮影で終わらせるか、登場シーンを増やすかは、この日の撮影が順調にいくかどうかを見てから決めようとしていたらしい。

ところが、萩原は、ＮＨＫ大河ドラマ『いだてん』の撮影予定を一日だけ残して亡くなった。

萩原は、平成三十一年三月二十六日午前十時三十分、都内の病院でＧＩＳＴ（消化管間質腫瘍）のため死去した。六十八歳であった。葬儀は、二十七日、家族のみで営まれた。


萩原健一の死。それはあまりにも急で早すぎた。『ＴＡＪＯＭＡＲＵ』の山本又一朗プロデューサーは思う。

〈想像を絶する。ため息しか出ない。葬儀さえ出来なかった。でも、それが奴らしいとも言える。ショーケンが葬儀なんかやらしてくれるはずがない〉

萩原は他人からしてもらったことを忘れられる人間ではない。そんな自分を弔ってもらうことを決してよしとはしないだろう。潔い男だった。

〈ショーケンは遠くで「葬儀なんか絶対すんな」って言っているに違いない〉

〈それにしても惜しい。ああいうヤンチャで優しい奴が早く死ぬなんて。俺より若いのに。本当に寂しいことだ。いい男だった〉

月並みだが、萩原健一を振り返ると、本当に可愛いかった。なぜなら、山本の言うことをいつも聞いてくれたからだ。

意見がぶつかることも時にはある。だが、説明をきちんとすれば、仲違いをするようなことにはならなかった。

「ショーケン、だけどな、おまえ」

そう言って、理を説くと、決まってこんな答えが返ってきた。

「わかった。山本さんがそこまで言うなら、俺はいいよ。わかった」

あれほど純心で、お洒落な男を山本は他に知らない。葬儀を出すことを許さないこだわりと、創作の現場で自説を曲げない頑固さ。すべてが山本の中では矛盾なく結びついている。

〈あいつの精神の中ではみんな一致している。非常に敏感に反応出来る能力を持ち合わせた奴だった〉

それだけに、適当なところでバランスを取り、妥協しようとする人間には厳しかった。

何十年と仕えたマネージャーの佐久田修二にとっても、萩原という人間の面白味は格別だったに違いない。「あのショーケンを動かしてるのは俺だ」という自負心もあっただろう。


ショーケンは、佐藤幹夫監督の『鴨川食堂』に出演してから、NHKでは『どこにもない国』、『不惑のスクラム』、大河ドラマ『いだてん〜東京オリムピック噺〜』と三作品に出演し、テレビ朝日でも『明日への誓い』に出演した。

佐藤監督は、機会があれば、もう一度仕事をしたかったという。

「『鴨川食堂2』をやってみたかった。原作はもうあるので、出来たかなという感じです。それと、もう一回時代劇をやってみたかった。例えばクリント・イーストウッド監督主演の最後の西部劇と言われた『許されざる者』。イーストウッド演じるかって列車強盗や冷酷な殺人で悪名高きアウトローのマニーが、娼婦に乱暴を働き、一〇〇〇ドルの賞金を懸けられたならず者二人を執念深く追い、ついに射ち殺し名誉を取り戻すという話である。あれは、日本では映画のリメイクは渡辺謙さんで映画化されたけれど、ショーケンがやっても合うと思う。

ショーケンで冤罪をきせられた犯罪者で、名誉を取り戻すという話を作りたかった。渡辺謙さんも素晴らしい役者ですが、汚名を背負っているかと言えば、背負っていません。ショーケンは汚名を背負っていますからね。

『鴨川食堂』の時も、ショーケンは自分の年齢も考えて、体力がないというのもあったと思いますが、抑えた渋みのある演技をするようにしていました。『黄昏』でヘンリー・フォンダが演じたような役をやりたかったのかな、と思います」

『黄昏』は、一九八一年制作のアメリカ映画で、湖畔の別荘を舞台に、人生の黄昏を迎えたキャサリーン・ヘップバーンとヘンリー・フォンダ演じる老夫婦とジェーン・フォンダが演じる娘、彼女の結婚相手の連れ子の心の交流を描いている。

公開後、この作品は批評家たちから絶賛され、興行的にも予想外の大成功を収めた。一九八一年度の第五十四回アカデミー賞では作品賞を含む十部門の候補となり、そのうち主演男優賞、主演女優賞、脚色賞の三部門で受賞した。キャサリン・ヘプバーンが自身の記録を塗り替えて史上最多となる四度目の主演女優賞、ヘンリー・フォンダも、史上最高齢の七十六歳での主演男優賞と記録尽くめの受賞になった。

佐藤が役者ショーケンについて語る。

「ショーケンには、どう猛で動物的な野性味もありましたが、可愛らしさがありましたね。さらに歳を重ねれば、田中角栄首相と刎頸（ふんけい）の友といわれた政商の小佐野賢治とか右翼のドンの児玉誉士夫のような大悪人の役も出来たかもしれません。ショーケンを通して昭和を描けたかもしれません」

桃井かおりは、ショーケンの死を追悼して、自身のインスタグラムを更新し、コメントを発表している。

「青春をショーケンと一緒に過ごしました。あんなカッコいい青年をあれからまだ見ていません。発想すること、仕事への姿勢など確実にわたしたちを変えた革命的な俳優でした。可愛くていけない魅力的な生き物でした。同じ時代に生まれ、同じ時間を過ごせた偶然に、感謝。ありがと」

桃井は、コメントの最後に自身がかつてショーケンと共演した『前略おふくろ様』で演じた岡野海にちなみ、「海」と記した。

高橋惠子は、テレビのインタビューを受けている萩原健一を久しぶりに見た。気がつけば、最後に共演してから二十年も会う機会がないまま時が過ぎていた。

〈ああ、ショーケンさん、お元気そうだ〉

六十代後半になった萩原は、実にいい顔つきになっていた。特に笑顔は最高である。

〈ショーケンさんは、本当に屈託のない純真な心を持っている。だからあの笑顔が出てくるんだわ〉

萩原は、俳優の多々良純と似ていた。二人のイメージはだいぶ違うが、造りが似ている。

〈いろんなことがあったんだろうけど、晩年をこんないいお顔で迎えられているなんて、本当に素敵なことだわ〉

高橋惠子がまだデビューして間もない頃に共演した松田優作は四十歳で亡くなり、萩原健一も逝ってしまった。

萩原が亡くなったと報せを受けた時、高橋惠子は心底驚いた。「ショーケンともっとも多く共演した女優」として改めて注目されることとなり、相手役に起用され続けてきたことをありがたいことだと思った。

松田優作も萩原健一も、「男に惚れられる男」だった。男性にそう思われるのは、そう簡単なことではない。

不良性感度は高いが、ただの不良ではない。萩原健一の笑顔はとても純粋で、相手を思う優しさにあふれていた。さらにいろいろな経験をして、いい表情でいられるような境地に達していた。だから高橋は、萩原に対して「もっと長生きしてくれたら」「もっとこうだったら」と後悔するような気持ちにはならなかった。「ああ、それで良かったのね」と心から思えるのだ。

誰もがいつかはあの世に行かなければならない。晩年に卑屈で歪んだままくすぶっている人もいるが、萩原はそうではなかった。六十代の訃報はまだ早すぎて、確かにショックだった。が、高橋は晩年の萩原の素晴らしい顔つきを一瞬でも見られて、良かったと思った。

おわりに

この作品を執筆するにあたり、石森史郎、岡本富士太、奥山和由、小倉一郎、恩地日出夫、柏原寛司、倉本聰、小松政夫、櫻井一孝、佐藤幹夫、柴俊夫、清水大敬、高橋惠子、高橋伴明、田中総一郎、千葉真一、戸高正啓、中島貞夫、鍋島壽夫、蜷川有紀、原渕勝仁、松本健、三田佳子、村岡勝重、八名信夫、山本又一朗、吉本暁弘、竜雷太、渡邊孝好の諸氏（五十音順）、そのほか名前を明かすことの出来ない多くの関係者の取材協力を得ました。お忙しいなか、感謝いたします。

本文中の肩書きは、その当時のもの、敬称は略させていただきました。

今回、この作品の上梓に協力してくださった青志社の阿蘇品蔵氏に感謝いたします。

二〇二一年四月一〇日

大下英治

◉参考文献
『俺の人生どっかおかしい』（萩原健一著　ワニブックス）
『ショーケン』（萩原健一著　講談社）
『日本映画［監督・俳優］論（～黒澤明、神代辰巳、そして多くの名監督・名優たちの素顔～）』（萩原健一、絓秀実共著　ワニブックス）
『ショーケン最終章』（萩原健一著　講談社）
『ショーケン　別れのあとに天使の言葉を』（萩原健一著　立東舎）
『我が道』（萩原健一　スポーツニッポン2009年11月1日～11月30日）
文藝別冊KAWADEムック『萩原健一　傷だらけの天才』（河出書房新社）
ユリイカ2019年7月臨時増刊号『総特集　萩原健一―ショーケンよ、永遠に』（青土社）
『見る前に跳んだ　私の履歴書』（倉本聰著　日本経済新聞出版社）
『聞き書き　倉本聰　ドラマ人生』（北海道新聞社編　北海道新聞社）
『黙示録　映画プロデューサー・奥山和由の天国と地獄』（春日太一著・文藝春秋）
『わがショーケンよ！』（伊藤俊也著　日本映画監督協会会報「映画監督」2019年5月号）

大下英治
おおした　えいじ

1944年、広島県に生まれる。1968年3月、広島大学文学部仏文科卒業。

1970年、週刊文春の記者となる。記者時代「小説電通」（徳間文庫）を発表し、作家としてデビュー。さらに月刊文藝春秋に発表した「三越の女帝・竹久みちの野望と金脈」が反響を呼び、岡田社長退陣のきっかけとなった。1983年、週刊文春を離れ、作家として政財官界から芸能、犯罪、社会問題まで幅広いジャンルで創作活動をつづけている。

著書に『映画女優　吉永小百合』、『高倉健の背中』（朝日新聞出版）ほか、『稲川会　極高の絆　二人の首領（ドン）』、『昭和、平成秘録〝憂国〟事件の男たち』、『襲撃　裏社会で最も恐れられた男たち』、『許永中独占インタビュー「血と闇と私」』（小社刊）や、『内閣総理大臣』（エムディエヌコーポレーション）など、著作は450冊以上にのぼる。

ショーケン 天才と狂気

二〇二一年五月二十五日　第一刷発行
二〇二一年六月　六　日　第二刷発行

著者——大下英治
編集人　発行人——阿蘇品 蔵
発行所——株式会社青志社
〒一〇七-〇〇五二　東京都港区赤坂5-5-9　赤坂スバルビル6階
（編集・営業）
TEL：〇三-五五七四-八五一一　FAX：〇三-五五七四-八五一二
http://www.seishisha.co.jp/

本文組版——株式会社キャップス
印刷・製本——中央精版印刷株式会社

ISBN 978-4-86590-116-0 C0095